胡宗山　主编

治理政治学丛书

社区工作实务指南

胡宗山　袁方成◎主编

華中師範大學出版社
CENTRAL CHINA NORMAL UNIVERSITY PRESS

新出图证（鄂）字 10 号

图书在版编目（CIP）数据

社区工作实务指南/胡宗山，袁方成主编. --武汉：华中师范大学出版社，2024.12 --（治理政治学丛书）

ISBN 978-7-5769-0647-9

Ⅰ. D669.3-62

中国国家版本馆 CIP 数据核字第 2024FK0285 号

社区工作实务指南

编辑室：学术出版分社　　**电话**：027-67863280

责任编辑：郭志刚　　**责任校对**：王　炜　　**封面设计**：胡　灿

出版发行：华中师范大学出版社有限责任公司

社址：湖北省武汉市洪山区珞喻路 152 号　**邮编**：430079

销售电话：027-67863280/3426（发行部）

网址：https://press.ccnu.edu.cn　　**电子信箱**：press@mail.ccnu.edu.cn

印刷：湖北恒泰印务有限公司　　**督印**：刘　敏

开本：710mm×1000mm　1/16　　**印张**：17.25

版次：2025 年 1 月第 1 版　　**印次**：2025 年 1 月第 1 次印刷

字数：252 千字　　**定价**：68.00 元

欢迎上网查询、购书

前　言

党的十八大以来，推动国家治理体系和治理能力现代化成为党和政府治国理政的重要目标之一。习近平总书记强调，社区是基层基础，只有基础坚固，国家大厦才能稳固。社区治理是国家治理的重要环节，是社会治理的坚实基础，社区工作则是推进社区治理，建设美好新型社区的重要手段，广大社区工作者是参与社区治理的最重要的主体之一。

随着我国经济社会的快速发展和国家治理水平的不断提高，社区工作的重要性越来越突出，党和政府、社会各界对社区工作者的知识结构、综合素质、工作能力提出了更高的要求，有了更高的期待。为进一步帮助广大社区工作者认识社区工作规律，掌握社区工作技巧，提高社区工作能力，我们组织编写了《社区工作实务指南》。

《社区工作实务指南》以社区实务工作为编写内容，以广大社区工作者为阅读对象，通过对社区党建、社区居民自治、社区服务、社区应急管理、社区社会组织培育、社区治理创新等具体工作的概念内涵、原则机制、流程规范、方法技巧的介绍，为一线社区工作者的日常工作提供工作指南。

《社区工作实务指南》在编写内容上强调实用性。《社区工作实务指南》密切联系实际，大量采集近年来全国各地社区工作中涌现的特色经验、创新案例，提炼出社区工作的主要流程与常用方法。流程、案例、方法构成《社区工作实务指南》在内容上的三个主要部分，使《社区工作实务指南》真正成为广大社区工作者的实用手册和案头教材。

《社区工作实务指南》在编写风格上强调通俗性。《社区工作实务指南》实现理论与实践的融合，除总论外的各章都将理论知识、概念原则等贯穿于各项具体工作的介绍中，并以通俗易懂的形式、简洁流畅的语言表述出来。

《社区工作实务指南》在编写重点上强调时代性。全书共分十章，分为正文、案例、延伸阅读等。《社区工作实务指南》以近年来社区工作的新发展为编写素材，尤其是将十九大以来党和政府对社区工作的最新要求、全国社区工作发展的最新趋势作为编写重点，积极展示社区工作的新思路、新方法。

本书由华中师范大学省域治理研究院团队编撰完成，其中胡宗山撰写第一、十两章，许瑶、叶强杰、张弟弟撰写第二章，韩瑞波撰写第三、五两章，袁方成、刘桓宁、吴迪、谢欣怡、王悦、李瑞欣、何雪娇、林洁云撰写第六、八两章，肖泽磊、刘双宁、彭娟撰写第四、七两章，丁羽、王云、孙艳琼撰写第九章。

本书的编写得到湖北省民政厅赵显富、徐昌洪、崔鹏飞、程友兵，王厚杰、鞠启盛、方碧君同志的大力支持，余乙昌、姚利芳、张淑静、苏玉梅等同志提供了宝贵的修改意见和建议。

本指南既可以作为社区工作者学习和培训的指导材料，也可以作为社区治理的学习者日常学习和研究的资料。

目　录

第一章　总　论

第一节　社区与社区治理

一、社区

（一）社区的定义

社区是社会治理的基本单元，是人民群众安居乐业的幸福家园，是创新社会治理的基础平台，是巩固党的执政基础的重要基石。社区治理事关党和国家大政方针贯彻落实，事关居民群众切身利益，事关基层和谐稳定。

什么是社区呢？社区英文名为 Community，最早由德国社会学家滕尼斯于 1887 年在其著作《社区与社会》中提出，意指共同体和亲密伙伴关系。20 世纪 30 年代，著名社会学家费孝通等人将“Community”翻译为“社区”。据有关学者的粗略统计，关于社区的定义有一百多种。但一般认为，社区是指具有共同习俗、共同文化心理和价值观念的同质人口所构成的人类群体及其活动区域。这是传统社会学意义上的社区，突出强调的是某一地区的人群在长期的历史文化进程中形成的独特或统一的人文传统或文化精神，国外的社区发展、社区回归等都是从这一意义上讲的。

社会学意义上的社区多为自然形成，它与当前中国社会普遍流行的“社区”概念在含义上存在一定的差别。在城市，中国所讲的社区主要指法定的、规划的社区，《中共中央办公厅 国务院办公厅关于转发〈民政部关于在全国推进城市社区建设的意见〉的通知》（中办发〔2000〕23 号）中将社区界定为：“聚居在一定地域范围内的人们所组成的社会生活共同体。”

目前，我国城市社区的地域范围一般是指经过社区体制改革之后作了规模调整的居民委员会辖区。新的城市社区大于原居民委员会辖区，小于街道辖区，一般为1000—3000户的规模。这种社区范围的定位是在综合考虑社区人口规模、资源状况、管理幅度、地域边界以及有利于开展自治活动等因素之后所确定的一个均衡点。本书中所说的社区，如果没有特殊说明，都是指这种意义上的社区。

（二）城市社区的形成

中国城市社区的发展是与街道办事处、居民委员会体制的发展密切相关的。新中国成立后，在城市实行市、区二级政府管理体制，街道办事处是区政府的派出机构。为加强城市基层政权建设，新中国废除了旧中国的保甲制度，建立居民委员会和街道办事处，这样在城市基层社会形成了行政性集中管理和居民群众自治管理的基本格局。

在计划经济时代，城市的社会管理主要依托单位制实行。绝大部分社会成员属于党政机关、国有（或集体）企业、学校、文化、体育、卫生、科研院所、军队等各类企事业单位，都是“单位人”，单位承担了其成员的就业、住房、医疗、教育、福利等几乎所有的“生老病死、衣食住行”事宜。

由于行政制和单位制的存在，城市居民基本上是不需要社区的，那时也没有什么社区概念。在条块分割的体制状态下，城市居民委员会的管理权限、功能和范围极为有限，基本属于“拾遗补阙”的性质。在管理范围上，由于单位制的统合功能，绝大部分单位人与居民委员会没有多大的利益关联，居民委员会只能管理那些单位制之外的缺乏就业能力的老弱病残居民或无正式单位的社会成员。在管理权限上，居民委员会依附于行政机构即街道办事处，只有协调权，权利来源于行政机关的授予。在功能上，局限于内部协商调节。居民委员会的内部事务简单，工作人员少，文化程度低，且多为年龄偏大的中老年妇女，居民委员会的办公条件简陋、办公经费缺乏。

当代中国的城市社区是现代国家建构和市场经济发展的产物，与城乡二元壁垒的打破、大量农民和流动人口进城、企业改革、单位制的解体、民营企业和三资企业的兴起、自由职业者增多、市场经济发展等因素密切相关。20 世纪 90 年代后期，民政部在前期推进和改善社区服务的基础上，为适应城市发展需要，加强城市基层管理，维护社会稳定，通过先试点、后铺开的方法，在全国范围内改革居民委员会体制，扩大居民委员会辖区，并引进社区概念，将改革调整后的居民委员会称为"社区居民委员会"，从调整辖区规模、改革居民委员会成员结构、构建新型社区组织体系、改善办公条件、加强社区基础设施建设、理顺社区内外关系等方面推进社区建设。在这个意义上，中国城市社区的形成并非自然形成，而是规划形成。

（三）城市社区的特征与类型

第一，城市社区具有地域性特征。不管面积是大是小，人口是多是少，不管是在中心城区，还是在城乡接合部，社区总是具有一定范围的，这一范围又是由行政规划所确定的。当前，许多社区都在办公场所悬挂社区的地图和四至范围，地域范围是社区形成的重要基础。

第二，城市社区具有文化性特征。社区的灵魂和最主要因素是人，是人就有情感，就有文化。社区被称为生活共同体，意味着社区成员会在互动过程中形成对社区的共同情感、对社区的向心力和凝聚力，以及具有特色的社区精神和社区文化。没有自身文化属性的社区不是真正意义上的社区，只是一个地理概念。

第三，城市社区具有基层性特征。与自然社区不同，城市社区是法定社区，是位于街道之下的居民委员会辖区，由一个个生活小区或一条条街巷里弄组成。基层性，是指城市社区处于社会的最基层、最前沿，与老百姓日常生活联系最密切，社区是老百姓生活的港湾和栖息地。

第四，城市社区具有群众性特征。城市社区是广大城市居民生活所在地，居民群众是社区的主体，社区的组织、设施、服务都直接以居民为对象，必须以便民利民为其目标。同时，社区的建设与发展又离不开居民群众的参与。社区自治组织的组成人员本身就是由群众直接选举产生，具有群众性。社区是联系群众最紧密、服务群众最直接、组织群众最有效的基础层次。群众性、草根性是社区的重要属性。

社区是如何构成的呢？这就涉及形成社区的基本要素。无论是现代城市社区，还是传统农村村落社区，都需要具备六个基本属性才能形成一个真正意义上的社区，这六个基本属性包括地域要素、人口要素、组织结构要素、社会心理要素、规范体系要素和物质设施要素。

社区的类型是根据一定的标准对不同的社区进行的分类。分类的目的是把握各种类型社区的基本特点，开展有针对性的工作，促进社区发展。根据各种不同类型的社区历史形成过程和内部结构性要素差异，城市社区可以分为单位型社区、地缘型社区、新建小区型社区以及城乡接合部社区。

二、社区发展

改革开放以后，中国城市社区发展经历了从社区服务、社区建设到社区治理的不断发展过程。

（一）社区服务

社区服务是我国改革开放以来探索的一条贴近基层、服务居民的社会化服务路子。1986 年，民政部首次把“社区”概念引入城市基层管理，提出要在城市中开展社区服务工作，并于 1987 年在武汉召开了全国城市社区服务工作座谈会，揭开了我国发展社区服务的序幕。

随着社会主义市场经济的发展和城镇化进程的加快，城市社区在经济社会发展中的地位越来越重要，社区居民对社区服务的需求越来越多，要求越来越高。社区服务是我国社区建设的基础和重要内容。做好社区服务工作对于提高居民生活品质、扩大就业、化解社会矛盾、促进社会和谐都具有重要意义，被称为社区建设的永恒主题和“龙头”。

我国高度重视社区服务体系建设。《国务院关于加强和改进社区服务工作的意见》（国发〔2006〕14 号）对加强社区服务体系建设提出了具体要求。自“十一五”以来，我国连续发布了三个社区服务体系建设（发展）五年规划。各地突出服务精细化，社区服务体系建设水平大幅提升。注重加强社区综合服务设施建设，加大政府投入和多方筹资力度，建成了一大批规模适度、功能完善的社区综合服务设施。注重信息化建设，大力推进公共服务信息平台向社区延伸，积极推进智慧社区建设，社区服务水平不断提高。注重加强社区服务队伍建设，通过建立健全职业资格与薪酬待遇挂钩机制、社区工作者培训制度，提升社区工作者专业化水平；不断规范社区志愿者服务记录制度，积极探索“以社工带志愿者”的社区志愿服务发展路径，努力打造服务能力强、社区居民满意的社区志愿服务队伍。注重优化社区服务供给方式，强化各类企事业单位参与社区治理的职责，改变以往社区治理由党政力量唱“独角戏”的局面；大力引导市场主体参与社区服务，推动社区服务机构从单纯公益型向公益经营型转变，社区服务实体从个体分散向规模连锁转变。

（二）社区建设

社区建设是指在党和政府的领导下，依靠社区力量，利用社区资源，强化社区功能，解决社区问题，促进社区的政治、经济、文化、环境协调和健康发展，不断提高社区成员的生活水平和生活质量的过程。

改革开放以后，我国经济和社会发展所带来的社会结构的深刻变化和传统的城市社会管理体制之间产生了深刻的矛盾。随着社会主义市场经济的发展，单位制开始解体，行政制不断弱化，条块分割的城市管理体制日益受到冲击，大量新的社会变化的出现要求改革现有的城市基层管理体制。与此同时，原有的城市居民委员会体制弊端日益显现，已经不能适应新的形势发展需要。随着改革的深化和社区服务的发展，原有的服务项目已不能满足群众日益增长的物质和文化方面的需求，其他社区服务项目，如社区卫生、社区文化、社区治安等也迅速开展起来。社区服务已经包容不了全方位的社区工作，也不能从根本上解决城市基层社会管理薄弱的问题。

1991 年，民政部为了拓展民政工作，提出了“社区建设”的概念。由此，社区建设作为一项重新塑造基层社会的综合性改革工程，在上海、青岛、南京、天津、沈阳、武汉等城市逐步发展起来。1999 年，民政部启动“全国社区建设实验区”的试点工作，确定 26 个城区作为国家级实验区，部分省市也同时确立了 100 多个省级实验区，社区建设进入全面实验阶段。在总结前期社区建设实验的基础上，2000 年 11 月，中共中央办公厅、国务院办公厅转发《民政部关于在全国推进城市社区建设的意见》，标志中国城市社区建设正式启动，进入普遍推广阶段。

此后，民政部门通过加强和改进社区服务、制定社区服务体系发展规划、开展全国和谐社区建设和示范活动等措施不断推进社区建设。各地在社区建设实践中，不断探索创新，涌现了诸多典型案例，推动全国社区建设在建设范围、建设内容、体制改革的深度广度等方面不断发展。2010年，中共中央办公厅、国务院办公厅印发了《关于加强城市社区居民委员会建设的意见》（中办发〔2010〕27号），进一步推进社区建设向纵深发展，着力提高社区建设质量。

社区建设需坚持以下原则：坚持党的领导、把握正确方向；坚持以人为本、服务居民群众；坚持政府主导、社会共同参与；坚持因地制宜、注重工作实效。社区建设的主要任务是：健全社区居民委员会组织体系，提高社区居民组织化程度；加强社区综合服务设施建设，满足社区居民群众的基本服务需求；扩大社区居民自治范围，完善社区民主管理制度；加强社区工作者队伍建设，增强社区自治和服务能力；理顺社区居委会与相关组织的关系，形成多方参与的社区工作机制。

（三）社区治理

2012年党的十八大以后，中国城市社区发展进入社区治理新阶段。党的十八大第一次将“社区治理”一词写入党的报告中，提出在城乡社区治理、基层公共事务和公益事业中实行群众自我管理、自我服务、自我教育、自我监督，是人民依法直接行使民主权利的重要方式。党的十八届三中全会提出了国家治理体系和治理能力现代化的新概念，基层治理尤其是城乡社区治理成为国家治理的重要组成部分，这一新概念的提出表明我们党对社会管理的认识迈上了新台阶。与管理相比，治理更加强调主体的多元化和互动化，尤其是在社会治理领域，广泛动员多方主体参与，积极推动各主体良性互动，可以有效调动各方积极性，提高治理的有效性，避免社会管理中权力主体相对单一、权力运行自上而下、治理效能低下的弊端。

继党的十九届四中全会后，十九届五中全会再次提出社会治理共同体这一概念，进一步深化了各层次治理的内涵。社区治理属于社会治理中的基层治理，是国家治理体系中的重要的基础性环节。对标新发展阶段、新发展理念和新发展格局的基本要求，未来的社区治理要坚持“共建、共治、共享”原则，推动高质量治理，大力推进治理体系和治理能力现代化，实现党组织领导的自治、法治、德治相结合的城乡基层治理的目标。

社区治理是指党和政府及其在基层的组织、社区自治组织、居民群众、辖区单位、社会组织等多元主体，通过协调共治与互动合作，整合社会资源，引导居民自治，解决社区矛盾纠纷，提供社区公共服务，优化社区公共管理，保证社区公共安全，将城乡社区建设成为和谐有序、绿色文明、创新包容、共建共享的幸福家园的过程。其含义主要包括以下几个方面。

一是社区治理的主体多元化。尽管政府在社区治理过程中依然会发挥决定性的作用，但是社区治理的主体不再是政府一家。还有其他治理主体，通过同政府系统之间的协作及相互之间的协商与合作，来共同决定和处理社区公共事务，使得社区管理向社区治理转变。

二是社区治理的目标过程化。社区治理要解决社区存在的问题，完成特定的、具体的经济社会发展任务。此外，社区治理还要培育社区治理的基本要素，包括调动社区居民参与公共事务，培育改善社区组织体系，建立正式、非正式的社区制度规范，建构社区不同行为主体互动机制等。这些社区治理的过程目标只有在社区治理的长期过程中才能逐渐培育起来。

三是社区治理的内容扩大化。社区治理的内容涉及社区成员社会生活的多个方面，事关社区成员的切身利益。它包括社区服务与社区照顾；社区安全与综合治理；社区公共卫生与疾病预防；社区环境及物业管理；社区文化和精神文明建设；社区社会保障与社区福利等。要做到社区公共事务的有效治理就必须最大限度地整合社区内外资源，构建社区治理机制，调动社区居民参与，达成社区事务的良好治理。

四是社区治理是多维度、上下互动的过程。社区治理区别于政府行政管理，其权力运行方式并不总是单一的、自上而下的。社区治理并不是通过发号施令、制定执行政策等来达到管理目标，它通过协商合作、协同互动、协作共建等来建立对共同目标的认同，进而依靠人民内心的接纳和认同来采取共同行动，联合起来对社区公共事务进行良好的治理。多维度、上下互动的过程使得社区治理源于人们的共识与认同，而不是外界的强制和压力。

第二节　社区治理目标和重点任务

一、社区治理的目标

《中共中央、国务院关于加强和完善城乡社区治理的意见》提出，社区治理的总体目标是，实现党领导下的政府治理和社会调节、居民自治良性互动，全面提升城乡社区治理法治化、科学化、精细化水平和组织化程度；具体目标是，把城乡社区建设成为和谐有序、绿色文明、创新包容、共建共享的幸福家园。这个具体目标体现了创新、协调、绿色、开放、共享的新发展理念，体现了以习近平同志为核心的党中央治国理政的新理念、新思想、新战略。

一是和谐有序。即倡导培养居民群众的规则意识、程序思维和法治认同，形成与邻为善、以邻为伴、守望相助的良好社区氛围。主要表现在党建引领、组织健全、职责明晰、工作到位、邻里和睦、矛盾纠纷调解等方面。

二是绿色文明。指社区规划建设、资源使用要注重节能减排、统筹整合，社区居民生活方式更加绿色低碳，社区要成为培育和弘扬社会主义核心价值观的坚实阵地。主要表现在低碳生活、垃圾分类、新能源利用、践行社会主义核心价值观等方面。

三是创新包容。要求从居民需求出发，积极推进社区治理体制机制创新，增强社区治理和服务功能，促进流动人口，吸纳少数民族人口、港澳台同胞、海外侨胞以及外国友人融入社区。主要表现群体融合、和睦相处，困难需求响应系统，无障碍设施，方式方法创新等方面。

四是共建共享。要求在党组织领导下，基层政府、基层群众性自治组织、社会组织、驻社区单位、社区居民共同推进社区治理，提升社区居民的归属感、幸福感和荣誉感。主要表现在社区治理各主体的参与意识和参与能力的提高、各方力量的配合方面。

二、社区治理的重点任务

（一）完善社区治理体系

一是发挥基层党组织的领导核心作用。强调基层党组织是社区各类组织和各项工作的领导核心，要把加强基层党的建设、巩固党的执政基础作为贯穿社区治理的主线，以改革创新精神探索以党的建设引领社区治理的路径。

二是发挥基层政府的主导作用。要求基层政府加强对社区治理的政策支持、财力与物力保障和能力建设，加强指导规范基层群众性自治组织建设。

三是发挥基层群众性自治组织的基础作用。要求社区居民委员会提高开展社区协商、服务居民的能力，推进居务公开和民主管理，发挥自治章程、居民公约的积极作用，弘扬公序良俗，促进法治、德治、自治有机融合。

四是发挥社会力量在社区治理中的协同作用。包括发挥社会组织、社区社会组织、社会工作人才、驻社区企事业单位、集体经济组织、市场主体等社会力量作用。要求大力培育发展社区社会组织，推进社区、社会组织、社会工作“三社联动”，完善社区组织发现居民需求、统筹设计服务项目、支持社会组织承接、引导专业社会工作团队参与的工作体系。

（二）增强社区治理能力

一是增强社区居民参与能力。居民群众是社区治理的重要主体，增强社区居民参与能力尤为重要。要引导居民群众树立“建设幸福家园、我们共同行动”的社区治理新理念，提高居民群众参与议事协商的能力，拓宽居民群众参与民主协商的渠道，完善居民群众参与社区治理的激励机制，探索将居民群众参与社区治理、维护公共利益情况纳入社区信用体系。

二是增强社区服务供给能力。要求加快社区公共服务体系建设，健全社区服务机构，编制社区公共服务目录，完善政府购买社区服务的政策措施，创新社区公共服务供给方式，鼓励引导各类市场主体参与社区服务业，促进城乡社区服务项目、标准衔接，提高社区服务供给能力。

三是增强社区文化凝聚能力。要求培育心口相传的社区精神，建立健全社区道德评议机制，发现和宣传社区道德模范、好人好事、善行义举，发展社区志愿服务，形成与邻为善、以邻为伴、守望相助的良好氛围，强化社区文化凝聚能力。

四是增强社区依法办事能力。要求加快社区法治建设步伐，制定修订社区治理法律法规，推进公共法律服务体系建设，增强社区依法办事能力。

五是增强社区矛盾预防化解能力。要求完善利益表达、心理疏导、矛盾调处机制，防范打击黑恶势力扰乱基层治理，提升社区矛盾预防化解能力。

六是增强社区信息化应用能力。社区治理和服务必须跟上信息化步伐，创新治理手段，改进治理方式，提升服务能力。

（三）补齐社区治理短板

一是改善社区人居环境。重点是要做好城市社区绿化美化净化、垃圾分类处理、噪声污染治理和水资源再生利用工作。

二是加快社区综合服务设施建设。重点按照每百户居民拥有不低于30平方米综合服务设施面积的标准，逐步实现社区综合服务设施全覆盖，湖北省要求社区综合服务设施面积不低于1000平方米；通过居民群众协商管理、委托社会组织运营等方式，提高社区综合服务设施利用率。

三是优化社区资源配置。重点是探索建立基层政府面向社区的治理资源统筹机制，推动人财物和责权利对称下沉到城乡社区。

四是推进社区减负增效。重点依据社区工作事项清单建立社区工作事项准入制度，进一步清理规范各职能部门在社区设立和挂靠的各种工作机构，精简社区会议和工作台账，全面清理基层群众性自治组织出具的各种证明，取消对社区工作的“一票否决”事项。

五是改进社区物业服务管理。重点是建立健全社区党组织、社区居民委员会、业主委员会和物业服务企业议事协调机制，探索在城市无物业管理的老旧小区实行自治管理。

（四）强化社区治理保障

一是完善领导体制和工作机制。主要是建立健全党委、政府统一领导，有关部门和群团组织密切配合，社会力量广泛参与的城乡社区治理工作格局；逐步建立以社区居民满意度为主要标准的社区治理评价体系。

二是加大资金投入力度。主要是强化财政保障支持，统筹使用各级各部门符合条件的相关资金，重点支持社区治理各项工作；拓宽资金筹集渠道，创新资金使用机制，有序引导居民群众参与确定资金使用方向和服务项目，全过程监督项目实施和资金使用。

三是推进社区工作者队伍建设。主要是统筹管理社区党组织、基层群众自治组织成员和其他社区专职工作人员，加强社区工作者教育培训和作风建设，提高社区工作者依法办事、执行政策和服务居民的能力，建设一支素质优良的专业化社区工作者队伍。

四是完善政策标准体系和激励宣传机制。主要是加强社区治理工作理论政策研究，及时总结推广社区治理先进经验，积极开展城市和谐社区建设创建活动，大力表彰先进社区组织和优秀社区工作者，营造全社会关心、支持、参与城乡社区治理的良好氛围。

第三节　社区治理挑战、机遇与发展趋势

一、社区治理面临的挑战

经过几十年的发展，城市社区建设与治理工作取得了巨大的成就，在贯彻落实党和国家大政方针，维护城市基层社会和谐稳定，服务居民、造福居民群众等方面作出了重要的贡献。但长期以来存在的各项体制性矛盾不可能完全解决，在经济社会发展的过程中，又出现了诸多新问题新困难，因而当前的社区治理面临着许多挑战，主要包括以下四个方面。

挑战之一：社区居委会负担重，影响了社区自治功能的发挥。基层政府及其职能部门、社区居委会作为不同的主体，相互间的关系及各自

职责在有关法规文件中都有比较明晰的规定，但由于缺乏强有力的制度保障，这些规定难以落实，从而造成实际工作中政社权责边界不清晰，导致基层政府与社区居委会关系错位，基层政府常把社区居委会视为一级“行政组织”或“下设机构”，随意把各种任务、责任转嫁给社区，致使社区居委会的职责被无限放大，承担了许多超出职责范围的行政性事务工作，使其行政功能大为增强，而自治功能相对减弱。

挑战之二：居民参与不足，社区治理缺乏坚实的群众基础。居民参与是社区发展不竭的动力。在部分社区，居民群众的参与热情、参与方式、参与力度还有着很大的提升空间。一个社区有没有活力、有没有凝聚力，居民参与度如何，关键在于党组织和居民委员会开展社区工作的理念对不对，精力有没有放在居民群众身上，群众工作、社会工作的能力合不合格。许多社区居民之所以参与社区治理有限，主要是因为居民委员会的工作没有到位，没有充分调动、发动广大居民参与社区治理的热情和积极性。要推进居民参与社区治理，首要是党组织和居民委员会要把精力转移到引导居民群众的参与活动中来，通过一些特定的技巧和方法逐步引导居民群众自我管理、自我服务。

挑战之三：社区工作者的理念与能力不能适应社区形势的发展和社区工作的实际需要。当前，许多社区的各项工作之所以进展缓慢，尤其是在事关居民群众参与的问题上难以打开局面，有一个重要原因就是社区工作者的理念和能力存在着一定程度的缺陷。部分社区工作者还没有充分掌握社区工作、群众工作应有的理念和方法，常常是自觉不自觉地把传统的工作理念、工作方法带到社区工作中来，造成社区工作效果不尽如人意，不能满足社区工作的实际需要。例如，许多社区工作者工作热情高、奉献精神强，但长期以来有两个明显弊端：第一个弊端是许多社区工作者习惯于包打天下，“白加黑、五加二”地工作，像个“拼命三郎”，但不会助人自助，不会发动群众、组织群众来共同推进社区事务的解决。第二个弊端是部分社区工作者有替民作主的思维。例如，在制订社区规划，发展社区项目时，习惯于社区“两委”成员关起门来讨论，征集居民意见不够，其结果是花费很多时间、金钱设定的社区项目可能并不符合居民的意愿，而受到居民的冷遇，出现“社区（政府）买单，老百姓不买账”的现象。在涉及居民利益重大事项上要广泛征求民意，让居民参与讨论、决定、实施、管理、监督，社区工作者的角色应是引导、保障、监督。

挑战之四：社区外部环境有待优化，社区治理体制改革有待加快。随着改革开放不断深入和社会主义市场经济不断发展，我国的经济体制、社会利益格局和思想观念发生了深刻变化。这种空前的社会变革，给我国经济社会发展带来了巨大活力，同时也必然带来这样或那样的矛盾和问题，增加社会管理的难度和复杂性。单位制的解体、部分企业的破产和重组、职业选择自由、人员流动的加大，这都要求我们必须把完善基层社会管理作为改善民生和推进社会和谐的重要任务，必须大力推进基层社会管理体制改革创新，加强社会组织建设和管理。在满足人民群众需求、整合各种利益关系、化解社会矛盾、维护社会稳定方面，社区发挥着越来越重要的作用，也面临着更大的挑战，社区治理体制改革成为我国社会经济发展的必然趋势。

二、社区治理面临的机遇

在中国特色社会主义进入新时代，在实现两个一百年宏伟目标的现代化进程中，社区治理对于满足人民对美好生活的需要，维护城乡基层稳定具有不可替代的重要作用。中国特色社会主义的行稳致远是当前和今后社区治理最重要的机遇，中国不断发展增强的综合国力是社区治理最根本的保障，党和政府的重视和关心是社区治理不断优化的最大底气。

党的十八大以来，党中央、国务院高度重视基层治理，不断从顶层设计和制度供给上加强对社区治理的指导，对前述困扰社区治理的若干体制弊端和现实困难进行了很大程度的疏解，为新时代社区治理的健康发展提供了难得的机遇。国家层面的制度供给包括以下内容：在基层党组织与基层治理的关系方面，强调党的领导作用和领导能力，明确要求基层党组织领导基层治理，通过党建工作全覆盖引领基层治理工作；在城乡基层治理体系方面，强调形成党组织领导的、自治、法治、德治相结合的城乡基层治理体系；在城乡基层治理机制方面，强调要实现政府治理同社会调节、居民自治的良性互动；在城乡基层治理目标方面，强调要形成人人有责、人人尽责、人人享有的社会治理共同体；在城乡基层治理格局方面，强调打造共建、共治、共享的社会治理格局，推动社会治理重心向基层下移；在城乡基层治理的路径方面，强调完善基层民主协商制度，发挥社会组织作用，推进基层治理主体多元化，强调党和政府、基层党组织、自治组织、社会组织都要积极发挥作用；在城乡基层治理的工作重点方面，强调当前要向基层放权赋能，减轻基层特别是村级组织负担，加强基层社会治理队伍建设。

为切实加强城乡社区治理，为基层赋能，为社区减负，中央和国家有关文件中有许多硬性规定。例如，要求制定县级职能部门、街道办事处（乡镇政府）在社区治理方面的权责清单，依法厘清街道办事处（乡镇政府）和基层群众性自治组织权责边界，明确基层群众性自治组织依法履行的社区工作事项清单以及协助政府的社区工作事项清单，清单之外的其他事项，基层政府及其职能部门可通过向社会力量购买服务等方式购买。建立街道办事处（乡镇政府）和基层群众性自治组织履职履约双向评价机制，要求基层政府切实履行城乡社区治理主导职责，加强对城乡社区治理的政策支持、财力和物力保障、能力建设指导等。明确社区可对行政执法、拆迁拆违、环境整治、城市管理、招商引资进行评估、审议、监督；要求清理政府部门在社区设立的各种机构，精简社区会议和工作台账，全面清理各类证明，各部门不单独组织对社区的考核评比，取消对社区工作的“一票否决”事项。加强社区工作者队伍建设，统筹管理社区党组织、居民委员会和其他社区专职人员，加大从社区党组织负责人招录（聘）公务员和事业编制人员力度，选拔优秀社区党组织书记到街道（乡镇）领导岗位任职，设岗招聘社区专职工作人员，由街道（乡镇）统一管理，社区统筹使用，加强教育培训，给予职业津贴。

三、社区治理的发展趋势

当前，社区治理发展的总趋势是通过不断推进组织化、专业化、法治化、智能化、精细化、信息化，助力实现基层治理现代化。在各地社区治理实践中，尤其是民政部设立的多批社区治理和服务创新实验区的最新探索中，涌现了大批卓有成效的社区治理新理念、新方法、新经验。其中，网格化（网格管理）、属地化（以块为主）、智慧化（信息化与智慧社区治理）、强核化（打造高效有力的社区“两委”治理主体）、项目化（以购买服务、公益创投等方式开展社区服务与治理）、精细化（在服务群体、项目实施与事务治理上更加精准精确）代表着社区治理的发展趋势。各地在实践以上新方法、新经验的过程中总结出了各类社区工作法，民政部组织开展了多轮社区工作先进经验评选，优秀社区工作法大量涌现是社区治理不断向前发展的重要体现。

治理现代化意味着依法治理、系统治理、智慧治理、精准治理，强调治理的系统性、法治性、科学性、专业性、民主性。党的十九届五中全会通过的《中共中央关于制定国民经济和社会发展第十四个五年规划和二〇三五年远景目标的建议》提出，要构建网格化管理、精细化服务、信息化支撑、开放共享的基层管理服务平台。网格化、精细化、信息化、开放共享是基层治理现代化的重要特征，也是必备要素。可以从以下方面深入理解基层治理现代化的含义，把握社区治理的未来发展趋势。

社区治理体制的优越性。首先要确保党的领导。党的领导是我国社会主义制度最大的政治优势，也必然是社区治理体制优越性的根本保障。其次要结合社区治理的特点，实现社区治理的民主化、法治化、自治化，形成共建、共治、共享的治理体制格局。

社区治理机制的完备性。要按照中央和国家文件精神，建立基层党组织领导的自治、法治、德治相结合的城乡基层治理体系，形成政府治理与社会调节、居民自治良性互动，社区“两委”、群团组织和社会组织、社会工作者、志愿工作者等多方联动的治理运行机制。

高效职业的社区治理队伍。即实现社区社会工作者队伍的社会化、职业化、专业化。社会化意味着社区工作者来源构成要广泛，从全社会选人用人。职业化意味着社区工作者队伍要成为一个类似于教师、医生的职业门类，既有准入门槛、职业标准，也有相应的社会地位和合理的薪酬体系，要创造条件，使广大社区工作者将社区治理作为终生的职业。专业化意味着社区工作者队伍要具备与社区治理相适应的专业知识与理论水平，掌握专业化技巧方法，能够完成社区治理任务，提高社区治理效能。

社区治理在方法、技术上做到先进、有效。所谓先进，就是能够运用最高效的工作方法、最先进的软硬件技术，提高社区治理的效能。就软硬件技术来说，引入智慧治理，运用互联网、移动互联网、大数据、人工智能等新兴科技，结合视频探头、无人机、红外感应等硬件系统，提高社区治理的精准化、精细化、智能化水平是普遍的趋势。

第二章　社区党建工作

第一节　基本概念

一、社区党组织

《中国共产党章程》（以下简称《党章》）第三十条规定：企业、农村、机关、学校、科研院所、街道社区、社会组织、人民解放军连队和其他基层单位，凡是有正式党员三人以上的，都应当成立党的基层组织。社区党组织，就是党在社区中建立的基层组织。

社区党组织是社区各类组织和各项工作的领导核心。首先，作为基层党组织，社区党组织要发挥社会基层组织中的战斗堡垒作用，承担起《党章》第三十二条规定的基本任务。其次，按照《党章》第三十三条规定，社区党组织还应当领导本地区的工作包括基层社会治理，支持和保证行政组织、经济组织和群众自治组织充分行使职权。《中国共产党支部工作条例（试行）》对社区党支部的重点任务作了更为具体的规定："党支部是党的基础组织，是党组织开展工作的基本单元，是党在社会基层组织中的战斗堡垒，是党的全部工作和战斗力的基础，担负直接教育党员、管理党员、监督党员和组织群众、宣传群众、凝聚群众、服务群众的职责。"

社区党组织体系完整、架构合理，才能在社区治理中充分突出党的领导优势、发挥党的领导作用。为此，基层应按《党章》《中国共产党支部工作条例（试行）》的有关要求应建尽建党组织，尽可能完善社区党组织体系。近年来，随着基层治理需求变化，社区出现了一些新型党组织，创新了基层党组织形式，提升了基层党组织战斗力。功能型党组织就是其中一种。功能型党组织，指根据社会发展、产业转型、党建资源分布等特点，通过科学合理整合基层组织党员资源建立起来的各具特点的临时党支部。与传统党组织相比，功能型党组织无须承担基层党组织发展党员或选举党代表的职能，无须转接组织关系或缴纳党费，而是采取党员组织关系一方隶属、党组织生活多重参与的方式来管理和组织党员。在具有三名及以上党员的“两新”组织和群众性组织中建立功能型党组织，能有效解决传统党组织“空白点”和党建工作“盲点”，解决流动党员变成“口袋党员”，党员管理“管不到边、管不到底、管不到位”的问题；能重新亮明党员身份，激发党员先锋模范作用，实现党组织资源的再分配、再组合和再优化。若党员不足三人、不予建立党支部，则应设党建指导员，以增强基层党组织的凝聚力、创造力和战斗力，开拓基层党建工作新局面。

近年来，为促进城市基层党组织更好地发挥功能，各地区不断结合实际，推进“市—区—街道—社区”四级联动组织体系建设。四级党组织权责分明、一体联动，能将党的领导作用最大化。比如，市委把握方向、制定政策、统领全局；区委明确具体思路、举措，强化区域统揽，协调整体推进；街道党工委承担基层党建直接责任，强化统筹联动，总揽区域全局，全面兜底；社区党委履行基层党建具体责任，发挥“战斗堡垒”作用，管理、监督、服务党员，组织、宣传、凝聚、服务群众。

对于社区党组织来说，要发挥“战斗堡垒”作用，以社区党建引领社区治理，就要强化社区党组织的覆盖和服务。一是按照规定在社区内设立党组织，突出社区党组织政治功能，聚拢社区服务，确保关键时刻社区党组织始终冲在最前线。二是在社区党委、党总支之下，设立小区（网格）党支部以及两新组织党组织等。三是适应城市精细化治理要求，在社区内构建“社区党组织—小区（网格）党支部—楼栋党小组—党员中心户”的社区党组织体系，推动党的组织设置向服务群众“最后一百米”延伸覆盖。四是推动社区党员群众服务中心提档升级，提升数字化服务水平，设立和完善社区党群服务驿站，切实为人民群众提供贴心细致、优质便捷的社区服务。

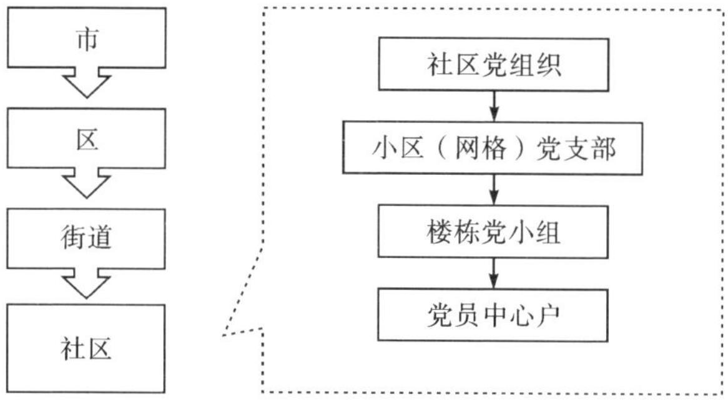

图 2-1　社区党组织结构

二、社区党建

社区党建，指社区党的建设，是社区党组织为强化自己的政治功能而进行的一系列自我完善活动，包括党的政治建设、思想建设、组织建设、作风建设、纪律建设和制度建设等。党建的优势在于调动人的资源，社区党建通过党组织建设，进行党员管理、党员教育、党员监督，实现对社区治理的引领。

社区党建的主要内容及其功能如下。

第一，完善社区内党组织建设。在社区各类组织中成立党组织，通过发挥党组织体系的功能实现党对社区治理的领导。

第二，加强社区党组织对社区事务的领导。将社区党组织建设成战斗堡垒，这是党建引领社区治理的核心。

第三，引领居民自治。不断加强居民自治组织规范化建设和自治机制建设。加强对社区业主委员会换届工作的领导，牵头建立社区居民委员会、业工委员会和物业服务企业协调联动机制，促进社区社会组织、志愿服务组织等在居民自治中发挥作用，使社区自治充满活力。

第四，密切联系群众，直接服务群众。充分发挥党员先锋模范带头作用，带动相关组织致力社区服务，让居民在家门口就能享受最细致的服务。

第五，促进社会协同。积极引导驻社区机关企事业单位、其他社会力量和市场主体参与社区治理。

三、区域化党建

习近平总书记在全国组织工作会议上指出："要加强企业、农村、机关、事业单位、社区等各领域党建工作，推动基层党组织全面进步、全面过硬。"加强基层党建，要推动党的组织和党的工作的全覆盖。区域化党建，就是近年来创新基层党建，实现党的组织和党的工作全覆盖的重要探索。

区域化党建是指在城乡经济社会结构转型、统筹推进一体化的背景下，按照区域统筹的理念，运用现代管理科学和信息技术手段，在一定的区域范围内，统筹设置基层党组织，统一管理党员队伍，通盘使用党建阵地，形成以街道党工委为核心、社区党组织为基础、其他基层党组织为结点的网络化体系，从而在区域内实现党的组织和党的工作全覆盖。

与传统党建模式相比，区域化党建有利于把区域内不同系统、不同资源的基层党组织联系成紧密的党建共同体，打破过去条块分割、条条分离、块块分散甚至彼此封闭的局面，形成全覆盖、广吸纳、动态开放的基层党组织体系。

这种共建共享的党建形式，从横向上提升了区域内各级各类党组织党建工作在目标、机制和模式上的一致性，加强了社会领域党建资源的整合，实现了区域内党建工作的统筹发展、齐头并进。在区域化党建下，打造社区党建共同体，对推动基层组织建设和社会治理创新起着重要作用。

四、社区"大党委"

为有效解决社区治理中经常面临的多方主体协调沟通难、服务资源优势互补难、在职党员在居住地社区作用发挥难等社区党建难题，"大党委"制度应运而生。

社区"大党委"是社区工作的领导核心，是在社区党组织领导下，社区各基层党组织相互联系、协调共建的区域化党建组织实体。该制度常采用"1＋X＋Y"模式，"1"即社区党组织，"X"即驻区单位、群团组织，"Y"即驻区非公企业和社会组织；以社区党组织牵头，在平等的基础上以共同需要、共同利益、共同目标为纽带，建立社区“大党委”。

在不改变辖区单位党组织隶属关系的情况下，由社区党组织书记担任“大党委”书记，辖区单位党组织负责人和社区党员民警兼任副书记或委员，全面有效整合辖区内机关企事业单位、商会、楼宇等党组织资源。

社区“大党委”制度有助于破解社区和区域党建条块分割体制下的属地管理难题，有助于解决党员“不能管”“不让管”“不好管”问题，有利于构建社区党建新格局新模式，提高基层党组织服务群众、为居民办实事的能力。

五、社区党建联席会议

社区党建联席会议是基层党建工作制度的创新成果，一般由社区党组织牵头组织，由辖区内各党组织共同参与，通过定期会议的方式，把条块党建有机结合起来。

社区党建联席会议的成员通常包括社区大党委成员单位、社区党组织，社区内机关、企事业单位党组织，社区内部队党组织，社区内企业和各种经济成分的党组织等。

社区内各基层党组织通过社区党建联席会议通报和交流党建工作重大事项，就社区建设管理中的重大问题进行协商，讨论辖区内基层党建的共性问题，对社区内职能部门、企事业单位的党建工作和履职情况进行评议，组织社区范围党建活动等。

六、兼职委员制度

兼职委员制度，是把“门外客”变成“自家人”，邀请辖区内影响力大、联结性高、规模较大的机关企事业单位、非公企业和社会组织的党组织负责人和党员代表到社区担任兼职委员，如业委会、物业公司的党员负责人，社区党员民警、网格党支部成员、居民党员代表等担任兼职委员，从而壮大党组织力量，实现大事共议、实事共办、要事共决、资源共享，进一步提升基层党组织统筹社会资源和解决复杂问题的能力。

兼职委员不占社区党组织职数、不领取补贴报酬，不是社区聘用的工作人员，而是以“自家人”的身份志愿服务于社区建设。他们的主要职责是通过制度化的渠道（比如联席会议）参与社区党组织重大事务的研究、商讨和决策，在社区中发挥决策参考、纠纷解决、矛盾化解、沟通协调等作用。

兼职委员制度的设立，有助于发挥兼职委员所在单位党组织共建作用，推动社区与不同单位组织之间建立起互联互通渠道和协商共事机制，盘活辖区内一切共建力量，通过互相提供需求清单、资源清单、项目清单开展双向服务、双向认领等方式，推动社区实现共建共治共享。

第二节　社区党建工作形势任务

一、地位作用

城市治理是推进国家治理体系和治理能力现代化的重要内容，在党和国家工作全局中举足轻重，而社区则是城市治理的“最后一公里”。街道社区在城市管理服务、凝聚居民群众、化解社会矛盾、构建和谐社区、推动城市经济社会发展中发挥着越来越重要的作用。

社区党建是城市党建工作的重要基础，街道社区党组织领导核心作用发挥得好不好，直接关系党在城市执政根基是否牢固，直接关系城市改革发展稳定大局。在新形势新要求下，街道、社区日益成为城市治理的关键点，党建工作在街道社区中的中心地位作用显得尤为重要。

二、形势要求

改革开放以来，我国城乡基层社会结构、生产方式和组织形态发生深刻变化，带来基层党建工作环境、对象、方式的深刻变化。

第一，城市化进程使得城市数量和规模不断扩张，大量流动人口进入城市，“新城市人”分布在城市的各个区域各个领域；

第二，城市环境污染、交通拥堵等“城市病”蔓延加重；

第三，城市经济社会结构发生许多新变化，两新组织（新的经济组织和新的社会组织）大量涌现；

第四，互联网正加速传导渗透到经济社会各领域各方面，许多问题因网而生、因网而增、因网而变。

面对新形势、新任务、新挑战，必须构筑适应现代城市发展需要的基层党建工作体系，主要包括：健全市、区、街道、社区党组织联动体系；充分发挥街道、社区党组织领导核心作用；健全党组织领导下的居民自治机制；在街道党建、单位党建、行业党建间实现互联互动；突破传统党建“限时、限地、限人”束缚等。

近年来，各地区各部门按照党中央要求，扎实推动城市基层党建工作，城市基层党建工作得到创新发展，但也还存在工作推进不平衡的问题。有的城市基层党组织软弱涣散、政治功能不强、领导作用发挥不充分；有的地方城市基层党建新理念还没有树立起来，仍然停留在单纯抓街道社区党建上；有的总体设计、系统推进不够，各自为战，工作碎片化；有的体制机制不适应城市治理和发展，街道社区统筹协调能力弱，共建共治共享未形成常态。

新形势、新任务、新挑战对社区党建工作提出了新要求，要求社区党建必须站在确保党长期执政、国家长治久安、人民安居乐业的高度，充分认识加强和改进城市基层党建工作的重要性、紧迫性，以提升组织力为重点，推进组织设置和活动方式创新，增强党组织政治功能，不断严密党的组织体系，强化系统建设和整体建设；充分发挥街道、社区党组织领导作用；有机联结单位、行业及各领域党组织；构建区域统筹、条块协同、上下联动、共建共享的城市基层党建工作新格局。

三、加强和改进社区党建工作

做好社区党建工作，要认真学习贯彻习近平总书记关于加强基层党建的重要指示精神，贯彻党的十九大和十九届二中、三中、四中、五中全会精神，切实加强党对城市工作的领导，推动城市经济社会发展，聚焦重点任务和需要解决的突出问题，细化措施、狠抓落实，不断增强社区党组织政治功能和组织功能。

第一，增强城市基层党建整体效应，强化市、区、街道、社区党组织四级联动，扩大新兴领域党建有效覆盖，广泛应用现代网络信息技术。

第二，有效发挥社区党组织统筹各方、领导社区治理的统筹协调能力，确保社区党组织有资源、有能力为群众服务，强化街道、社区党组织政治功能和战斗力。

第三，健全社区党组织领导下的社区居民自治机制，领导群团组织和社会组织参与社区治理，精准投送服务和做实网格党建，建设覆盖广泛、集约高效的党群服务中心，提升社区党组织领导社区治理的工作水平。

第四，加强对社区党建工作的组织领导，压实领导责任，加强分类指导，夯实基础保障。

第三节　社区党建工作创新实践

习近平总书记指出，要以提升组织力为重点，突出政治功能，把基层党组织建设成为宣传党的主张、贯彻党的决定、领导基层治理、团结动员群众、推动改革发展的坚强战斗堡垒。

一、党建引领社区治理的机制

机制，指事物各组成部分的存在、相互关系和运行原理。将党与社区联系起来，并使党的建设实现引领社区治理的机制就是实现党建对社区治理发挥政治领导、思想引领、凝聚群众和社会号召等作用。

（一）政治领导

政治领导，即在政治方向、政治原则、重大决策等方面的领导，主要体现在路线、方针、政策的制定上。

第一，做好党员干部思想政治教育。通过“三会一课”“支部主题党日”等载体加强对社区党员的经常性教育和集中性教育，引导社区党员增强“四个意识”，坚定“四个自信”，做到“两个维护”。

第二，研究讨论重大问题、重要事项，实现社区党组织对社区治理的全面引领。社区各项工作的开展要以社区党组织为核心，把党组织放在程序链条的最前面，突出政治功能。社区党组织采取圆桌会、议事厅等方式主导引领各方主体就社区内事务广泛协商。重大问题、重要事项要由社区党组织研究讨论后按程序决定。

第三，密切联系群众、服务群众。社区党组织与群众的联系最密切、最直接。通过有效组织群众，把党的声音及时传递下去。经常性走访居民，倾听群众心声，摸清群众需求，回应和解决群众诉求。

（二）思想引领

思想引领，就是通过党建活动不断增强党在理论观点、思想方法、精神价值等方面的引领力，以人民喜闻乐见的方式讲好党的故事、传播党的声音，提高党在思想上的号召力、说服力、吸引力和感染力。

第一，深入学习马克思列宁主义、毛泽东思想、邓小平理论、“三个代表”重要思想、科学发展观、习近平新时代中国特色社会主义思想，夯实思想基础。

第二，加强宣传教育，增强社区群众对党的思想理论的了解，增强感染力和凝聚力，将党的路线、原则、思想变为人民群众自觉行为。

第三，用居民喜闻乐见的方式开展科学文化教育、道德教育、精神文明创建活动，引导全体居民树立正确的世界观、人生观、价值观。

第四，增强群众参与意识，从内心感受党的关怀，从思想上紧跟党的步伐，在党的引领下投身社区治理，将社区建设得更加和谐美好。

（三）凝聚群众

要把群众组织起来，发挥社区党建的引领作用，推动新时代城市基层治理的主体从单一走向多元、从单打独斗转向多元共融，形成共建共治共享的社会治理共同体。

第一，健全群众组织内党组织体系，以党建引领群众组织。扩大党的工作覆盖面，在巩固原有群众组织的基础上，不断向非公有制经济组织和社会组织延伸，切实做到哪里有群众哪里就有组织，就有党的工作。对各类组织分别给予扶持和指导，增强组织力量，构建社区群众组织和社会力量协同参与机制。畅通社区党组织领导、动员、协同群众自治组织推进社区治理的渠道。

第二，引导居民建立社区内各类社会组织，参与社区治理、丰富社区生活。社区党组织应深入基层群众，倾听群众呼声，反映群众意愿，根据居民兴趣爱好和闲暇时间，引导群众结成文艺类、体育类、治安类、调解类、互助类、读书类、服务类等“兴趣小组”。积极搭建活动平台，吸引更多居民广泛参与，让每位居民都能从中找到自己的兴趣，提高社区活动组织率与参与率。

第三，优化升级群众组织，提升组织实力。随着社区内组织逐渐多元化、人员流动增强，部分群众组织出现无作为、边缘化现象，或活动不能贴合群众需求，造成公共资源浪费，形成虚假供应。社区党组织应以党建促进群众组织增强组织能力与活力，提高活动质量。让真正有活力和创造力的组织发挥作用，增强服务力度，提升社区居民的获得感与幸福感。

第四，协调社区内多元组织利益关系，提高治理成效。作为引导者与服务者，社区党组织应灵活运用全覆盖党组织体系，居中调解辖区内各组织关系，如群众组织、机关单位、企业主体等组织的关系，逐步完善社区党组织领导下的多方联动机制，共同致力于社区治理。

（四）社会号召

在新的历史条件下，党的社会号召力对于动员广泛的社会力量、实现党的目标任务至关重要。社会号召，集中表现为影响、凝聚、动员和引导各个社会群体和各种社会力量，让大家有一致的价值理念和追求目标，深度融合基层党建与基层社会治理，实现党的凝心聚力与基层组织的同频共振，共同致力于构建美好的未来。

具体来说，通过党建引领社会力量投身社区治理的路径如下。

第一，充分发挥各类社会力量的优势和作用，与社区开展结对共建，为社区提供帮助支持，促进共建共治共享。

第二，积极发动社会组织与专业人士，为社区引入专业化社会组织进行服务，并根据社区需要在生活服务、公益慈善、文体活动、纠纷调处等方面对社区自治组织加强专业指导。

第三，注重引导社区人大代表、政协委员、机关干部、老党员、社会贤达等各方面发挥所长，广泛参与志愿服务，积极为社区治理做贡献。

二、党建引领社区治理的路径

（一）以组织建设为基础

社区党建的主体和载体就是社区内的各类组织。要通过党的建设来提升社区内组织的活力与能力，协调统筹社区内组织的活动与发展，从而逐步实现党建引领社区治理的功能。实现社区党建引领社区治理的组织路径有：社区党组织，社区居民委员会、小区业委会、居民监督委员会等群众自治组织，物业服务企业等企事业单位，社区社会组织，党群服务中心等。做好各类社区内组织和平台的培育工作，发挥好各组织的职能功能，是推动社区良性治理、实现共建共治共享的基础。

（二）以特色项目为抓手

通过项目化运行，发挥党组织服务发展、服务民生、服务群众、服务党员的作用。

第一，党建品牌项目。根据党员年龄、职业分布特点，创新载体，打造新时代党性教育品牌，吸引更多党员群众参与组织活动。

第二，居民活动载体。创新活动载体，丰富社区生活，构建文明和谐社区，不断增强居民群众的获得感与幸福感。

第三，志愿服务项目。加强以党员为骨干的社区志愿服务队伍建设，完善党员示范带头、各类组织和群体广泛参与的志愿服务体系，形成志愿服务长效机制。

第四，党群服务平台。建设社区党群服务中心、党群服务驿站等，集党建、办公、服务功能于一体，融合辖区资源，服务党员群众，使之成为党员群众的精神家园，起到凝心聚力的作用。

（三）以资源聚合为保障

第一，上级部门加强对社区党建工作的资源支持。如设置社区党建工作经费、服务群众专项工作经费等，保障社区有充足的人力、物力、财力，提高为居民解难题的效率。

第二，积极挖掘社区内部资源，链接社会相关资源。结合辖区及周边企业、社会组织等主体的资源特点，联合创立主题项目，共同提供特色服务，盘活资源存量，使社区居民获得更优质服务。

第三，灵活购买社会组织服务。积极探索社会化服务，构建社区、社会组织、社工、社区志愿者、社区慈善资源的联动机制。通过政府购买方式引进社会组织，为居民提供多元化、专业化、个性化服务。

（四）以有效激励促持久

将正面激励与负面约束相结合，对积极负责有担当的行为予以奖励，对不当行为要建立惩罚与退出机制。

第一，优化评价和考核体系。在评价主体方面，引进多元主体；在评价指标方面，变务虚打分为对标打分。

第二，建立薪酬保障体系。制定薪酬待遇方案，明确社区党组织成员的考核内容、方式、等级及绩效工资发放办法。加强社区党组织书记正向激励。

第三，完善职业发展体系制度。建立岗位等级序列，畅通社区党组织成员成长路径，拓宽上升渠道和发展空间。

第四，构建经费保障机制。建立健全以财政拨款为主，党费支持、基层自筹与社会捐助等其他来源相结合的党建工作经费保障机制。

第五，建立荣誉表彰制度。定期对工作情况进行反馈，及时表彰并宣传典型事迹，提升工作积极性。

三、党建引领社区治理的方法

（一）发挥社区“大党委”的统筹协调作用

第一，做实社区“大党委”领导核心地位。一是明确主责。通过建立权责清单，突出“大党委”领导核心地位；优化街道社区职能，引导社区将主要精力投入到加强党的建设和公共服务、公共管理、公共安全等社会治理主责上。二是赋权增能。赋予社区“大党委”对区域内事关人民群众利益的重大决策、重大项目的规划参与、综合管理和建议权等。

第二，做优社区党组织治理体系。一是做优基层党组织体系。纵向到底，完善“社区党组织—小区（网格）党支部—楼栋党小组—党员中心户”的四级网络，突出网格党建。横向到边，统筹推进商务楼宇、园区、商圈市场、互联网业等新领域党建有形有效覆盖，扩大非公有制经济组织和社会组织党组织覆盖率。用区域化党建思维盘活社区党建资源，因地制宜运用党建联席会议制度、兼职委员制度等，在“大党委”领导下发挥出基层党建整体效应。二是做优基层治理体系。建立“市—区—街道—社区”四级联动机制，明确各级党组织在基层党建和基层治理中的职能定位与工作重点。灵活运用“兼职委员制度”，推进辖区内各党组织与社区党组织共驻共建、融合发展。完善社区协商机制，在“大党委”领导下通过民主协商推动涉及居民切身利益的公共事务、公益事业，解决居民反映强烈的困难问题、矛盾纠纷。

第三，做强社区“大党委”治理能力。一是做强队伍。完善基层党务人才培养成长链条。加强社区工作者培训。选配专职化城市基层党建工作者，加强专职人员在街道社区和“两新”组织之间的交流使用。二是做强阵地。建设党建活动平台，如区域性、综合性党群服务中心、党员生活馆、街道社区党校等。打造社区生活场所和公共服务平台，如社区居家养老服务站、少儿成长服务站、文化服务站等。三是做强技术。创新多种“互联网＋”方式，实现智慧党建发展，采用“平台＋应用”框架打造包含党建信息、政务信息、党群服务与城市管理等在内的综合平台，实现多平台联动，推进数据电子化、业务标准化、管理精细化、服务体系化。完善城市基层综合管理服务网络，以掌上党建促进党群“全天候”互动、“零距离”服务。

第四，完善社区“大党委”工作制度。社区“大党委”定期召开社区党建联席会议，将辖区机关、企事业单位的党组织参与社区治理的渠道制度化，将党建联席会议、兼职委员等有效做法制度化。

（二）发挥社区党组织的战斗堡垒作用

社区党组织要实现引领社区治理的职能，就必须依据《党章》《中国共产党支部工作条例》积极发挥战斗堡垒作用。

第一，强化政治功能，提高执政能力。 是社区党组织要坚定不移地贯彻落实党的路线方针政策决议，不断改进方法，注重联系实际。二是组织社区党员干部理论学习常态化，做好思想政治工作和意识形态工作，不断提高党员干部的理论素养和责任感、使命感。

第二，密切联系群众，增强服务功能。一是通过微心愿、议事会等方式经常了解群众需求，收集群众对党员、党的工作的批评和意见，维护群众的正当权利和利益，做好群众的思想政治工作。二是建立健全“零距离”党群服务阵地。按区域设置党群服务中心全覆盖，依托中心提供“一站式”服务，通过预约上门等方式提供党建业务办理、综合治理、市场监管、便民代办、民情收集、创业就业等各类服务。三是党员带头，成立特色服务队，深入开展志愿服务。

第三，完善党员管理，夯实组织基础。一是按照“分类管理、分类教育”的管理办法，加强对社区内党员的管理。严格党的组织生活，做好党务工作。二是对党员进行教育、管理、监督和服务。加强政治教育，加强对流动党员、下沉党员、退休党员的管理，敦促党员履行义务。保障党员权利，关爱帮扶生活困难党员和老党员等。培养教育入党积极分子，将一线优秀青年发展入党。三是充分发挥党员先锋模范作用，积极创先争优，团结、组织党内外的干部和群众，努力完成本职工作和组织交给的任务。

（三）充分发挥下沉社区党员和离退休党员的先锋模范作用

在社区工作中推进“双报到双报告”进小区，通过“亮身份”“签承诺”“见行动”三步走，使党员在社区各项工作中充分发挥带头和表率作用，在党与群众中间发挥桥梁和纽带作用，在服务群众过程中发扬奉献精神。发挥党员在居住地社区的先锋模范作用，促进下沉党员真正融入日常、做在经常、干在平常，做实常态化，实现长效化。

第一，强化下沉意识。加强下沉党员思想教育，不管是什么身份的党员干部，下沉社区的时候就是社区工作人员，就要沉下心来做好社区工作，靠前服务，干在一线。

第二，优化组织管理。组织派遣与个人报到相结合，深化党员下沉“双报到”机制；线上线下相结合，创新党员报到登记形式。按照服务优势与服务需求整合下沉党员，建立、完善功能型党支部，不断提升组织力。积极摸索推进平战转换机制，通过制度设计、实践锻炼，提高下沉党员防风险、解难题、打硬仗的能力，组建下沉党员应急突击队，达到“平时战备队、战时尖刀班”效果，最大程度用好下沉党员力量。

第三，提质服务机制。坚持“有呼必应，无事不扰”的工作原则，推行群众点单、社区派单、下沉党员接单的服务模式。下沉党员按照特长、能力、兴趣等“自设菜单”，充分发挥好自身能力、激发自身动力。

构建多方沟通平台，以制度化的报告会、座谈会等形式促进下沉党员与社区党组织、下沉党员与社区群众的“面对面”交流，不断优化、创新、提升党组织服务群众的质量。

第四，完善监督评价。制定完善下沉工作正负面清单，使监督评价有章可循。建立记实管理机制，确保工作服务留痕。建立科学规范考核体系，长期与短期相结合，定性与定量相结合，将服务时长、服务频次、群众满意度等作为考评内容，由多方共同对下沉党员的现实表现进行考评。

第五，创新激励手段。关心关爱下沉党员，提供工作条件，设立党员服务驿站，提供必要经费与补贴，强化工作保障。制定积分管理制度，为党员民主评议、党组织分类定级、党内评优表彰等提供客观依据。深入挖掘先进人物和典型事迹，灵活运用传统媒体与新媒体，树立模范典型，营造良好氛围。

除发挥下沉党员在居住地社区的先锋模范作用外，还要注重推动离退休党员发挥余热。

第一，定期开展离退休党员组织生活。做好离退休党员的登记、建档工作，建立“双卡”（离退休党员基本情况及参与社区活动记录卡、离退休党员参与社区活动情况反馈卡），积极开展退休党员组织生活。按照“政治坚定，思想常新，理想永存”的总要求，丰富教育形式，始终保持离退休党员先进性。

第二，发挥离退休党员服务群众的功能。鼓励离退休党员积极与群众打成一片，成为社区与群众的传声筒、沟通桥。根据退休党员具体情况，按照“适时、适宜、适度”的原则，多形式、多渠道、多方面发挥离退休党员的作用，鼓励和支持他们发挥余热，为群众提供力所能及的服务，同时也丰富离退休党员的精神生活。

第三，激活离退休党员党建智囊功能。认真了解、充分珍视退休党员的工作、生活经验，定期组织离退休党员谈心，经常听取离退休党员对社区党建、社区治理等方面的意见建议。赋能离退休党员群体，退休不褪色，离岗仍发热。

阅读材料

上海市浦东新区创新党建引领“家门口”服务体系建设

“家门口”服务体系，是在村居层面建设一个资源整合、功能集成、机制有效、群众参与的平台，并以此作为加强党的建设的重要抓手，推动社会治理重心下移、资源下沉，提供就近、便利、稳定可预期的七大类基本服务（党群服务、政务服务、生活服务、法律服务、健康服务、文化服务、社区管理服务），打造15分钟服务圈，实现“生活小事不出村居、教育服务就在身边”。

一、背景与缘起

浦东新区开发开放28年来，经济和社会形态发生了巨大变化，在社会治理、服务群众等方面也面临新的挑战。建设“家门口”服务体系，就是浦东新区以党建引领社会治理创新的重要举措，主要基于以下几方面考虑。

第一，夯实基层基础的需要。“基础不牢，地动山摇”，这个“基础”既是街镇一级，更是村居一级。建设“家门口”服务体系，就是通过自上而下的方式把区、街镇层面的资源下沉到村居服务站，通过自下而上的方式提取服务需求、形成服务项目，让村居党组织有更多的资源提供群众看得见、摸得着、有感知度的服务，让村居党组织有直接的抓手，夯实我们党的基层基础。

第二，构建社会治理新格局的需要。按照习近平总书记“坚持以人民为中心的发展思想，着力推进社会治理创新，超大城市精细化管理水平得到提升”要求，将重心下移、资源下沉、权力下放到村居“家门口”服务站，做到部门围绕街镇转、街镇围绕村居转、村居围绕群众转，满足人民对美好生活的向往。

第三，畅通服务群众“最后一公里”的需要。浦东新区多年来在服务群众上存在的问题包括：一是“远”，很多村居享受不到“15分钟服务圈”的便利。二是“散”，村居服务功能和资源分散在各个条线，居民办事往往找不到对应的点、对应的人。三是“虚”，有的居委会牌子挂了二三十块，但很多是“有牌子无服务”。构建村居层面“家门口”服务体系，就是为了破解服务群众“最后一公里”难题。

二、主要做法

“家门口”服务体系按照“规范村居功能，畅通为民服务”的原则，提供“党群服务、政务服务、生活服务、法律服务、健康服务、文化服务、社区管理服务”七大类服务，确保服务在基层提供、力量在基层汇聚、资源向基层倾斜、满意在基层实现，努力构建特大型城市精细化管理新模式。

（一）资源整合，打造综合服务平台

“家门口”服务体系集成 7 大类服务资源、19 个区级部门、42 个服务项目，提供“一站式”服务。一是共性项目和特色项目相结合。服务项目的选择关键在贴近群众需求，共性项目做到全区统一，实现标准化规范化，满足群众最基本、最常用、最突出的需求；特色项目因地制宜，由群众作为主体参与，形成各个服务站的个性项目，满足不同的服务需求。二是政府资源和社会资源相结合。在“家门口”服务站中，政府资源的下沉和整合是主导，同时也通过政府资源撬动了社会资源导入，提供形式多样、内容丰富的服务，打造开放度高、功能齐全、上下联动、左右互通的综合服务平台。三是线上线下服务方式相结合。兼顾不同群体的不同服务需求。对老年群众、文化程度不高的群众，着重做好线下服务，服务内容写得通俗易懂、清楚明白。对上班族、年轻白领，突出做好线上服务。精心打造相关微信服务端，把党建信息系统、街镇社区事务受理服务系统拓展到村居，推动“家门口”服务延伸到“屏幕前”，让群众不出村、不出社区就能把事情办成办好。

（二）功能集成，项目化服务群众

“家门口”服务站综合七大类基本功能，通过项目化的运作方式，精准化、便利化服务群众，实现“日常服务、就在身边，应急服务、一键办成”。党群服务，推送党员教育服务、党员志愿公益服务、群团服务进村居。政务服务，从服务群众、便利百姓的角度出发，通过线上和线下

两种途径，将政务服务延伸至村居，为各个年龄阶段的群体提供服务，增强获得感、便捷度和满意度。生活服务，以日常、就近、便利为原则，对接市场服务，满足居民群众对养老、家政等日常生活服务的需求。法律服务，以民主法治村居创建为抓手，依托新区“律所和街镇、律师和居村”双结对活动和“一般矛盾不出居村、疑难矛盾不出街镇、矛盾不上交”的矛盾化解工作，深化村居法律服务、人民调解规范化建设。健康服务，按照城乡一体化要求，以健康小屋为载体，推进健康服务进村居，全科医生每周一次进村居巡诊，带动社区医护志愿者为居民开展健康咨询、简单体检、健康宣教等服务。文化服务，大力推进文化服务进村居，包含“送戏到村居”、电影下村居、村居图书室等项目。社区管理服务，完善村居警务室建设，推进城市运行综合管理村居工作站建设，将网格管理与应急服务相结合，推动管理从街镇层面进入村居、进入小区，确保基本区域全覆盖，逐步消除治理盲区。

（三）建章立制，实现常态长效管理

着眼于今后的常态长效管理，在构建“家门口”服务体系的过程中建立健全了三大类机制。一是为民负责机制。结合“全岗通”推广，实行首问负责制，对群众提上来的问题，由首个接待的个人承担首问责任。实行指定责任制，面对村居群众遇到的疑难问题，需要多方协同解决时，指定牵头负责人，其他条线配合推进，形成合力。实行兜底负责制，已经明确的牵头负责人承担兜底责任，全过程地做好联络协调、统筹推进，确保各项工作责任到人、落实到位。二是分类的项目服务机制。党群服务建立健全了“双报到、双报告”制度，“双向认领、双向服务”机制，“两代表一委员”联系社区制度，居民区“大党委制”，居民区与业委会交叉任职双向进入机制。政务服务建立健全了错时工作、延时工作制度、“全岗通”服务制度。生活服务建立健全了居村工作人员定期走访居民群众制度，为民服务公开制度。法律服务建立了律所与街镇、律师与村居“双结对”签约服务机制，法律工作者志愿服务机制。健康服务建立了全科医生巡诊进村居机制。文化服务建立健全了文体辅导员制度和文体团队文明管理制度。社区管理服务建立健全了民警社区巡查制度、城管进社区机制、联勤联动机制。三是工作支撑机制。建立健全自治共治机制，进一步完善“1+1+X”基层自治机制，通过听证会、协商会和评议会，落实“两个自下而上”机制。推广“全岗通”等模式，打破以条为界的工作格局，推动村居委干部“一专多能、全岗都通”，“一人在岗、事项通办”，着力提升全方位服务群众综合能力。建立健全基层约请制度，推进分级约请和直接约请相结合，推进平等协商和合作处置相结合，约请主体与被约请对象共同推进解决社区“急、难、愁”问题。完善“走千听万”需求提取机制，党员干部直接联系群众，听取社情民意，提取居民需求，帮助解决实际问题。

（四）广泛参与，充分发挥群众力量

运用多种手段广泛调动群众的积极性，将重大任务与自治共治相结合，“群众的事同群众多商量，大家的事人人参与”，吸纳群众全过程参与共同治理，以群众满意与否作为评价治理效果的最终标准，在实践中不断提升。细心关注群众需求。“家门口”服务体系建设通过需求、资源、项目“三张清单”的互动，改变了以往政府单向“派单”的情况，从群众中获取他们所需服务的内容和种类，从群众的关注点着手，找准兴奋点，让更多群众参与进来。用心丰富活动内容。在摸清不同群体的数量、类型和需求的基础上，有针对性地设计服务项目，与构建15分钟服务圈相结合，提供就近、便利、稳定可预期的活动内容，提供更多富有吸引力的活动。发挥“三会”机制优势。一方面，依托“家门口”服务站的平台，通过运用“三会”制度，形成依靠居民自治推进各项大小民生事务的共识；另一方面，通过参与“三会”，不断提升老百姓对“家门口”服务的感受度、获得感和满意度。

（五）队伍增能，有效提升服务品质

基层社会治理，核心在人。“家门口”建设工作与社区工作的基础直接相关，坚持通过培训与考核激励相结合，提高基层社会治理队伍的专业化水平。一是发挥队伍力量。充分发挥村居党组织的作用，尤其是村居书记的核心作用，涌现了一批对“家门口”服务推进充分认识、对群众需求充分了解的优秀党组织书记，保证了“家门口”服务站的建设质量和品质。突出社工的全岗通作用，培养了一批把“家门口”服务当成事业、把群众当成家人的优秀金牌全岗通社工，提升了群众对“家门口”服务的信任度。激发核心团队的自治作用，发现了一批对“家门口”服务开展充满热情、把社区工作当成舞台的群众团队和骨干力量，解决了“家门口”服务涉及的诸多自治问题。二是发挥培训作用。围绕村居各类服务项目和团队，分层分类开展指导培训，提高社工对民政、党建、调解等各条线应知应会内容的熟悉程度，提升服务水平。三是发挥考核效能。完善考核评价机制，逐步形成自下而上测评和第三方独立评估相结合的考核体系，把考核结果和社工薪酬待遇挂钩，充分发挥考核的“指挥棒”作用。

（六）智能运行，建立信息化支撑

在“家门口”服务体系建设过程中，注重科技的有效运用和综合利用，加大一站式“互联网+”管理服务在村居层面的应用。依托线下服务实现服务事项下沉，实现“数据多跑路，群众少跑腿”。在党建服务上，打造“i党建”平台，进一步完善党员管理教育功能。在便民服务上，结合“浦东云”建设，推进政务自助服务，通过“浦东易生活”线上线下平台，为村居民提供精准便利的生活服务。在综合管理上，积极发挥“浦东e家园”平台作用，进一步完善社会治理综合信息服务平台，持续推进村居委信息化建设，促进了信息资源融合共享。

三、基本成效

（一）深化基层社会治理的实践探索

自治共治是现代治理的重要特征。浦东将“家门口”作为自治共治的支撑和基点，把推广“三会”制度作为增加社区自治共治能力、破解基层治理难题的重要方式，初步形成了以居民自治为基础，社区、社会和政府多元共治、共建共享的新模式，是深化基层社会治理的有效实践探索。

（二）筑牢15分钟服务圈的基层基础

以“家门口”为支点，以15分钟为半径，以便利化、均衡化为标准，来配置教育、卫生、养老、文化、体育，以及商业、交通站点、助残等资源，对15分钟社会事务圈和15分钟生活圈进行科学规划，把各类民生资源、实施项目集聚到了村居，提高了群众的获得感。

（三）带动干部职能作风的持续转变

浦东新区“家门口”服务体系建设始终强调面向群众，在站点布局上做到办公空间最小化、服务空间最大化，把更多的空间腾出来为群众服务；在项目清单上，坚持需求导向、精准发力；在制度设计上，延时制、错时制和首问负责制、兜底负责制、指定负责制等相继出台；在服务标准上，以标准化管理、规范化流程，确保政务活动的规划和便捷，促进了精准服务、高效服务、周到服务。有效带动干部队伍职能作风的持续转变。

（四）构建新形势下党建引领社会治理的新格局

浦东新区已形成党建服务中心、党建服务站和党建服务点的三级服务平台，“家门口”建设强化了党组织对基层的政治引领，增强了党组织的组织力、动员力和协调力，是三级党建服务体系的延伸，是新时代党的群众工作的实践创新。

四、探讨与启示

（一）坚持党建引领贯穿始终，将基层党建和基层治理紧密结合

发挥党建对“家门口”服务体系建设的领导作用，健全党建服务网络，将“家门口”作为解决基层民生和社区治理的重要抓手。本质上，“家门口”服务站就是村居党组织服务群众的工作阵地，也是党建引领居民自治共治的工作阵地。浦东新区通过“家门口”服务站建设实现以党建带群建、促社建、推创建，把中央要求和上级指示精神真正落实到基层，在这块阵地上，党的领导是核心，居民群众和社会力量都参与进来。

（二）坚持综合统筹、联动共建，探索自治、共治、德治、法治“四位一体”机制

“家门口”服务站的建设坚持综合统筹、系统集成，与村居委标准化、规范化建设相结合，运用“基本功能＋拓展功能”相结合的方式，注重“自上而下注入资源＋自下而上生成项目”，上下贯通、横向联通，将村居“家门口”服务站建设成为具有综合性功能的平台。在建设“家

门口”服务体系过程中，社区治理方式从行政命令式转为依法协商式，逐渐探索形成党建引领下的自治、共治、德治、法治四位一体机制，为打造共建、共治、共享的社会治理格局提供重要基础。

（三）坚持因地制宜、创新发展，处理好标准化与个性化的关系

在“家门口”服务体系建设过程中，注重因地制宜，不搞“一刀切”。在基本服务上，区层面建立框架、形成样板，增强显示度。各个村居结合自己的特点，在突出基本服务的同时拓展个性服务功能，不断挖掘社区资源，形成自己的服务项目清单，建设成富有特色的“家门口”服务站。在建设过程中，需要处理好标准化和个性化的关系，更好地通过基本功能的标准化带动服务的规范化，通过服务项目的个性化更好解决需求的差异化。同时，要注意避免行政化机关化、避免重展示轻功能、避免有管理无痕迹、避免布局僵化不灵活，将“家门口”服务体系真正建成为实现基层社会治理服务的有效载体。

（四）坚持运用大数据提高治理水平，让“家门口”与超大城市管理紧密联动

在建设过程中强化数据共享，对已有的区级平台推动破除信息壁垒、做到全面共享，同时也制定统一的智能化建设标准，加强监管。强化功能整合，促进信息技术在居家养老、停车管理、公共安全等方面的运用，特别是推动城运中心与“家门口”服务站有效整合、联勤联动，避免重复浪费。强化群众参与，利用网络和新媒体手段，在发动引导全区上下特别是职能部门积极参与的同时，更加充分地撬动社会资源，动员社会力量，更好地发挥现代科技在基层社会治理中的作用。

宜昌市伍家岗区大公桥社区：党建引领楼宇治理工作法

大公桥社区位于湖北省宜昌市伍家岗区沿江大道125-8号，始建于1957年，是一个混合型社区，既有高楼大厦，也有低矮棚户，面积0.28平方公里，现有居民2229户、6500人，社区服务中心面积1800多平方米。我们社区坐拥宜昌滨江核心商圈，有多座商务楼宇，其中，金江银座是一栋28层高的商住两用楼，于2005年开始投入使用，入驻企事业单位80多家，从业人员900多人，是一个集房产交易、中介评估、金融服务、科技研发等为一体的商务楼宇经济综合体。近年来，社区以党建为引领，探索推进楼宇治理的路径和方法，取得一定成效，受到各方肯定和好评。我们社区先后被评为全国防灾减灾示范社区、湖北省防灾减灾示范社区、湖北省十佳书香社区、湖北省青少年服务平台。

一、党建引领楼宇治理工作法的形成过程

2015年以来，针对金江银座楼宇党建工作薄弱、物业公司和业主之间关系不融洽、入驻楼宇的众多“两新组织”诉求无回应等问题，通过加强党组织建设，充分发挥党组织领导核心作用，引领楼宇经济健康发展，助推楼宇治理提档升级，形成了“党建引领楼宇治理工作法”，主要内容就是按照《中共中央、国务院关于加强和完善城乡社区治理的意见》提出的“以改革创新精神探索加强基层党的建设引领社会治理的路径”和“扩大城市新兴领域党建工作覆盖”的要求，针对金江银座商务楼宇党建工作、楼宇治理存在的突出问题，通过成立一个党支部、制定三张工作清单、培育六个社区社会组织、组建一个红色管家联盟，构建了以楼宇党组织为核心、以社区社会组织为载体、以党员志愿者为骨干的党建引领楼宇治理的工作格局，走出了一条商务楼宇共建共治共享的发展新路子。2015年，着手加强楼宇党支部建设，创新楼宇党建工作路径和方法；2016年，学习应用专业社会工作方法，培育了六个社区社会组织；2017年，对六个社区社会组织进行整合，探索成立了“红色管家联盟”枢纽型社区社会组织；2018年，在楼宇内推行社区社会组织公益金众筹项目，楼宇治理不断向纵深发展。

二、党建引领楼宇治理工作法的主要内容

（一）建强一个支部，发挥核心作用

早在2011年10月，我们就以物业公司为平台，将楼宇内所有企事业单位中的党员组织起来，并发挥楼宇产权单位和物业公司在服务、管理等方面的优势，组建了金江银座商务楼宇党支部，选举产生三位支部

委员，物业公司经理张卫当选为支部书记。楼宇党支部成立后，如何发挥领导核心作用，在楼宇内唱响主旋律，一直是困扰党支部一班人的难题，也是我们社区党委全力探索的课题。2015年，为把楼宇党支部建强、把楼宇党建工作做实，在楼宇治理中充分发挥领导核心作用，我们引导楼宇党支部确立了“党建引领、服务企业、回馈社会、共享成果”的工作宗旨，积极汇集楼宇资源，在一楼显著位置设立党建工作宣传阵地，在四楼露天平台打造“红色驿站”党员活动阵地，在六楼设立党员活动之家、谈心谈话室等党员学习阵地，为党建工作的顺利开展搭建了基础平台；严格“三会一课”制度，积极推进“两学一做”学习教育规范化、制度化，为党建工作的顺利开展提供了制度保障；同时，还建立了微信群、QQ群，密切与楼宇企事业单位、党员职工之间的联系与互动。目前，金江银座楼宇党支部共有7名委员，已发展入党积极分子15名，管理党员85名。

（二）制定三张清单，摸清楼宇家底

为把楼宇党支部建设成为服务型党组织，践行“服务企业、回馈社会”的工作宗旨，我们应用参与式需求调查法等各种专业社区工作方法，分别邀请楼宇内相同性别、相同年龄段、相同行业的党员职工分别召开“开放空间会议”，摸清他们的需求、能提供的资源，制定了“需求清单”“资源清单”和“项目清单”。一是制定“需求清单”。我们带领楼宇党支部成员深入到入驻企事业单位，全面了解党建工作情况，准确掌握党员信息，做到了“一明五清”：企事业单位法人对党建工作态度明，企业经营情况清、从业人数清、党员人数清、党组织活动现状清、企业和党员需求清，并广泛听取各方意见建议，及时准确了解各企事业单位和党员、职工的实际需求，进行认真梳理后形成了“需求清单”。二是制定“资源清单”。针对楼宇资源丰富但使用率不高的状况，我们引导楼宇党支部通过主动邀约、上门拜访、电话联系等方式，与楼宇内的企事业单位沟通，详细了解他们的资源情况和合作意向，结合行业特色、单位性质，形成包括人力资源、物资资源、场地资源、业务资源等在内的“资源清单”，有效整合了楼宇物业、企业、单位资源，并把跨行业、跨楼层的各类资源有机统筹起来，实现资源互补、统筹利用。宜昌市房产交易中心在6层有一个大会议室，以前由中心自己管理，不开会就关着门，现在由楼宇党支部统一调配，只要中心不用，其他单位都可以使用。三是制定“项目清单”。针对楼宇内企事业单位和党员、职工参与党组织生活及相关活动的积极性不高等实际情况，引导楼宇党支部依据前期制定的“需求清单”和“资源清单”，把入驻企事业单位和党员职工的实际需求和现有各类资源进行精准对接，把单位和个人的需求设计成若干具体项目，制定了“项目清单”，然后定期发布项目，明确工作任务及相关要求，有针对性地组织开展各类活动。为激发党员职工参与楼宇治理的积极性，我们还引导楼宇党支部建立了公益积分兑换制度，制定了积分办法和兑换标准，党员参与活动可获得公益积分，公益积分可以兑换资源、物品或服务，形成了激励机制。

（三）培育六个社团，搭建参与平台

为有效引导党员、职工参与到楼宇治理中来，我们打破楼层、行业、企事业单位的界限，以需求为导向、以公益为纽带、以活动为载体、以“红色驿站”为阵地，应用专业社会工作方法，培育孵化社区社会组织，努力实现楼宇党员、职工在各自的行业、楼层的平台上“再组织化”，采取党员引领社区社会组织、社区社会组织凝聚党员职工的方式，推动楼宇共治共建共享。几年来，我们已先后培育出楼宇智囊团、消防小分队、道德宣讲团、青年志愿服务队、矛盾纠纷调解队、绿色银行等6个楼宇社团，参与党员职工达230多名。各个社团经常组织开展各种形式多样、丰富多彩的公益活动，增进了大家的相互熟悉了解，满足了入驻企事业单位和党员、职工的需求，还深入社区为居民群众排忧解难，深受居民好评。道德宣讲团开办“道德大讲堂”，邀请“三晚蚁工”发起人讲述身边环保志愿者的故事，吸引百名楼宇党员、职工参与到长江沿线环境保护中来；楼宇智囊团房产专家、律师为社区车位管理、电梯安全等提供政策法律咨询，将矛盾纠纷化解在萌芽状态；消防小分队每半年一次举办高楼消防疏散演习，讲授高楼逃生技巧、灭火器使用方法，增强了居民群众消防安全意识和自救能力；青年志愿服务队引入公益众筹专业方法，义卖娃娃筹集公益金帮扶社区困难儿童；矛盾纠纷调解队积极化解劳资纠纷、家庭纠纷等，做到矛盾纠纷不出楼宇；绿色银行开辟空中植物园，培育花卉苗木500多株，筹集社团公益金2000多元。2018年上半年，六个社区社会组织先后开展各类活动30余次，700余人次参加。

（四）组建一个联盟，形成共治合力

为引导金江银座楼宇党支部有效开展党务服务、政策宣传、经济服务、社团服务等系列活动，我们积极探索如何将楼宇内“隐形”的党员职工调动起来、组织起来、行动起来的新课题，带领支部成员走访楼宇内企事业单位，取得3个单位党支部支持，再通过多次动员，摸排出26家有党员的非公企业、共计78名楼宇党员。同时，六个楼宇社团通过开展一系列活动，吸引了一大批楼宇内党员、职工参与，成员已发展到近300人。为了不断增强党支部的凝聚力和号召力，我们将六个社团有效整合，成立了一个枢纽型的社区社会组织“红色管家联盟”。在楼宇党支部领导下，“红色管家联盟”带领党员、职工参与到志愿服务、楼宇治理、矛盾化解、政策咨询等服务中，有效发挥党员的先锋作用。“红色管家联盟”在每个楼层安排两位红色管家，在楼层显著位置挂牌公示姓名和电话。两年来，“红色管家联盟”共计为楼宇党员、职工提供各类服务200余项。

三、党建引领楼宇治理工作法取得的成效

商务楼宇被称作“竖起来的社区”，是经济发展高地、党建工作新地、社区治理要地。红色引擎释放新动能。几年来，我们通过探索推行“党建引领楼宇治理工作法”，使楼宇环境变好了、入驻率满仓了、经济发展强劲了，党员职工和居民走得更近了，社区更和谐了，成效十分明显。

（一）党建工作实现有形有效覆盖

通过加强楼宇党组织建设，培育发展社区社会组织，组建“红色管家联盟”，使党的组织和党的工作在楼宇实现了全覆盖，党组织的领导核心地位不断增强，凝聚力、战斗力不断提升，党员先锋模范作用充分发挥。2017年，在楼宇党支部的带领下，业主委员会、物业公司、全体业

主共同协商，使困扰社区多年的高楼消防隐患设施整改、消防通道堵塞、停车场道路平整刷黑等难题迎刃而解。15 名楼宇从业人员向楼宇党支部递交了入党申请书，楼宇党建工作不断焕发新的生机与活力。

（二）共治共建共享格局初步形成

通过楼宇党支部的引领和党员的带领，楼宇内各种资源得到高效利用。张卫书记成为楼宇大管家，楼宇内的会议室、活动室等设施以及律师、会计师等专业人才都可以调配使用。入驻企事业单位共建热情高涨，宜昌市房屋与产权交易中心在六楼开辟红色教育阵地，和四楼“红色驿站”互为呼应。“红色管家联盟”还通过组织经常化制度化的志愿服务活动，引导楼宇各类社区社会组织走进社区，开展治安防范、纠纷调解、困难帮扶等服务，更好地回馈了社会，实现了共驻共建、互利共赢。近五年来，金江银座楼宇没有发生一起治安刑事案件。

（三）助推了楼宇经济持续健康发展

楼宇党支部积极推进党务、政务、居务、服务向商务楼宇有效浸润，引入工商、税务、劳动保障等企业切实需要的行政服务资源，为企业发展提供便利；积极参与破解企业发展难题，化解企业矛盾纠纷，全天候开展安全保卫，为楼宇经济发展保驾护航。近年来，楼宇企事业单位入住率不断攀升，实现了满仓工程，楼宇党支部满意率、业委会满意率、物业公司的收费率和满意率都达到 100%；2017 年，实现税收 2700 多万元，比上年增长 28%；2018 年上半年，又入住三家投资额 5000 万元以上的企业。

大公桥社区的党建引领楼宇治理的做法得到了湖北省、宜昌市组织部门、统战部门、民政部门的充分肯定，各部门多次到我们社区调研指导，并在全省总结推广。各级新闻媒体也给予高度关注，2017 年，《三峡日报》分别以“张经理变成了张书记”“将党组织建到楼宇商圈”等为题进行了报道；2018 年 5 月 22 日，《湖北日报》在第二版头条显著位置以“高楼大厦有了‘主心骨’——看金江银座楼宇党支部如何引领共治共享”为题进行了全面报道；《三峡晚报》、宜昌电视台等媒体也多次来我们社区进行采访报道。

武昌区江零社区下沉党员积分激励办法

武昌区江零社区将公益积分兑换机制运用到党员干部下沉社区实践中，坚持以社区需求为导向，将下沉党员参与社区工作内容量化为事项清单和积分分值，并实行积分制激励办法，引导组织下沉党员从自身实际出发，结合各自优势特长，或认领社区工作岗位、事项，或参与社区协商议事活动，或开展社区志愿服务，为社区治理积极贡献力量。

一、坚持需求导向，梳理社区工作事项。江零社区对现有工作事项进行全面梳理分类，将社区需要做、下沉党员适合做的工作事项分为组织领导型、专业技能型、应急突击型和普遍适用型4个大类，以及党建工作、议事决策、社区活动、社区教育、社区治理、信息宣传、扶贫帮困、应急突击等8个小类，共计76个具体事项，使社区工作事项看得见、摸得着，让下沉党员从自身工作实际出发，有针对性、有选择性地参与社区服务。

二、坚持“以质论价”，分门别类确定积分。为了体现不同事项的工作量、工作要求、工作性质、工作时限等的区别，江零社区对不同类型的工作任务事项确定不同的分值，1个分值等同于1个小时，既体现特殊贡献党员的工作价值，也满足普通党员参与社区工作的基本要求。例如：下沉党员利用主题党日、道德讲堂等活动载体宣讲党的理论、路线、方针、政策等，1小时可积4分；下沉党员开展法律知识、心理健康咨询等专业技术性服务，1小时可积2分；下沉党员参与走访慰问、庆祝纪念、文体娱乐、志愿服务等一般性活动，1小时积1分。

三、坚持集思广益，广泛征求各方意见。经过认真梳理分类、合理确定分值等，江零社区草拟了《江零社区下沉党员参与社区工作事项清单与积分激励办法》。为增强积分激励办法的合理性、可操作性，确保办法得到下沉党员以及社区居民的认可，江零社区通过党员代表会议、支部主题党日活动、居民代表会议、下沉党员微信群等形式和载体，广泛征求社区党员、居民代表和下沉党员的意见建议，根据收集到的意见建议进行修改完善后正式发布，在社区显著位置张榜公布，上传下沉党员微信群，并编印成册发放到下沉党员手中开始实行。

四、坚持多措并举，线上线下做好记录。积分激励办法试行后，下沉党员每参加1次活动、完成1项任务，由社区网格员或者活动负责人据实填写下沉党员《工作纪实手册》，并将积分项目、完成情况（工作时长及工作量、成效等）、积分等情况报社区党委副书记审核后，录入《江零社区下沉党员参与社区工作积分记录表》。江零社区建立了社工站，由2名专职社工利用省慈善总会“幸福家园”村社互助志愿服务项目平台、武汉微邻里等作为社区工作事项、活动的发布载体，每次活动前，社工利用平台发布活动预告，社区网格员在下沉党员微信群组织动员，下沉党员干部通过系统点击“参加”；活动当天，社工组织下沉党员干部进行签到、签退，并按要求参加活动；活动结束后，系统自动记录活动时长，社工收集相关资料进行整理汇总。

五、坚持以分论赏，激发党员参与热情。积分激励办法规定，将下沉党员参与社区工作的积分情况作为下沉党员完成工作要求的依据，凡是在一个年度内完成20个积分的，视为完成了“不少于5次不少于20小时”的工作要求。社区每季度汇总一次下沉党员积分情况，按照积分高低顺序形成《江零社区下沉党员参与社区工作积分汇总表》，以适当形式予以公示；对积分较少的下沉党员，及时进行提醒；年度末，根据积分情况评选优秀下沉党员，并将下沉党员年度内积分、评先表彰等情况以书面形式向下沉党员所在单位通报。

下沉党员参与社区工作积分激励办法从2020年8月开始在江零社区推行，经过近一年的试行，取得了积极成效，主要体现为三个转变。

一是从被动到主动的转变。党员下沉到社区后，一般都是等着社区安排活动，被动参与。实行积分制管理后，下沉党员可以参与哪些社区工作一目了然，都可以从事项清单中找到自己适合做、愿意做的事情。在江零社区，有省社科院研究员主动为居民群众解读《民法典》，省人民医院医生主动举办《秋冬疫情防控》知识讲座；省高法下沉党员积极参加法苑小区业委会选举，参与业委会工作，热情为居民们服务；为助力武汉文明城市创建“三连冠”，许多下沉党员积极参与文明创建入户宣传，参加清洁家园行动，清除楼道杂物、进行环境消毒、清理牛皮癣；

在人口普查期间，许多下沉党员和网格员一起逐户收集信息、整理录入。

二是从盲目性到有针对性的转变。推动各级党组织和党员干部深度参与社区治理，是省委坚持党建引领深化基层社会治理的创新举措。为实现下沉党员参与社区治理的常态化，江零社区立足社区实情、坚持问题导向，推行积分激励办法，既满足了社区工作的需求，也体现了下沉党员的差异性，充分调动了下沉党员根据自身工作性质、兴趣爱好、职业专业等有选择地参与社区治理的积极性，有效避免了党员下沉工作中的盲目性，增强了针对性。

三是从忙乱无序到公开透明的转变。下沉工作开始时，社区感到一头雾水，不知从何抓起，甚至有个别党员请人代替自己到社区报到，或要求社区党组织在纪实本上作不实记录。实行积分激励后，社区对下沉党员的管理变得简单明了、公开透明。下沉党员每认领一项任务、参加一次活动，就能得到相应的积分，工作时间是否达到要求，看积分便知；下沉党员在社区里作用发挥得怎么样，看认领的任务、完成的事项便知；下沉党员年终能不能评为优秀，看积分榜便知。在实施积分激励的过程中，坚持线上线下并行，一切由积分说话，减少了社区党组织在下沉党员管理中的人为因素，杜绝了一些弄虚作假的现象，也增强了党员下沉社区工作的严肃性。

江零社区下沉党员参与社区工作积分激励一览表

序号	类别	主要内容	具体要求	数量	积分规则	类型
1	党建工作	指导社区党建工作	指导社区党建工作创建区级品牌	1个	1个积20分	组织领导型
2			指导社区党建工作创建市级品牌	1个	1个积30分	组织领导型
3		政策理论宣讲	利用主题党日、道德讲堂等活动载体宣讲党的理论、路线、方针、政策等	20次	1小时积4分	组织领导型
4		到社区党组织任职	担任社区综合党委负责人并认真履职	1人	1年积50分	组织领导型
5			担任社区综合性党委成员，小区网格党支部、功能型党支部负责人并认真履职	20人	1年积30分	组织领导型
6			担任小区网格党支部、功能型党支部成员，党小组组长并认真履职	50人	1年积20分	组织领导型

续表

序号	类别	主要内容	具体要求	数量	积分规则	类型
7	议事决策	参与社区“两委”年度工作计划讨论拟定		不限	1 小时积 1 分	专业技能型
8		参与社区“两委”年度工作述职评议		不限		专业技能型
9		参与社区相关工作方案讨论审议		不限		专业技能型
10		参与社区其他协商议事活动		不限		专业技能型
11	社区治理	参与社区组织并任职	担任小区业主委员会主任并认真履职	10 人	1 年积 50 分	组织领导型
12			担任小区业主委员会成员并认真履职	50 人	1 年积 20 分	组织领导型
13	社区治理	参与社区组织并任职	担任楼栋长并认真履职	50 人	1 年积 20 分	组织领导型
14			担任社区社会组织负责人并认真履职	10 人	1 年积 20 分	组织领导型
15			担任社区社会组织成员并认真履职	30 人	1 年积 10 分	组织领导型
16		调解社区矛盾纠纷	调解家庭矛盾	结合实际	调解 1 起积 3 分	专业技能型
17			调解邻里纠纷	结合实际	调解 1 起积 5 分	专业技能型
18			包保上访对象　一般对象	结合实际	1 人/年积 20 分	专业技能型
19			包保上访对象　重点对象	结合实际	1 人/年积 30 分	专业技能型
20			协调处理社区矛盾纠纷积案	结合实际	解决 1 起积 30 分	专业技能型
21			协助解决市长热线等投诉	结合实际	解决 1 件积 5 分	专业技能型
22			调解其他社区矛盾纠纷	结合实际	视具体情况积分	专业技能型
23		收集社情民意	居民满意度调查	随机发布	1 小时积 1 分	普遍适用型
24			有关情况及人员摸排	随机发布		普遍适用型
25			有关居民信息采集	随机发布		普遍适用型
26			有关居民意见收集	随机发布		普遍适用型

续表

序号	类别	主要内容	具体要求	数量	积分规则	类型
27	社区治理	社区环境整治	垃圾分类宣传与包保	100 个	1 户积 1 分	普遍适用型
28			楼道杂物、“牛皮癣”等清理	50 个	1 个楼道 1 次积 1 分	普遍适用型
29			社区环境卫生巡查	50 次	1 小时积 1 分	普遍适用型
30			其他社区环境整治活动	随机发布	视具体情况积分	普遍适用型
31		策划实施社区治理创新项目	策划一般的项目方案并组织实施	1—3 个	1 个积 10 分	专业技能型
32			策划较大的项目方案并组织实施	1—3 个	1 个积 20 分	专业技能型
33		链接社会资源	物资资源	不限	500 元积 1 分	普遍适用型
34			项目资源	不限	1 个积 10 分	普遍适用型
35			设施场地资源	不限	使用 1 次积 10 分	普遍适用型
36	社区教育	讲课讲座	举办法律、健康、科普、环保等专题讲座	12 次	1 小时积 4 分	专业技能型
37			承担舞蹈、声乐、书法、绘画、体育锻炼等专业班级课程教学工作	200 学时		专业技能型
38			其他社区教育活动讲课	随机发布		专业技能型
39		咨询服务	心理咨询服务	随机发布	1 小时积 2 分	专业技能型
40			法律政策咨询服务	随机发布		专业技能型
41			健康卫生咨询服务	随机发布		专业技能型
42			其他咨询服务	随机发布		专业技能型

续表

序号	类别	主要内容	具体要求		数量	积分规则	类型
43	社区活动	走访慰问活动	节假日走访慰问活动		30 人	1 小时积 1 分	普遍适用型
44			其他临时走访慰问活动		30 人		普遍适用型
45		关爱服务活动	残疾人、孤寡独居老人等特殊群体关爱服务活动		50 人		普遍适用型
46		庆祝纪念活动	各类庆祝纪念活动、座谈会、文艺晚会等		100 人		普遍适用型
47		文体活动	社区纳凉晚会		100 人		普遍适用型
48			其他文体活动		随机发布		普遍适用型
49		志愿服务活动	“3·5”学雷锋志愿服务活动		不限		普遍适用型
50			参加“社区帮帮团”活动		20 人		普遍适用型
51			其他志愿服务活动		随机发布		普遍适用型
52		各类宣传活动	社区组织的各类宣传活动		随机发布		普遍适用型
53	扶贫帮困	与困难群众结对帮扶			30 户/人	1 户（人）/年积 20 分	普遍适用型
54		帮助就业困难人员就业			50 人	落实 1 人上岗积 5 分	普遍适用型
55		为社区困难群众捐款			不限	100 元积 1 分	普遍适用型
56		为社区困难群众捐助生活物资用品（要求为全新物品）			不限	100 元积 1 分	普遍适用型
57		为社区困难群众筹集生活物资			不限	200 元积 1 分	普遍适用型
58	应急突击	指导应急突击工作	协助社区制定应急突击处置预案		1 个	制定有效预案积 20 分	专业技能型
59			协助社区建设应急突击组织队伍		1 个	建立组织队伍积 20 分	专业技能型
60			协助社区组织开展应急突击演练活动		4 次	1 次积 10 分	专业技能型
61			协助社区创建防灾减灾示范社区	省级示范	1 次	创建成功积 20 分	专业技能型
62				国家级示范	1 次	创建成功积 40 分	专业技能型

续表

序号	类别	主要内容	具体要求		数量	积分规则	类型
63	应急突击	参与应急突击工作	参加重大疫情防控（门岗值守、入户排查、物资配送等）	Ⅲ级响应	不限	1小时积1分	应急突击型
64				Ⅱ级响应	不限	1小时积2分	应急突击型
65				Ⅰ级响应	不限	1小时积3分	应急突击型
66			参加火灾等抢险救灾		不限	视具体情况积分	应急突击型
67			参与排渍排涝		不限	1小时积2分	应急突击型
68			参与防汛抗旱		不限		应急突击型
69			主动见义勇为		随机	视具体情节积分	应急突击型
70			其他应急突击工作		随机发布	视具体情况积分	应急突击型
71	信息宣传	总结提炼社区工作经验亮点	区级交流		1—3篇	1篇积5分	专业技能型
72			市级交流		1—3篇	1篇积10分	专业技能型
73			省级及以上交流		1—3篇	1篇积30分	专业技能型
74		总结宣传社区工作典型经验	区级宣传报道		1—3篇	1篇积5分	专业技能型
75			市级宣传报道		1—3篇	1篇积10分	专业技能型
76			省级以上宣传报道		1—3篇	1篇积30分	专业技能型

第三章　社区居民自治

第一节　概述

一、社区居民自治的含义

社区居民自治简称为居民自治，是指社区居民在党和政府的领导与指导下，在居民委员会辖区内，依托居民委员会等居民自治组织，依据国家法律法规和政策，通过民主选举、民主协商、民主决策、民主管理、民主监督的方式，依法管理自治范围内的社区公共事务和公益事业，逐步实现自我管理、自我教育、自我服务、自我监督的过程。

对居民自治的定义，可以作如下理解：

第一，居民自治要坚持中国共产党的领导，始终保持正确的政治方向。居民委员会应自觉接受社区党组织的领导，社区党组织应支持和保障居民委员会充分行使职权。

第二，各级政府及其职能部门、街道办事处与居民委员会不是上下级行政关系，而是指导、支持和协助的关系。各级政府及其职能部门、街道办事处要尊重居民委员会的基层群众性自治组织性质，支持居民委员会依法开展自治工作。

第三，居民自治的主体是全体社区居民，居民委员会是居民自治的组织者、推动者、实践者，要把服务居民、造福居民作为工作的出发点和落脚点，依法组织居民开展自治活动，保障居民群众的知情权、参与权、表达权和监督权，自觉接受居民监督。

第四，居民自治制度的主要内容是“五个民主”，即民主选举、民主协商、民主决策、民主管理、民主监督，居民自治的目标是实现“四个自我”，即自我管理、自我教育、自我服务、自我监督。

第五，居民自治是有限自治。主要表现在：一是居民委员会必须在党组织的领导下和政府的指导下开展工作；二是居民自治的具体内容为与居民利益密切相关的社区公共事务和公益事业，不是社区内所有事务；三是居民自治必须在国家法律法规和政策范围内进行，不得与国家法律法规和相关政策相违背。

二、居民自治产生与发展

（一）居民自治产生及曲折发展（1949—1978 年）

当代中国城市居民自治产生于新中国成立初期，居民自治和居民委员会的发展密切相关。新中国成立伊始，为巩固新生政权，维护社会安全，团结人民群众，杭州、天津、武汉、上海等地居民自发成立了居民委员会、居民代表委员会、居民小组等名称各异的群众性组织。据考证，1949 年 10 月 23 日诞生了新中国第一个居民委员会——杭州市上城区紫阳街道上羊市街居民委员会。1954 年 12 月 31 日第一届全国人民代表大会常务委员会第四次会议通过《城市居民委员会组织条例》，首次用法律的形式肯定了居民委员会的性质、地位和作用。这个条例的贯彻和实施，有力地推动了城市居民委员会组织的建设和发展。到 1956 年底，居民委员会不但在全国各个城市普遍建立起来，而且得到了进一步巩固和发展。但在单位制占绝对主体地位的计划经济时期，居民委员会只起着拾遗补阙的作用。1958 年，“大跃进”和人民公社化运动波及城市，城市街道办事处和居民委员会被人民公社和人民公社分社所代替，居民委员会的性质和功能严重扭曲。1962—1965 年，随着城市人民公社的解体，居民委员会组织又相继全面恢复。1966 年到 1976 年“文化大革命”时期，居民委员会组织和居民自治再一次遭到严重破坏。随着各级“革命委员会”的建立，居民委员会也相继称为“革命居民委员会”，其主要任务变成了抓阶级斗争，搞群众专政，严重损害了居民利益，违背了居民自治原则。“文化大革命”结束后，国家各级组织与各项事务逐步得到恢复，“革命居民委员会”恢复为居民委员会，其性质、功能也随之得到恢复。

（二）居民自治制度恢复（1979—2000 年）

党的十一届三中全会作出把党和国家工作中心转移到经济建设上来，实行改革开放的历史性决策之后，迅速着手恢复一度遭到破坏的城市居民委员会制度。1980 年，国家重新颁布了《城市居民委员会条例》和与其相关的《城市街道办事处组织条例》《人民调解委员会暂行通则》《治安保卫委员会暂行组织条例》，再次将居民委员会建设纳入法制化轨道。1982 年，宪法明确了城市居民委员会的法律地位，居民委员会建设受到国家根本大法的确认和保护。1989 年 12 月 26 日，第七届全国人大常委会第十一次会议审议通过了《中华人民共和国城市居民委员会组织法》，这是对《城市居民委员会组织条例》的修改、完善和提升，使条例上升成为法律，对居民委员会的性质、规模、机构设置、主要任务、组织形式、产生方式、工作经费和补贴来源等作出更明确、更具体的规定。法律颁布后，各地积极贯彻落实，多数省（自治区、直辖市）依据该法制定地方配套性法规，居民委员会建设的法律制度体系基本形成，居民委员会组织体系走向健全，工作内容获得拓展，居民自治水平稳步提高。进入 20 世纪 90 年代，居民自治的一个重大进展是与社区建设结合起来。1999 年，民政部在 16 个城市的 26 个城区开展了社区建设的试点和实验工作。

（三）居民自治快速发展（2000—2012 年）

2000 年 11 月，中共中央办公厅、国务院办公厅转发了《民政部关于在全国推进城市社区建设的意见》，全面、系统地阐述了社区建设的内涵、目标、意义、指导思想和主要内容，为扩大城市基层民主、推动城市改革和发展指明了方向。在大力推进社区建设的过程中，居民委员会建设进入迅速发展时期。各地按照便于服务管理、便于开发社区资源、便于居民自治的原则，并考虑地域性、居民认同感等因素，对原有居民委员会辖区进行了适当调整，并冠名社区。2003 年 10 月，党的十六届三中全会提出了搞好“城乡社区自我管理、自我服务”的要求。2004 年 11 月，中共中央办公厅转发了中组部《关于加强和改进街道社区党的建设工作的意见》，明确社区党支部（总支、党委）的主要职责。2007 年

10月，党的十七大报告首次把基层群众性自治制度纳入中国特色社会主义政治制度范畴，这一重大决策是对基层群众自治制度地位的重大提升。2010年8月，中共中央办公厅、国务院办公厅印发《关于加强和改进城市社区居民委员会建设工作的意见》，在总结2000年以来社区居民委员会建设工作经验基础上，明确提出了着力加强和改进社区居民委员会组织建设、队伍建设、制度建设、设施建设等方面的工作要求。2011年7月1月，胡锦涛同志《在庆祝中国共产党成立90周年大会上的讲话》指出："人民代表大会制度是根本政治制度，中国共产党领导的多党合作和政治协商制度、民族区域自治制度以及基层群众自治制度等是基本政治制度。"

（四）居民自治制度不断完善（2012年至今）

自2012年起，社会主义协商民主被提到重要地位。党的十八大和十八届三中全会深刻总结我国社会主义民主政治建设的经验和规律，作出健全社会主义协商民主制度、推进协商民主广泛多层制度化发展的重大战略部署。2015年2月，中共中央印发《关于加强社会主义协商民主建设的意见》，对新形势下开展政党协商、人大协商、政府协商、政协协商、人民团体协商、基层协商、社会组织协商等作出全面部署。2015年7月，中共中央办公厅、国务院办公厅印发《关于加强城乡社区协商的意见》，提出"到2020年，基本形成协商主体广泛、内容丰富、形式多样、程序科学、制度健全、成效显著的城乡社区协商新局面"的总体目标。党的十九大报告强调，要"扩大人民有序政治参与，保证人民依法实行民主选举、民主协商、民主决策、民主管理、民主监督"，首次将"民主协商"与其他"四个民主"并列，开拓了实现人民最广泛、最有效政治参与的新境界。2017年4月，中共中央、国务院印发《关于加强和完善城乡社区治理的意见》，强调在健全完善城乡社区治理体系中"注重发挥基层群众性自治组织基础作用"。2017年3月第十二届全国人民代表大会第五次会议上表决通过的《中华人民共和国民法总则》规定：居民委员会具有基层群众性自治组织法人资格，可以从事为履行职能所需要的民事活动。党的十九届四中全会通过的《中共中央关于坚持和完善中国特色社会主义制度、推进国家治理体系和治理能力现代化若干重大问题的决定》提出“健全党组织领导的自治、法治、德治相结合的城乡基层治理体系”，赋予了“自治”在城乡基层治理体系的基础作用。

第二节 社区居民委员会规范化建设

一、依法设置居民委员会

社区居民委员会的设置要充分考虑公共服务资源配置和人口规模、管理幅度等因素，按照便于管理、便于服务、便于居民自治的原则，以3000户左右为宜确定管辖范围，一个社区原则上设置一个社区居民委员会，社区居民委员会由主任、副主任、委员5至9人组成。居民委员会的设立、撤销、范围调整，由街道办事处或者乡镇人民政府提出并广泛征求居民意见后，由县级人民政府批准。加快工矿企业所在地、国有农（林）场、城市新建住宅区、流动人口聚居地的社区居民委员会组建工作。新建住宅区居民入住率达到50%的，应及时成立社区居民委员会，在此之前应成立居民小组或由相邻的社区居民委员会代管，实现对社区居民的全员管理和无缝隙管理。规范撤销村民委员会改设社区居民委员会的条件和程序，坚持党建引领、民主协商、依法依规、稳妥推进。健全社区居民委员会下属的人民调解、治安保卫、公共卫生等委员会，可增设环境和物业管理等委员会，完善相关制度，切实发挥作用。加强和规范居务监督委员会建设。加强居民小组工作和网格工作的融合，促进基层群众自治与网格化服务管理有效衔接，选配居民小组长、楼院门栋长，积极开展楼院门栋居民自治。

二、坚持党全面领导自治组织制度

加强社区党组织对社区治理各项工作的统一领导，涉及社区治理重要事项、重大问题都要由党组织研究讨论后按程序决定，确保党的路线方针政策和各项工作在社区得到贯彻落实。积极推行社区党组织书记通过法定程序担任居民委员会主任（简称“一肩挑”）和社区“两委”班子成员交叉任职。社区党组织在居民委员会选举、居民会议和居民代表会议召开、议事协商开展、居务监督工作开展等居民自治工作中发挥领导把关作用。

完善党建引领的社会力量参与社区治理。坚持党建带群建，更好地履行组织宣传、凝聚服务群众职责，统筹基层党组织和群团组织资源配置，支持有关社会组织承担公共服务职能，培育发展社区公益性、服务性、互助性社区社会组织，通过政府购买服务支持管理规范的社区社会组织优先承接政府转移职能和服务项目。搭建区域化党建平台，推行机关企事业单位与社区党组织联建共建，充分发挥党员干部下沉参与社区治理、有效服务群众的作用。

三、依法履行职责

一是依法组织居民开展自治活动。社区居民委员会是社区居民自治的组织者、推动者和实践者，要宣传宪法、法律、法规和国家的政策，教育居民遵守社会公德和居民公约、依法履行应尽义务，开展多种形式的社会主义精神文明建设活动；积极发动居民开展爱国卫生运动、全民健身运动，倡导文明健康、绿色环保生活方式；召集社区居民（代表）会议，办理本社区居民的公共事务和公益事业；开展便民利民的社区服务活动，发展公益慈善事业，推动社区互助服务和志愿服务活动；组织居民积极参与社会治安综合治理、开展群防群治，调解民间纠纷，及时化解社区居民群众间的矛盾，促进家庭和睦、邻里和谐；管理本社区居民委员会的财产，推行居务公开；及时向人民政府或者它的派出机关反映社区居民群众的意见、要求和建议。

二是依法协助城市基层人民政府或者它的派出机关开展工作。社区居民委员会是党和政府联系社区居民群众的桥梁和纽带，要协助城市基层人民政府或者它的派出机关做好与居民利益有关的社会治安、社区矫正、公共卫生、计划生育、优抚救济、社区教育、劳动就业、社会保障、社会救助、住房保障、文化体育、消费维权以及妇女、老年人、残疾人、未成年人、流动人口权益保障等工作，推动政府社会管理和公共服务覆盖到全社区。

三是依法依规组织开展有关监督活动。社区居民委员会是社区居民利益的重要维护者，要组织居民有序参与涉及切身利益的公共政策听证活动，组织居民群众参与对城市基层人民政府或者它的派出机关及其工作人员的工作、驻社区单位参与社区建设的情况进行民主评议，对供水、供电、供气、环境卫生、园林绿化等市政服务单位在社区的服务情况进行监督。指导和监督社区内社会组织、业主委员会、业主大会、物业服务企业开展工作，维护社区居民的合法权益。

四、完善规章制度

一是完善社区民主管理制度。建立基层群众性自治组织法人备案制度。深入开展以居民（代表）会议、议事协商、民主听证为主要形式的民主决策实践，以自我管理、自我教育、自我服务为主要目的的民主管理实践，以居务公开、民主评议为主要内容的民主监督实践，完善居民委员会成员履职承诺和述职制度，全面推进居民自治制度化、规范化、程序化。积极探索网上论坛、民情恳谈、社区对话等有效形式，鼓励社区居民和驻区单位广泛参与，切实保障社区居民的知情权、参与权、决策权、监督权。

二是健全社区居民委员会日常工作制度。社区居民委员会要把工作重点进一步转移到社区管理和服务上来，按照居民活动空间最大化、服务设施效益最优化的要求，改进社区居民委员会服务场所管理，方便居民群众使用。建立健全社区居民委员会与驻区单位协商议事制度，推行分片包块、上门走访、服务承诺、结对帮扶等做法，密切社区居民委员会工作人员与社区居民的关系。实行错时上下班、全日值班、节假日轮休等工作制度，方便群众办事。建立健全社区党组织与社区居民委员会联席会议制度，规范社区居民委员会财产、档案、公章管理，确保社区居民委员会工作有效运转。

第三节　社区居民自治制度

社区居民委员会是社区居民实行自我管理、自我服务、自我教育、自我监督的基层群众性自治组织，依法实行民主选举、民主协商、民主决策、民主管理、民主监督。党的十九届四中全会通过的《中共中央关于坚持和完善中国特色社会主义制度、推进国家治理体系和治理能力现代化若干重大问题的决定》指出：健全基层党组织领导的基层群众自治机制，在城乡社区治理、基层公共事务和公益事业中广泛实行群众自我管理、自我服务、自我教育、自我监督，拓宽人民群众反映意见和建议的渠道，着力推进基层直接民主制度化、规范化、程序化。达到“四个自我”（自我管理、自我服务、自我教育、自我监督）目标，就必须做实“五个民主”（民主选举、民主协商、民主决策、民主管理、民主监督），最大限度调动和保护社区居民参与管理社区公共事务和公益事业的积极性，最广泛地动员和组织社区居民开展居民自治实践活动。

一、民主选举

民主选举是居民自治的基础环节。民主选举包括选举和推选两种方式。现行《中华人民共和国城市居民委员会组织法》规定：“居民委员会由主任、副主任和委员共五至九人组成。居民委员会每届任期五年，其成员可以连选连任。”居民委员会成员的选举方式有三种，即居民选举（本社区全体有选举权的居民参加投票选举）、户代表选举（每户派代表参加投票选举）和居民代表选举。居民委员会选举由居民选举委员会主持。选举居民委员会成员，采用差额选举、现场无记名投票、公开计票的方法。居民委员会的选举一般经过如下主要程序：推选居民选举委员会—登记选民—提名候选人—候选人资格联审—确定候选人—投票选举。为加强党的基层组织建设，中央和省委明确要求要积极推行社区党组织书记通过法定程序担任居民委员会主任（简称“一肩挑”）、社区“两委”班子成员交叉任职，在2018年全省社区“两委”集中换届中，我省社区主职“一肩挑”比例为97.4%，“两委”班子成员交叉任职比例为50.3%。

居民委员会下属委员会、居委监督委员会、居民代表、居民小组长、楼院门栋长等在一定范围内通过会议形式推选产生。

二、民主协商

民主协商是指社区利益主体基于依法公平公正理性的协商取得共识，以消除彼此之间的分歧，维护各自权益的民主形式。社区民主协商具有强化社区监督、提升决策质量、培养公民意识、解决社区矛盾等作用。社区民主协商坚持党的领导、基层群众自治制度、依法协商、民主集中制等基本原则。

在协商主体方面，包括但不限于以下主体：基层政府及其派出机关、社区党组织、居民委员会、居务监督委员会、居民代表、驻社区单位、社区社会组织、业主委员会、物业服务企业、其他利益相关方，根据协商议题确定协商主体：涉及社区公共事务和居民切身利益的事项，由社区党组织、居民委员会牵头，组织利益相关方进行协商；涉及两个以上城乡社区的重要事项，由乡镇（街道）党（工）委牵头组织开展协商；专业性、技术性较强的事项，可以邀请相关专家学者、专业技术人员、第三方机构等进行论证评估。

在协商内容方面，要根据当地经济社会发展实际合理确定，主要包括：经济社会发展中涉及当地居民切身利益的公共事务、公益事业；居民反应强烈、迫切要求解决的实际困难问题和矛盾纠纷；党和政府的方针政策、重点工作部署在社区的落实；法律法规和政策明确要求协商的事项；各类协商主体提出协商需求的事项。

在协商形式方面，要不断丰富拓展，以居民会议、居民代表会议、居民小组会议为主要形式，结合参与主体情况和具体协商事项，可以采取居民议事会、居民理事会、小区协商、业主协商、居民决策听证、民主评议、民主咨询、走访约谈等形式，以民情恳谈日、社区警务室开放日、居民论坛、多方联席会、道德讲堂、妇女之家、网络议事等为平台，开展灵活多样的协商活动。社区协商一般流程为：确定协商议题和参与主体—发出通知—组织协商—形成协商意见—公开协商结果。要建立协商成果采纳、落实和反馈机制，确保协商成果落到实处。

在协商机构方面，一些地方探索由社区党组织、居民委员会指导建立社区议事协商委员会，在社区党组织的领导和居民委员会的指导下开展协商工作。社区协商委员会成员参照“6＋X”模式确定，“6”为六类固定成员，即城乡社区党组织代表、居民委员会代表、居务监督委员会代表、网格员代表、居民代表、妇女代表；“X”指涉及协商事项的其他利益相关方，可根据具体事项进行动态调整，人员数量由各社区结合实际情况临时确定。积极发展社区社会组织，重视吸纳威望高、办事公道的老党员、老干部，党代表、人大代表、政协委员，以及基层群团组织负责人、社会工作者等参与。

三、民主决策

民主决策是居民自治的关键。要加强社区党组织对基层各类组织和各项工作的统一领导，涉及社区治理重要事项、重大问题都要由党组织研究讨论后按程序决定。居民会议、居民代表会议是组织居民进行民主决策的重要方式，凡涉及居民利益的重要事项、重大问题，都应由居民会议或居民代表会议遵照一定的程序集体讨论，按多数人的意见作出决定。居民委员会向居民会议、居民代表会议负责并报告工作。由于社区居民众多，居民会议面临难组织、难召开、难议决的实际困难，居民代表会议是社区民主决策的常用组织形式。

居民会议由全体十八周岁以上的居民组成。居民会议应当有十八周岁以上居民或者户代表的过半数参加。会议作出的决定，由到会人员的过半数通过方可生效。居民会议由居民委员会召集和主持，接受社区党组织的指导。居民会议行使以下职权：（1）制订或者修改居民自治章程和居民公约；（2）撤销或者变更居民代表会议不适当的决定；（3）审议居民委员会年度工作计划；（4）审议居民委员会年度工作报告，评议居民委员会成员的工作；（5）协商决策其他涉及全体居民利益的重要事项。第 3、4、5 项可以向居民代表会议授权。居民会议向居民代表会议授权事项的范围、期限和效力，由居民会议决定；也可以在居民自治章程中明确，经居民会议表决通过。

居民代表会议由居民委员会成员和居民代表组成。《湖北省居民委员会选举办法》规定：居民代表产生方式可以由居民按每三十至五十户推选一人，也可以由各居民小组按分配名额推选，人数应当不少于五十人，一般不超过一百人。居民代表会议应有三分之二以上的组成人员参加方可召开，所作决定应当经到会人员过半数同意。居民代表会议由居民委员会召集和主持，接受社区党组织的指导，每半年至少召开一次。居民委员会认为必要或者有五分之一以上的居民代表提议，应当召集居民代表会议。召开居民代表会议，其他居民可以列席会议并发表意见，根据需要可以邀请驻社区单位和社会组织等派代表列席会议。

四、民主管理

民主管理是居民自治的根本。社区党组织、居民委员会要依据党的方针政策和国家的法律法规，组织全体居民结合实际讨论制定和完善居民自治章程、居民公约、居民会议和居民代表会议议事规则、财务管理制度等，明确社区各类组织的职责、工作程序及相互关系，增强居民自我管理、自我教育、自我服务、自我监督的能力，增强干部群众的法治观念和依法办事能力。

居民自治章程对居民委员会组织建设、工作制度建设、居民议事决策规则、监督评议机制等居民自治事项作出规定。居民公约对本社区居民开展自我管理、自我教育、自我服务、自我监督的具体事项进行规范。居民自治章程、居民公约制定或者修改后，居民委员会应当及时报送街道办事处或者乡镇人民政府备案。居民自治章程、居民公约的内容不得与宪法、法律法规和国家政策相抵触，不得有侵犯居民人身权利、民主权利和财产权利的内容。居民自治章程、居民公约违反有关规定的，由街道办事处或者乡镇人民政府责令改正。居民委员会应当健全居民自治章程、居民公约的履行机制，保证居民自治章程、居民公约得到遵守和落实。居民委员会应当及时对模范遵守居民公约的居民予以表扬奖励，对违反的居民予以批评教育，并将有关信息予以记录。

五、民主监督

民主监督是居民自治的保障。通过居务公开、民主评议社区工作者、建立居务监督委员会、居民委员会定期报告工作、对社区居民委员会主任进行经济责任审计等制度和形式，监督居民委员会工作情况和社区工作者行为。

社区建立居务监督委员会，接受社区党组织领导。居务监督委员会成员由居民会议或者居民代表会议推选产生，一般设 3 至 5 人，其中设主任1名，成员中应有具备财会管理知识的成员和至少一名女性。居民委员会成员及其近亲属不得担任居务监督委员会成员。社区“两委”成员职数在4人及以上的，居务监督委员会主任原则上由不担任居民委员会成员的社区党组织纪检委员（监察信息员）担任。居务监督委员会任期与居民委员会相同。居务监督委员会对居民会议或者居民代表会议决定、决议落实情况，居民委员会开展工作、居务公开、财务管理情况，以及社区公共事务、公益事业办理情况等进行监督。居务监督委员会向居民会议和居民代表会议负责。居务监督委员会成员可以列席居民会议、居民代表会议，并可以参与各项议事协商活动。居民委员会成员接受居民会议或者居民代表会议的民主评议。民主评议由居务监督委员会组织，每年至少进行一次，民主评议结果应当及时向居民公布。居务监督委员应当向社区党组织和居民会议或居民代表会议报告履职情况，接受民主评议。

居民委员会实行居务公开制度。居民委员会应当采取张贴公告、运用信息化手段发布等多种信息公开方式，及时、准确公布下列事项并接受居民查询和监督：居民自治章程和居民公约；居民会议或者居民代表会议讨论决定的事项及其实施情况；民主协商成果及其落实情况；居民委员会工作经费使用情况；政府拨付和接受社会捐赠的救灾救助、补贴补助等资金、物资的管理使用情况；居民委员会所有和使用的住房、设备等资产情况；居民委员会成员姓名及联系方式；社区服务办事指南；社区综合服务项目及设施管理使用情况；涉及全体居民利益、居民普遍关心的其他事项。一般每季度公开一次居务，重要事项及时公开。

居民委员会主任实行任期和离任经济责任审计，审计包括下列事项：本社区财务收支情况；政府拨付和接受社会捐赠的资金物资管理使用情况；居民委员会签订的服务、劳务、物品、项目合同履行情况；社区综合服务设施管理使用情况；根据自愿原则向居民或者驻社区单位筹集资金使用情况；本社区五分之一以上居民代表要求审计的其他事项。居民委员会主任的任期和离任经济责任审计，由县级人民政府财政部门、民政部门指导，街道办事处或者乡镇人民政府负责组织，居务监督委员会参与，审计结果应当公布，其中离任经济责任审计结果应当在下一届居民委员会选举之前公布。

居民委员会不依法履行法定义务的，由街道办事处或者乡镇人民政府责令改正。居民委员会作出的决定侵害居民合法权益的，受侵害的居民可以向县级人民政府民政部门、街道办事处或者乡镇人民政府申诉和请求处理。居民对处理结果不服的，可以向人民法院申请予以撤销，责任人依法承担相应的法律责任。居民委员会中从事管理的人员有违法行为的，监察机关可以依法给予政务处分。

阅读材料

武汉市江岸区百步亭社区：社区协商议事工作法

百步亭位于湖北省武汉市江岸区，是一个房地产开发形成的新型社区，经区委、区政府批准，设立百步亭社区党委和管委会，截至目前，共设 9 个居民委员会，有居民 18 万多人。20 多年来，我们始终坚持以党建引领社区建设，牢固树立“以人为本、以德为魂、以文为美、以和为贵”的社区治理理念，大力实施“红色引擎工程”，形成了党风正、民风淳、文明新风扑面、人际关系亲密、服务管理完善、群众安居乐业的和谐局面。我们社区先后荣获全国先进基层党组织、全国文明社区、全国和谐社区建设示范社区、首届“中国人居环境范例奖”等 100 多项国家级荣誉和奖项。社区居民骄傲地说：“选择百步亭，就是选择了幸福生活！”

一、社区协商议事工作法的形成过程

2004 年，一名小学生给社区党委写信，提出“现在社区狗比孩子多，人和狗已经不能和平相处了，人文明狗不文明怎么办”？这封信深深触动了社区党委一班人，我们决心一定要好好解决这个难题。当我们在社区内提出要加强宠物管理、对破坏环境卫生的狗主人进行处罚、对有攻击性的狗“格杀勿论”时，遭到了宠物爱好者的强烈反对，他们认为这侵犯了他们的权益。一声声“抗议”传进社区居委会，养狗的居民和反对养狗的居民之间“口水战”进入白热化，双方各执己见，争论不休。

这虽然是一个养狗的小事，但处理不好就可能引起一场群体性事件。对此，社区党委高度重视，迅速组织居委会共同研究，务必拿出解决这个问题的办法。居委会请我们的党小组长、楼栋长出面，把养狗的居民和反对养狗的居民召集起来座谈协商。参会双方各有三四十人，大家各抒己见，开始是和风细雨，后来如电闪雷鸣，最后几乎快要发生肢体冲突。双方都各有诉求，要满足各方诉求光靠吵架是不行的。居委会劝说双方冷静下来进行友好协商，最后约定形成《百步亭社区宠物管理公约（草案)》。为保证公约的合法性和有效性，我们找到政协委员、人大代表，征求对公约的意见和建议。他们说，只要依法依规，社区完全可以创新出台自治管理公约。在《百步亭社区宠物管理公约》制定后，我们通过发动楼栋长、志愿者积极宣传、带头执行、做好监督来推动公约的执行。自此，社区里养狗的居民和反对养狗的居民之间再也没有发生过大的矛盾纠纷。

《百步亭社区宠物管理公约》得到了居民群众的一致认可。根据化解这次矛盾冲突、制定这个公约的过程，我们及时总结整理，形成了一套化解矛盾纠纷的协商议事工作法，把社区协商议事程序具体细化为六个步骤，旨在改变过去“替民做主”的传统思维，树立“让民做主”新理念，引导居民群众通过民主协商的办法自主分析社区问题、自主解决社区问题。

二、社区协商议事工作法的主要内容

（一）多种渠道“提议题”

为方便居民在遇到矛盾纠纷时能够及时向社区反映情况，我们设计了多种渠道。我们社区很早就设立了24小时热线电话，百步亭居民人人知晓；在社区服务中心、各居委会都设立接待点，并安排专职人员负责接待；以楼栋为网格，设立“两长四员”（党小组长、楼栋长、安全员、宣传员、卫生员、房管员），发挥他们在苑区“人员熟、情况清”的优势搜集社情民意；物业员工24小时接待居民反映问题。我们还利用“互联网+”建立居民网格QQ群、微信群；在百步亭社区网站设立“小总理信箱”；研发了具备“找书记”“找居委会”“找物业”“找群团组织”“一键上报”等多功能的“爱社区”App，方便居民通过网络迅速反映问题，并且有专人负责收集、处理，做到“件件有记录，事事有回音”。

（二）多方恳谈“出主意”

我们将居民矛盾纠纷收集、归类形成议题，再根据议题组织相关利害关系人、居民、党员、志愿者、楼栋长、人大代表、政协委员、政府职能部门公务员、辖区单位负责人等多方代表召开恳谈会。会上，多方代表根据议题充分发表意见和想法。在各方代表各抒己见的时候，往往会形成不同的看法和意见，经常出现一个议题有多种不同“声音”，争论十分激烈。恳谈会结束后，我们针对会上不同的“声音”，组织不同意见方多次召开小范围沟通会。针对重点人员，我们还要组织工作人员和志愿者上门入户，面对面地沟通交流，争取最大的理解和支持。经过反复沟通协调，在多方对议题形成一个基本共识后，再次把大家召集在一起，围绕基本共识积极地出主意、想办法。遇到专业技术问题，及时邀请专业人员同我们一起出谋划策；遇到具体细节问题，我们到现场去讨论，集思广益，形成解决问题的初步建议。

（三）议事组织“拟方案”

为了充分发挥居民在社区自治中的作用，在各苑区居委会成立之初，我们就相应成立了协商议事委员会。协商议事会成员主要是社区能人，包括党员、志愿者、楼栋长、党小组长、人大代表、政协委员等。协商议事委员会制定各项管理规定和议事规则，引导社区居民通过民主议事来协商解决问题。协商议事委员会根据恳谈会上形成的解决问题的思路和办法初步建议，组织成员进行专题讨论。大家围绕产生问题的原因有哪些、问题的焦点在哪里、是否有科学量化的数据、是否有类似案例以及解决类似问题的成功经验来参考商议。根据协商议事成员讨论的意见、方案，逐条逐字商议，形成公约草案。

（四）张榜公布“开言路”

公约草案拟定后，我们及时在社区党（居）务公开栏、社区网站、各居民QQ群、微信群进行为期一周的公示，广泛征求社区居民的意见和建议。同时，我们也发动党小组长、楼栋长、志愿者上门，面对面收集居民意见。公约草案公示既是对前段矛盾纠纷如何解决的正面回应，也是下步实施方案、解决居民矛盾纠纷的一个前期舆论宣传。张榜公示期间，会有居民通过多种渠道提出许多建设性的意见，我们将所有的意见集中归纳。在意见收集过程中，对于提出重要意见的居民，我们将其邀请至社区，面对面听取其意见。协商议事委员会再根据张榜公示期间居民提出的意见和建议补充完善公约草案。修改后的公约草案将再次公示听取居民的意见，如有新的意见，再及时进行补充与完善。

（五）专家审查“定公约”

为了确保拟定的公约草案做到合规合法，我们社区组建了专家团队。社区里藏龙卧虎，居民中人才济济。我们把居民中一些能力强、经历丰富、知法懂法、懂社区文化、懂风土人情、懂传统文化、践行社会正确价值观的居民和辖区政府职能部门公务员、权威机构专业人士通过筛选后组建成“专家库”。专家“定公约”一般经过四个程序：一是将前期拟定的公约草案送至“专家库”成员审阅；二是组织“专家库”成员集中研讨，主要内容是公约草案中的条款是否与现行法律法规相悖、是否与传统文化和风土人情不适、是否违背社会价值导向等；三是针对研讨中发现的不适条款及时组织修订；四是依法依规形成公约草案。

（六）居民表决“说了算”

公约草案审查完毕后，我们及时组织召开居民代表会议，安排熟悉情况的专业人员向参会居民代表详细介绍公约草案形成的全部过程，再由居民代表对公约草案进行举手表决。公约草案经三分之二以上居民代表表决通过后，才能在社区正式公布实施。社区通过党（居）务公开栏、楼栋板报、道德论坛、社区网站、居民网格QQ群、微信群等不同渠道进行广泛宣传，并有针对性地开展各类特色志愿服务活动进行宣传，使公约家喻户晓。新租户、新居民入住后，我们组织“两长四员”、志愿者及时上门宣传社区各项公约，做到人人知晓、人人参与，大家共同遵守。

三、社区协商议事工作法取得的成效

通过运用协商议事工作法，我们有效化解了社区各种矛盾纠纷，妥善处理了社区各种问题，助推了社区文明和谐，取得了明显成效。

（一）建立了协商议事的工作机制

通过10多年的探索实践和总结完善，我们建立了一套行之有效的社区协商议事工作机制，党组织的领导核心作用得到充分发挥，协商议事民主决策的程序不断完善，各方力量的参与热情被激发出来，居民群众的切实利益得到有效维护，遇事好商量遇事多商量已成为社区工作者们的基本遵循和广大居民群众的行为习惯，社区党组织领导下的充满活力的居民群众自治机制正在形成。通过运用这套社区工作方法，我们逐步解决了社区停车难、噪音扰民等问题，已制定各类社区公约30多个。

（二）发挥了居民群众的主体作用

社区在实践过程中真正尝到了居民参与社区治理的甜头，大量居民成为志愿者，在每个楼栋都设立“两长四员”。现在，百步亭社区有48000多名志愿者活跃在社区各个角落，他们发动居民面对面交流的作用得到发挥，真正实现了大家参与，人人当家。社区先后涌现出一批全国先进典型，李声英、余洪芝家庭被评为全国文明家庭，张小红家庭被评为全国最美家庭，孙朝娟被评为全国优秀志愿者，王波被评为全国优秀党务工作者，当选为党的十七大、十八大、十九大代表。

（三）形成了共建共治共享的和谐氛围

通过协商议事，我们有效解决了社区里很多矛盾纠纷。20多年来，社区无一起越级上访、无一起大的邻里纠纷、无一起群体性事件，社区入住率100%，物业收费率100%，居民安全满意度100%，社区服务满意度98%。许多带有普遍性的社区棘手难题在我们社区都得到了妥善解决，赢得了居民群众的一致好评。

近年来，我们在探索形成社区协商议事工作法的基础上，还总结出了解决邻里矛盾的“五宝工作法”、提升物业服务的“三方联动工作法”等一系列工作法，助推了社区治理和服务的创新发展，得到了中央领导以及各部委办和省市两级的充分肯定、社会各界的高度评价和新闻媒体的广泛关注。2003年，中宣部、中央文明办、建设部、文化部四部委联合发文，向全国推广百步亭社区文明创建经验。2004年，中宣部在我们社区召开了全国社区思想政治工作现场经验交流会。2011年，中组部调研组在我们社区深入调研 3 个月，总结提炼出百步亭社区党建工作法，并向全国推广。《人民日报》以“社区宠物公约管住了狗患”为题进行了跟踪报道。香港议员代表团来社区考察，认真查阅了 3000 多份有关居民养狗的意见征求表，感慨道：“百步亭社区居民自治，真正体现了民主自治的精髓，在世界上都有说服力。”2017 年—2018 年，中宣部、民政部在我们社区举办 25 期全国社区工作者培训班，总结推广我们的做法。全国各地共有 100 多万人次来我们社区参观学习。

居民说事：说出社区协商新篇章

为了着力解决居民群众最直接、最关心，最现实的利益问题，荆州市沙市区以维护群众根本利益为出发点，以发展和扩大基层民主为着力点，积极探索新形势下社区民主管理的有效途径，大力推行社区居民说事制度，协商形式、内容不断推陈出新，并与社区治理和服务创新有效结合，取得了明显成效。

“居民说事”于 2006 年发端于沙市区胜利街道航空路社区。航空路社区老八栋居民楼因下水道堵塞，导致楼道及部分一楼居民家中污水四溢，严重影响了居民的正常生活。居民多次找物业、开发商和有关部门反映，问题迟迟得不到解决。为此，居民到区政府反映问题，要求帮助解决。在区政府的协调下，由社区党组织牵头，组织物业公司、开发商以及城建、环卫等部门人员，与居民们坐在一起，心平气和地协商，最终圆满地解决了问题。

通过这件事，航空路社区工作人员发现，居民遇到的矛盾和问题看似小事情，但若处理不当，常会激化成大矛盾，影响邻里关系、社区和谐。而这些小事情之所以常常发酵、放大、激化，主要由于居民遇事后没有一个很好的诉说和解决渠道。此后，该社区在每月 5 日、15 日、25 日专门接待居民来访，用“逢五说事”的办法解决居民反映的问题。由此，“逢五说事”在胜利街道 15 个社区全面试点，并更名为“居民说事”。

航空路社区的实践探索引起了沙市区委、区政府的高度重视，开始在全区社区全面推行居民说事制度，并印发了《关于在全区城市社区全面推行“居民说事”制度的实施办法》，规范了居民说事的原则、形式、内容和程序等。“居民说事”制度，主要是在社区党组织的领导下，由社区“两委”班子成员、辖区机关和单位负责人、社区党员和居民群众代表组成“居民说事”调解委员会，全天候接受居民群众说街道社区大事，说工作、生活难事，说邻里之间小事、说家里家外烦事，能及时调解处理的事随说随调，不能及时调解处理的事定期专题协商解决的一种社区居民民主自治的工作机制。具体做法如下。

一、坚持四个原则，建好一个阵地。一是尊重民意和依法办事相结合的原则。在受理居民说事的过程中，充分听取民意，尊重民意，对居民反映的问题，本着依法办事的原则，如实上报反映情况，依照相关法律法规解决。二是定点说事和上门听事相结合的原则。在社区建立“说事厅”定点说事的同时，主动上门“听事”，变被动接访为登门问访，广泛听取民意了解民意。三是随说随调和定期议事相结合的原则。对居民反映的问题尽力做到随说随调，不能及时调解的，特别是涉及大多数居民利益的社区建设之类大事，集中民智，定期议事，积极稳妥解决。四是疏导思想和解决问题相结合的原则。在说事，听事的过程中，注重做好居民的思想工作，帮助居民澄清模糊思想认识，切实解决居民的实际问题。为保证居民有地方说事，每个社区都建立了专门的“居民说事厅”，全天接待居民说事，均做到了“八有”，即有说事厅、有热线电话、有值班表、有流程图、有记录簿、有公示栏、有意见箱、有备忘录等。

二、采取两种形式，解决两类问题。“居民说事”分为两种形式，一是居民到社区“说事厅”诉说情况，二是通过书面形式向社区反映情况和问题。每个社区成立专门的工作委员会，委员由社区党组织和社区居委会成员、辖区单位负责人、社区党员和居民代表组成，日常工作由工作委员会成员采取轮值的方式负责。主要解决居民生活中的社区大事、生活难事、邻里小事、家中烦事、个人琐事等，归纳起来主要是共性问题和个性问题。

三、把握六个环节，规范工作流程。“居民说事”基本工作程序可简单概括为“说事、理事、议事、干事、评事、查事”六个环节，核心是说事，重点是议事，关键是办事。一是畅通渠道，开放说事。主要是采取接待群众“说”与登门入户“说”相结合、固定“说“与流动“说"相结合、书面“说”与电话“说”相结合等灵活多样的方式随遇随听随说随解，畅通了渠道，方便了群众。二是落实责任，分类理事。根据说事性质，对能当场协调解决的个别问题、对不能及时解决的一般共性问题和牵涉面大的难事、对超出居民自治范围的问题进行分类登记，按照《实施办法》的规定分级解决。三是集中民智，民主议事。对涉及居民利益的重大事项，我们采取民主协商、集体决策的办法，实行“三级议事”，采取举手表决的方式予以确定。四是整合力量，明责办事。我们建立了“分类办理、分级负责、上下联动、整体配合”的办事机制。对群众反映的问题，按照所属关系，分级负责，解决问题，做到小事不出居民组，大事不出社区，上访不越级。接受群众监督，定时向社区居民和当事人反馈事情办理的进展情况。五是强化管理，公开评事。全区统一制作了居民说事“三卡”，即“议题征集卡”“议题登记卡”“议题办理结果反馈卡”。制定了说事议题反馈制，实行结果公示制，实行民主“评事”制。六是督查考核，追踪查事。由居民代表组成督办组，对一般问题定期督办，重大问题跟踪督办，办结事项及时反馈。同时，建立考核和责任追究制度，把各职能部门参与支持社区“居民说事”的工作情况纳入年终部门行风评议和“三服务”考核内容。

“居民说事”制度的推行，不仅“说”消了民怨，“说”拢了民心，也“说”新了社区民主管理机制，“说”升了党和政府的形象。“有事您说话”已成为沙市社区居民的口头禅，“居民说事”也已成为社区群众的一种习惯。一是化解了社会矛盾，促进了社区和谐。“居民说事”制度的广泛推行，彻底改变了以往社区居民诉求不畅的状况，使居民表达诉求变得便捷而有效。沙市区推行“居民说事”制度以来，各街道办事处的信访件明显下降，社区治安案件发案率也大幅度下降，越级上访事件基本杜绝。“居民说事”使许多矛盾纠纷被发现和化解在萌芽状态。二是密切了干群关系，巩固了执政基础。“居民说事”制度，把社区干部与社区群众的联系以制度的形式固定下来，使群众与干部平等“说事”，把党的关怀送到家、把政府温暖送到家、把社区帮助送到家，赢得了居民群众的交口称赞。三是扩大了社区参与，完善了居民自治。“居民说事”制度，以群众踊跃“说事”、干部扎实“干事”的良好氛围，吸引了居民群众的广泛参与，使居民群众参与社区管理从无序变成有序。居民说事，使社区群众既是问题的提出者，也是解决问题的参与者和监督者，更是“说事”结果的受益者。“居民说事”，使居民的人格得到了尊重，地位和作用得到了体现，极大地激发了社区群众关心社区建设、参与社区建设的主人翁意识。目前，全区“社区关心人人，人人关心社区”已蔚然成风，居民自发组织成立了70余支老姨妈（爹）社区治安义务巡逻队，各种志愿者服务队活跃在社区建设的方方面面。四是创新了工作机制，推动了社区发展。居民说事制度，使居民从利益诉求的“被动者”变成为“主动者”，从社区建设的“观众”变成为“演员”。社会各方面资源也得到有效整合，居民说事为社区建设和发展提供了正确导向和强大动力，开创了社区工作新局面。

南京市秦淮区双塘街道弓箭坊社区“议治共融”模式

弓箭坊社区辖区版图面积约为0.32平方公里，有15个住宅小区，居民1.3万余人。社区老旧小区多、基础设施薄弱，社区党委和社区居委会在服务群众、开展社区治理工作中面临着一对突出矛盾：一方面是大部分群众习惯把社区居委会当作政府派出机构，形成了“遇事找政府（社区）”的思维定式，社区要面对众多问题，无暇分身；另一方面则是部分群众初步具有参与社区事务的意识，但参与机制不健全。

2014年5月，弓箭坊创立“议治共融”自治模式，将议事规则与社区治理相结合，社区以社区公共事务和公益事业为自治主要内容，引入“罗伯特议事规则”，落地转化为《弓箭坊十三条议事规则》。“议治共融”工作开展以来，社区选举产生了居民自治章程起草小组、项目评议小组、财务监督小组和资格审查小组，每一项社区事务都由居民说了算。十三条议事规则具体是指：主持中立、起立发言、面向主持、表明立场、不超时、不打断、不跑题、不攻击、机会均等、服从裁判、充分辩论、正方表决，过半通过。

居民议事代表将要解决的问题以议案的形式提交居民议事代表大会讨论，进行公开表决，以赞成数大于反对数的形式规则通过议案。议案形成主要经过以下几个步骤：一是居民或居民议事代表根据问题需求，在规则的指导下，提出在自治范围内可操作、可执行的议案；二是将提出的议案提交社区党委进行审核，审核通过后提交居民议事代表大会进行审议；三是根据审议结果，通过的议案即可按自治章程和财务制度由社区居委会执行。

自“议治共融”自治模式创立以来，社区居民参与社区事务的主动性明显提高，从自愿报名参加居民议事代表的选举，积极参与社区各项活动充当志愿者，到主动成立各类社会组织承接自治项目，居民都积极参与。此外，社区居民分析问题、解决问题的能力不断增强。社区居民议事代表通过运用议事规则审议议案，民主、规则、参与议事的程度得以提高，居民之间的联结度和凝聚力也明显增强。

厦门市海沧区新阳街道兴旺社区“网格化·微自治”模式

兴旺社区外来流动人口多、台胞台商多。对于这个特点的社区而言，社区居民的原子化问题突出。在推进全国社区治理和服务创新实验区的过程中，兴旺社区着力推进“网格化·微自治”的社区治理模式，取得了显著成效。其主要做法包括：

第一，以“微心愿”推动惠民缔造。兴旺社区征集群众“微心愿”，构建群众需求表达体系。通过“社区民声倾听室”热线和来信来访、“网格化”的精细治理单元、社区留言板等形式，广泛征集群众意见。

第二，以“微组织”促进社区融合。兴旺社区积极培育社区“微组织”，并以此为纽带，将社区居民凝聚在社区自治体系之中，率先建立“四民家园”(民声倾听室、民情调查队、民智议事厅、民心服务站)、社区共驻共建理事会等“微组织”，制定运作、议事等规章制度。

第三，以“微机制”保障良性运行。社区制定了《兴旺社区居民自治章程》，建立了社区党委主导，社区居民委员会、业主委员会、物业服务企业参与的“联合议事”机制，并规范引导社区社会组织，协同小区业委会、社区居委会实现无物业小区的“三元治理”机制。

第四，以“微平台”打造“智慧社区”。建立“兴旺社区信息化服务云平台”，实现“区-街-居-家”四级平台的纵向贯通，形成了政府、企业、社会组织、居民群众等多元主体互动共治的格局。

这些“微自治”的途径有利于构建社区治理共同体，推动多元主体共同参与，践行“共谋、共建、共评、共管、共享”的治理理念，建立并不断完善“纵向到底、横向到边、纵横交错、互动共治”的协同治理体系。

荆门市东宝区泉口街道浏河社区：小区自管工作法

浏河社区位于荆门市东宝区泉口街道，因美丽的浏河岛而得名，成立于2001年9月，面积0.5平方公里，共有居民5110户、14300人，社区综合服务场所面积3400平方米。社区是一个老旧型社区，有6个无物业管理、无主管部门、无人防物防的“三无”小区，还有2条背街小巷。近年来，我们坚持党建引领，引导“三无”小区居民进行自治管理，取得了良好成效。社区先后荣获“全国和谐社区建设示范社区”“全国维护妇女儿童权益先进单位”“全国充分就业社区”“湖北省先进基层党组织”“湖北省文明社区”“荆门市先进基层党组织”等荣誉称号。

一、小区自管工作法的形成过程

浏河小区共有21栋房屋、773户居民，因建设年代较长，无房屋维修金、无围墙、基础设施落后，从2000年开始，居民因服务不到位欠缴物业费，导致再无物业公司承接该小区物业管理，小区环境日趋恶化，邻里纠纷时有发生，我们多次组织突击整治，但整治效果难以维持，居民们怨声载道、投诉不断。2014年初，我们参加了湖北省民政厅举办的社区工作实务能力培训，树立了“社区是居民的，我们共同行动”的先进理念，学习了全新的社区治理技术方法。回来后，我们以浏河小区为试点，运用参加培训学习掌握的专业社区工作理念和方法，引导居民协商解决存在的问题，在老党员和热心居民的带动下，让有意愿的居民先行动起来，组建多个行动团队，参与小区治理，取得明显成效。为实现长效管理，我们引导居民选举产生了“浏河小区自管委员会”，订立了居民公约。为激发居民参与的积极性，我们探索建立了积分制管理机制，形成了“居民自管委员会＋积分制管理”的“三无”小区治理模式。随后，我们将这个做法应用到其他几个“三无”小区的治理中，同样取得了满意的效果。在这个探索实践的过程中，我们逐步总结提炼，形成了小区自管工作法，就是社区“两委”应用专业社区工作技术方法，在“三无”小区培育自管组织，制定自管公约，实行自我管理、自我服务、自我监督，并通过积分制管理，建立长效机制。2014 年，我们实现了浏河小区居民自管；2015 年，我们将小区自管推广到蓝天公寓和 4 个铁路家属区 5 个“三无”小区；2016 年，我们将浏河小区、蓝天公寓、铁路家属区的 6 个自管委员会整合，形成了浏河社区“三无”小区自管联盟；2017 年，我们实施“社团＋”战略，培育了 11 个居民自管组织，组建了浏河社区“邻里互助大联盟”。

二、小区自管工作法的主要内容

（一）开展需求调查，发现居民需求

通过“支书敲门”行动，深入到居民家中，对“三无”小区的治理问需于民、问计于民，收集意见和建议。我们通过开放空间会议，以“我爱我小区”为主题，围绕“小区存在哪些问题”“如何解决这些问题”“我可以为小区做些什么”等，引导居民进行讨论，用卡片法、归纳法、打分法、签名法等社会工作方法，收集居民需求和意愿。在这个过程中，涌现出了一批以退休老党员、老干部、热心公益的白领、社区达人为代表的积极分子，大家目标一致，群策群力，纷纷为解决小区存在的各种问题献计献策。活动中，我们留心观察发现积极分子的号召力和潜能，并有意将他们培养为骨干。

（二）进行问题诊断，实行事务分流

引导居民对收集到的问题或意见进行整理归类，厘清问题的类型和责任归属，分清哪些是政府该做的，哪些是社区该做的，哪些是居民该做的，让居民在参与过程中明确权利义务，意识到自身存在的问题和应尽的责任。浏河小区诊断出的问题是政府基础设施投入不足、居民不缴纳物业费导致没有物业公司承担服务管理、居民不自律造成环境脏乱差等三大类。通过对这些问题进行分析，居民意识到小区环境差既有政府投入不足的原因，但更多的还是居民参与意识和公共素养不足。在问题诊断过程中，我们以倡导者和调解员的角色介入，协助利益冲突双方达成共识，同时进一步发现居民骨干。

（三）链接各类资源，解决小区问题

针对浏河小区路灯不亮、无环卫设施、无健身器材等属于政府基础设施投入不足的问题，我们积极争取区政府和住建、城管、文体等部门支持，协调驻社区单位和社区包联领导、包联单位，为小区安装路灯、垃圾箱和健身器材，硬化、刷黑道路，进行花坛复绿，划分停车位，维修下水管道。同时，我们运用社区资源链接技术，建立了“小区达人”档案，通过社区活动，有意识地吸引“小区达人”参与社区事务。住在浏河小区的建材老板田先生，参与了小区治理的全过程，并捐赠了5吨水泥和2000元现金。在这个过程中，我们积极吸纳老党员、居民骨干、“小区达人”参与，培育潜在的社团骨干，为今后培育小区自管组织奠定基础。

（四）引导居民参与，实施互助行动

针对小区乱停乱放、乱堆杂物、宠物扰民等问题，运用罗伯特议事规则，引导居民协商讨论，制定了解决问题的方案。同时，我们引导有行动意愿、号召能力强的老党员、退休老干部、老模范等成立行动小分队，开展小区治理。为建立居民参与的激励机制，我们在2015年开始探索推行积分制管理，通过开放空间会议征求居民意见，将家庭素质提升、公益美德、邻里互助、文明习惯养成、社区参与等行为内容纳入社区居民积分范畴，分别对党员、团员、居民、家庭、单位（商户、群团组织、社会组织）建立积分账户，根据积分情况给予兑换服务、物质奖励和精神鼓励。“以积分记录美德，以积分兑换服务，用行动传递正能量”，有效地激发了居民参与社区治理的积极性。在这个过程中，我们引导浏河小区居民成立了“浏河小区自管委员会”。

（五）制定自管公约，建立约束机制

引导浏河小区自管委员会组织利益相关方，对楼道管理、停车收费标准制定、如何避免宠物扰民等公共问题形成公约。为解决浏河小区停车问题，浏河小区自管委员会组织有车族与无车族共同协商，按照“表明立场、不超时、不打断、不跑题、不攻击、就事论事、充分辩论、举手表决、半数通过”的原则，充分表达意见，尊重每一个人的想法，最后达成共识，按照“谁受益、谁出资”原则，有车族代表主动提出由车主们出资，将原有的道路扩宽，划好停车位，安装监控，无车居民也表示赞同，并同意将公共区域划分出部分停车位规范小区停车，小区“停车难”问题就此迎刃而解。在此过程中，浏河小区自管委员会的成员掌握了社会工作方法，并应用到小区治理之中。

（六）形成自管联盟，提升服务水平

浏河小区自管委员会就像社区里的一面旗帜，在我们社区的“三无”小区治理中发挥了引领示范作用。两年时间里，我们在其他几个“三无”小区复制和借鉴浏河小区自管的做法，先后成立了“竹园街门前三包自管组”“铁路家属委员会”“蓝天公寓自管会”。为提高服务质量，2016年，我们将浏河小区自管会、蓝天公寓自管会、铁路家属委员会进行整合，建立了“社区+社工+社会组织”的枢纽型组织居民自管联盟。

三、小区自管工作法取得的成效

（一）落实了社区居民自治

过去，社区工作忙、社区干部累、居民参与少，社区和居民“两张皮”，居民需要的服务社区不知道，社区开展的服务居民不买账。实施小区自管之后，居民和社区“两委”共同协商、共同行动、共享成果。目前，我们社区所有的“三无”小区不仅全部实行了居民自管，自管组织还广泛开展了低龄老人照顾高龄老人、关爱留守儿童、废旧电池回收、邻里纠纷调解等10多项自助和互助服务，极大地减轻了地方政府和社区的负担，化解了社会矛盾，促进了社会和谐，实现了社区治理由“替民做主”向“由民做主”转变，由“单一行政管理”向“多元协商共治”转变，由社区干部“唱独角戏”向全体居民“跳集体舞”转变。

（二）推进了社区民主协商

通过小区自管，搭建起了社区民主协商平台，通过党员带头引领作用和专业社会工作理念的植入，创新了社区动员方式，带动居民走出来、聚起来、说出来、议起来。如今，社区建立了居民公共议题讨论厅，将基层政府、辖区单位、辖区“两代表一委员”、老党员、社区律师、社区民警和居民群众等利益相关方全部纳入协商主体，将物业管理服务、环境卫生整治、亮化绿化工程等与居民切身利益相关的事项全部纳入协商范围，形成了物业联席会、小区协商、业主协商、网格协商、楼栋协商、决策听证、民主恳谈、民主评议等多种协商形式，有效解决了老旧社区停车难、下水道不通、绿化少、纠纷多等疑难问题。

（三）提升了社区工作水平

社区工作者普遍树立了“社区是居民的，我们共同行动”的理念，学会了运用开放空间会议、罗伯特议事规则等专业社会工作方法，开展群众工作的能力和水平得到了明显提升。目前，我们社区有社会工作师、助理社会工作师 5 人，占“两委”成员的 80%；社区书记和 1 名居委会委员被市民政局命名为全市社会工作领军人才，她们策划的社区公益服务项目连续三届获得湖北省社区公益创投大赛一等奖。我们还组织成立了全区第一家专业社会工作机构，承接了全市公益创投培训、公益创投项目督导评估以及全区低保核查等政府购买服务事项，产生了良好的社会影响。

（四）形成了多方参与格局

采取项目运作、专业支撑等方式，策划并实施了 20 多个社区公益服务项目，培育了 20 多个社区社会组织，初步形成了社区、社会组织和居民群众共同发现需求、共同设计项目、共同实施项目、共同链接资源的工作体系和“社区工作者＋专业社工＋志愿者”共同开展服务的工作格局，特别是推行积分制管理以来，居民群众参与社区治理的热情高涨，已有 5871 名居民、1598 户家庭、66 个企事业单位、254 个商家参与积分积累，累计积分25多万分，社区人口、单位覆盖率达到了50%以上。

我们的做法得到了各级领导和专家学者的充分肯定和高度评价。2016年12月，湖北省委书记蒋超良到我们社区视察调研；2018年6月，全国妇联党组书记、副主席、书记处第一书记宋秀岩到我们社区检查指导。2015年，荆门市委办、市政府办出台《荆门市社区（村）社会治理积分管理工作实施方案》，在全市推广我们的做法。2017年，湖北省政府印发《浏河社区推行社会治理积分制管理调查报告》，在全省推广我们的做法。华中师范大学陈伟东教授评价我们的做法是“积分一个好制度、自管一个好模式、激活一个老社区、振兴一座新城市”。2016年以来，央视网、《中国社区报》、《湖北日报》、湖北卫视等多家媒体对我们的做法进行了宣传，发表宣传报道100多篇。截至目前，我们社区接待全国各地参观考察团队300多批次，承办省级现场会11次。

图3-1　浏河社区通过开放空间会议，引导居民进行讨论，收集居民需求和意愿

图3-2　浏河社区在小区内开展“共同行动 共享成果 积分分享会”活动

第四章　社区法治与德治

第一节　社区法治

一、社区法治的内涵

《中共中央国务院关于加强和完善城乡社区治理的意见》明确提出，要“增强社区依法办事能力，进一步加快城乡社区治理法治建设步伐”。推进法治社区建设是发扬社区民主和实现居民主体地位的根本保证，也是实现社区和谐稳定的重要保障。法治化在于使社区治理更为有效和规范，更好地实现社区治理功能，维护社区秩序。

社区法治的含义可以从以下两个方面来理解：其一，社区法治强调社区居委会以现行法律法规和行政规章为指导，对各类社区管理、服务和自治事项进行依法处置；其二，社区法治强调通过各种渠道和方式，对社区工作人员和社区居民进行法律知识教育，培育其法治思维，营造社区法治文化。

社区法治的主要任务是：推进社区法理法治建设；提升社区党员、干部法治素养，引导群众积极参与、依法支持和配合社区治理；完善社区公共法律服务体系，加强和规范社区法律顾问工作；社区依法制定居民公约，健全备案和履行机制，确保符合法律法规和公序良俗。

二、社区法治的基本要求

实现社区治理法治化，就要使社区治理中的各参与主体在思想上具备法治意识，善用法治思维；在行为上依照规则，按程序办事，依法处理社区各类日常管理、服务和自治事项。因此，推进社区治理法治化，应重点做好以下四个方面的工作：

第一，要“有法”。良法是善治之前提。社区治理的“法”不是狭义的法，而是偏向一种广义的“法”。它不仅指国家法律法规，还包括居民公约和自治规则等“软法”。按照学者定义，软法是指以道德上的自律机制为后盾，以多方合意为内容，以协商和内心信服为实施手段，以章程、公约、协议和议定书等非正式法律文件为表现形式的一种规则体系。在社区治理实践中，不仅需要宪法和法律发挥作用，而且有大量事务需要居民公约和自治规则等各类社区公约发挥“软法”功效。因此，依法治理就必须坚持“硬法”与“软法”的相互补充和相互支撑，为建构社区良好秩序提供法理支撑。

第二，要“知法”。法治功能要贯彻落实，必须让人充分认知，透彻理解。知法的关键是做好法治文化宣传，营造法治氛围。社区不仅需要打造一支“知法”的社区工作队伍，更要培育一批“知法”的社区居民，鼓励社区居民更多参与社区事务，在共同解决社区问题的过程中培育社区居民的法治意识。

第三，要“守法”。社区工作者在社区治理中要强化程序意识和规则意识。在处理繁琐的社区事务时，要在法治框架内解决各种矛盾和问题；在出现纠纷争议时，要依法进行调解，让公平正义的理念得到彰显；在关涉集体利益的社区工作上，应及时公示，公开透明运作。

第四，要“用法”。社区工作者要厉行法治，就必须坚持法律理论与法治实践相结合，善用法律途径解决涉法矛盾纠纷，提高遇事知法和处事明法的应变能力，将法治行为贯穿于社区治理和服务中的方方面面。

三、社区法治建设途径

社区法治建设的最终目的是要发挥法治在社区治理中的引导、规范和保障作用。那么，该如何发挥法治在社区治理中的引导、规范和保障作用？或者说，社区法治的建设路径有哪些呢？

（一）提高认识，进一步提升依法履职能力

一是不断提高社区党员干部法治素养。提升社区党员、干部法治素养的关键在于加强对基层党员干部的法治教育培训。开展法治讲座，为

社区党员、干部进行法治相关政策解读和学法用法案例分析，学习履行职责所需要的法律知识、法律原则和法律精神，提高法治素养。

二是不断提高社区依法决策能力。社区居委会重大事项决策前要开展法律咨询，提高社区民主决策的法治水平。社区在制定或修订社区自治章程时，不能与有关法律法规相抵触。涉及社区的重大事项要经过居民讨论，充分倾听法律专业人士的意见，再决定组织实施。

（二）推进社区法治文化建设，营造社区法治氛围

一方面，社区要与司法部门相互配合，按照国家普法规划，深入开展社区群众性普法活动，减少违法犯罪行为的发生。做好社区普法工作总体上需具备以下“四要素”。

第一，普法队伍的专业性。社区可以成立社区普法工作领导小组，负责制定相关普法规划和年度实施计划，领导社区法治宣传教育工作；同时，社区可以社区工作人员为主，社区志愿者和社区法律顾问为辅，组建社区普法讲师团和普法小分队，负责普法资料发放和法律知识讲解。

第二，普法内容的适宜性。社区普法内容要立足于群众所需，以社区居民群众关注的热点问题为主，进行重点宣传，如习近平总书记关于社区治理和社区居民自治的重要论述、宪法对公民基本权利和义务的规定、法律对城市居民委员会相关方面的规定等。同时，社区普法内容要有针对性，应结合不同对象的法治需求，对妇女、青少年和老年群体宣传他们亟待了解和感兴趣的法律知识，如《妇女儿童权益保障法》《婚姻法》《中华人民共和国未成年人保护法》《中华人民共和国老年人权益保障法》等。

第三，普法手段的多样性。社区普法宣传方式要为民所喜，所以，社区普法宣传不仅要注重传统常规宣传手段的运用，包括建设宣传栏、粘贴横幅标语和发放宣传单等，更要注重开发具有创新意识的宣传方式，如散发普法年画、台历、折扇、围裙等法治文化用品，让法治文化真正走进社区居民的“心扉”。

第四，普法知识的及时性。要紧密跟随现实情况和大众传媒的法治舆论引导，及时更新并传递各领域最新的法律法规，如与疫情防控相关

的法律法规。

另一方面，要积极利用各类资源和载体，打造和传递法治文化。一是建设法治文化阵地。有条件的社区可以建立法治文化广场（街、馆）和法律图书角，拓展法治文化阵地。二是开展法治文化活动。因地制宜地搞好法治文艺演出和法治讲堂等形式多样的法治文化活动。三是推进法治作品创作。将法治文化融入文学艺术创作，鼓励群众创作贴近生活的书法和美术等作品，定期开展法治文化作品展览活动。

图 4-1　胜利社区法治宣传进社区

（三）加强法律服务平台建设，提高法律服务能力

《中共中央办公厅、国务院办公厅印发〈关于加快推进公共法律服务体系建设的意见〉的通知》指出，要健全社区法律顾问制度，加快推进社区法律顾问全覆盖。

首先，引进专业律师，落实“一社区一法律顾问”制度。面向社会聘请持有相关证件的律师，与之签订法律顾问合同，让其参与社区法治建设，如协助社区制定自治组织章程和开展法制宣传等。

其次，完善社区法律顾问服务方式，为社区居民提供多样化的法律服务。一是设立社区法律服务室。同时，可制作律师工作牌，将律师姓名和联系方式在社区法治宣传栏进行公示，方便居民日常沟通和应急联系。二是提供法律顾问上门服务。法律顾问每月定期到社区开展不少于两次的法律服务工作，设置每月固定上门服务时间，以方便居民群众。三是提供法律网络平台服务。社区可以通过建立法律顾问服务微信群和开设法律服务小程序或平台号等方式，快捷高效地对接群众法律服务需求。四是提供法律顾问预约服务。社区可预约法律顾问到社区开展专题法律服务活动，如举办法治讲座、调处重大矛盾纠纷和参加重要会议等。

（四）完善矛盾纠纷调处化解机制，提高矛盾解决能力

首先，健全社区人民调解队伍。《中共中央国务院关于加强和完善城乡社区治理的意见》指出，社区要健全社区人民调解队伍，引导人民调解员、基层法律服务工作者、社会工作和心理咨询师等专业队伍，在物业纠纷、家事纠纷、邻里纠纷调解和信访矛盾化解等领域发挥积极作用。

其次，完善社区调解工作机制。在调解工作中遵循一定的方法、原则和策略：第一，联系群众，收集社情民意。人民调解工作要坚持“早发现、早预防”，人民调解员要多走访到户，与居民多交流，摸查了解居民的大体情况，充分发挥人民调解的第一道防线作用，把矛盾的火苗熄灭在摇篮。第二，依法调解，遵循法律原则。人民调解工作要依据《中华人民共和国人民调解法》规定的原则，坚持在当事人自愿、平等的基础上进行调解；不违背法律、法规和国家政策；尊重当事人的权利，不得因调解而阻止当事人依法通过仲裁、行政和司法等途径维护自己的权利。第三，分类调解，制定调解策略。对于难度较小的调解事项，人民调解员要耐心倾听，依据法律法规、相关规章、政策和公序良俗，以讲道理、说服教育和规劝疏导的方式进行调解，尽力化解矛盾；对于难度较大的调解事项，人民调解委员会成员应开会讨论，从当事人切身利益出发，研究调解策略，听取律师意见，制定合适的调解方案；对于不属于调解受理范围内的事项，应引导居民依法维权。

最后，完善调解配套服务机制。有条件的社区可依托专业社会组织设置社区心理咨询站，由社工和专业心理咨询师为社区居民，尤其是精神障碍患者、社区服刑人员和刑满释放人员等群体提供社会心理健康咨询，普及心理健康知识，让社区居民懂得在矛盾纠纷发生时能够用合理的方式掌控情绪，避免因过激的情绪导致矛盾纠纷升级。

（五）畅通居民利益诉求表达渠道，维护社区综合治安

首先，探索居民群众诉求代理制度。社区代理居民的诉求事项，主

要是居民对政府公共部门的诉求。对群众反映超出社区职责权限，应由上级部门解决的矛盾纠纷，可以建立由自治组织代替群众到相关部门协调解决的代理制度，引导居民群众以理性合法的方式表达利益诉求。

其次，维护好社区的综合治安环境。社区应与公安机关相配合，在社区民警的帮助下，深入开展扫黑除恶专项斗争，依法打击邪教组织和非法宗教等违法活动；加大对特殊人群的管控力度，包括归正人员、失足青少年和监外执行人员；推进无毒害社区创建，坚持禁贩禁售、禁吸和禁种，确保社区无涉毒人员。

（六）强化法治建设保障机制，助力法治社区建设

首先，建立社区工作者学法制度。社区可向相关县（区）司法局请求法治建设协助，让其承担社区工作人员的法律培训工作，或面向社会聘请法律培训人员，定期对社区工作人员进行法律知识培训。

其次，健全社区法治建设反馈机制。通过向居民发放问卷或入户访谈等形式定期调查社区法治建设的成效，查漏补缺。

再次，完善社区法治建设考查制度。探索社区工作者内部的法治建设考核、监督和激励制度，保障法治工作不走过场，取得实效。

最后，落实社区的普法经费。将普法工作经费纳入社区财政预算，并根据财力情况逐步调整。

第二节　社区德治

一、社区德治的内涵

社区德治是“以德治国”在社区层面的表现。德治在社区治理中发挥着以文化人和成风化俗的重要作用。因此，充分发挥道德教化在社区治理中的作用，能够与法治治理相得益彰，共同推进社区治理方式的现代化。

社区德治是指以增强社区凝聚力为宗旨，在充分挖掘社区文化资源的基础上，围绕社会主义核心价值体系和中华民族优秀传统文化，以开展社区群众性文化活动、节日民俗活动和社区人居环境整治活动等方式，不断提高社区居民文明素质，形成良好的社会风尚与和谐的人际关系和

邻里关系。

社区德治的主要任务是：一方面是加强思想道德建设。培育践行社会主义核心价值观，推动习近平新时代中国特色社会主义思想进社区、进家庭。健全社区道德评议机制，开展道德模范评选表彰活动，注重发挥家庭家教家风在社区治理中的重要作用。组织开展科学常识、卫生防疫知识、应急知识普及和诚信宣传教育，深入开展爱国卫生运动，遏制各类陈规陋习，抵制封建迷信活动。另一方面是发展公益慈善事业。完善社会力量参与社区治理激励政策，创新社区与社会组织、社会工作者、社区志愿者、社会慈善资源的联动机制，支持设立社区基金会等协作载体，吸纳社会力量参加社区应急救援。完善社区志愿服务制度，大力开展邻里互助服务和互动交流活动，更好满足群众需求。

二、社区德治的作用

将“德治”理念融入社区治理，能够丰富社区治理内涵，提升社区居民道德素质，营造社区良好氛围，提高社区治理的效率与质量。其具体作用表现在：

（一）教化作用

俗语讲“善政不如善教”。在社区治理的层面上，德治的重要功能之一在于通过对居民的道德教育和价值观念灌输，提高社区成员的道德觉悟，使居民自觉践行正确的价值观，净化社区人文风气。

（二）约束作用

德治通过对社区居民进行心理和精神上的改造，提高社区居民的道德认知。道德作为规范居民行为的准则，以是非善恶优劣等标准作为评判标准，依靠传统优秀习俗和居民内心的信念等约束力量，实现人与人之间的行为规范。

（三）凝聚作用

通过德治建设，可以在社区范围内形成一种普遍认同的价值观念和价值目标。居民之间、居民与社区工作者之间能够形成一种团结协作、平等友爱和共同前进的良好关系，以增强社区凝聚力，激发社区发展的内生动力。

三、社区德治的基本要求

（一）坚持社会主义核心价值观

社会主义核心价值观是社会主义意识形态的本质体现，而建设具有强大凝聚力和引领力的社会主义意识形态，是社区德治的第一要务。培育和践行社会主义核心价值观，把社会主义核心价值观融入社区德治的各个方面，可以充分调动社区居民的积极性，有效整合社会意识，为社区德治的培育和发展提供价值导向，指明发展方向。

（二）坚持以人为本，为民服务

居民是社区德治的主体。要尊重社区居民的主体地位，从社区居民的主要需求出发来确定社区德治的建设方向、内容和方式，确保社区居民从德治建设中共同受益。

（三）坚持因地制宜，突出特色

根据《中共中央、国务院关于加强和完善城乡社区治理的意见》的精神要求，社区德治要立足社区地域资源禀赋和人文特色等实际，根据不同的现实条件，确定社区德治的发展思路和推进方式，实现社区德治和地方特色有机结合，形成既有共性又有特色的社区德治模式。

四、社区德治建设途径

社区治理现代化离不开社区德治。发挥社区德治提升社区治理能力，应重点做好以下四方面工作。

（一）加强社区思想道德宣传工作，提高居民思想道德水平

社区德治宣传需要坚持分类对待，采用丰富的手段有序开展德治宣传教育：

一是针对理论思想方面宣传，社区可采取常规宣传、定期宣传和创新宣传相结合的方式进行。在常规宣传方面，社区可通过增添德治宣传横幅和打造社区道德文化墙等形式，以简约明了的文字和生动鲜活的故事，帮助居民深入了解和认识习近平新时代中国特色社会主义思想和社会主义核心价值观的主要内容；在定期宣传方面，可设立思想道德宣传日（月），推出思想道德宣传单页，定期组织对居民进行中国特色社会主

义理论体系和时政思想的宣传和教育，定期上门发放相关内容的思想道德宣传单页；在创新宣传方面，一方面通过推出社区德治文创产品，以散发道德年画、台历、折扇、围裙和购物袋等日常生活用品的方式，宣传正能量；另一方面借助社区微信群和社区公众号等公共平台，定期推送党政思想教育知识。

二是针对思想道德方面宣传，社区可采取表彰宣传为主，常规宣传为辅的方式进行宣传。一方面，通过定期组织开展道德表彰活动，对社区优秀文明家庭、优秀道德模范、优秀志愿者进行集体表彰和宣传，通过表彰宣传让居民熟知道德榜样的先进事项，自觉看齐；另一方面，通过建设社区德治宣传专栏，公布各类道德模范的个人信息和先进事项，传递先进性和荣誉感，激励公民积极向善。

三是针对精神文明方面宣传，社区可通过悬挂横幅、举办主题讲坛、演出和作品创作等方式，有针对性地对居民开展科学常识、卫生防疫知识、诚信敬业、破除迷信等方面的宣传教育。

（二）建立社区德治建设参与平台，引导居民参与德治建设

一是引导居民参与制定社区德治微公约。由社区居委会组织召开道德建设协商会议，对常见的不文明问题，如广场舞噪音扰民、宠物扰民和垃圾乱堆乱放等问题进行协商讨论，以“民言民语”的形式将优秀道德观念融入公约中，并对协商一致的公约进行广泛宣传，如宣读宣传、网上推送、上门推送、公共场所张贴等，引导居民自觉遵守并践行相关公约内容。

二是引导居民参与社区思想道德建设活动。一方面，社区可依托传统民族节日，如端午节和中秋节等，设置邻里文化节。通过设立不同主题，开展丰富多彩的文化娱乐和宣传活动，加强邻里交流，打造团结、互助、友好的社区人际关系。另一方面，打造社区家风家教传习文化，如开展好家风家训书写和征集活动等。社区可倡导有条件的家庭整理撰写口头流传下来的家规家训，在社区内进行良好家风家训征集活动并汇集成册，赠予社区居民进行阅读和宣传，发挥好家风家训在教育和塑造人的品格方面的积极作用。

三是引导居民参与社区各类创建活动。如社区可按照“宣传、组织、激励”三步走的方式引导居民参与社区创卫工作：第一步，以微信交流群、公众号的网络途径及实体单页发放的形式对创卫的相关工作要求和精神进行宣传，提示居民自觉养成爱护社区环境卫生的行为习惯；第二步，由社区党员带头，组织社区居民成立社区环境志愿小组，引导普通居民与社区工作人员一起共同参与环境卫生整治活动中；第三步，由社区居委会组织居民在楼院之中进行卫生评比工作，激励居民自觉保持家庭、楼道和社区的卫生环境。

（三）健全社区思想道德评议机制，发挥道德模范引领作用

一是成立社区道德文明评议组织。组建由社区干部、社区工作人员、社区民警、党员代表和居民代表组成的，具有权威性和代表性的道德评议委员会，负责开展道德评议相关活动。

二是定期召开社区道德评议会。其一，通过民主协商，讨论决定道德模范评选的人数、类别、标准和范围。就文明类型来讲，可划定助人为乐、诚实守信、见义勇为、爱岗敬业和敬老爱亲五个类别；可直接以居民公约相关内容为评判标准或另行制定居民群众普遍认可的道德评判标准；划定科学的道德评判范围，将道德评判广泛用于社区垃圾分类、三改一拆和志愿服务等小事小节上。其二，通过会议集中评议、居民公开评议等形式，评选表彰一批道德文明人物、文明家庭和文明楼栋，发挥其道德引领作用。其三，通过道德评议会评议社区内仍然存在的不文明现象，明确后续德治工作重点方向、内容和对象。

三是隆重举办道德文明表彰活动。通过举办年度表彰会议、出台“道德文明榜”等形式对道德文明模范进行表彰和宣传。

（四）支持成立社区志愿服务队，大力开展志愿服务活动

大力支持社区党员干部、爱心居民参与社区志愿服务活动，因地制宜成立多支社区志愿服务队，大力开展邻里互助服务。

一是做好社区志愿服务需求对接。根据社区居民的实际需要进行志愿服务的内容设置，使社区志愿服务真正做到“从居民中来到居民中去”“为民所用、为民所喜”。在开展志愿服务活动时，要做好志愿服务的服

图 4-2　晋中市灵石县开展"联点共建"进社区，德治润化入心田活动

务记录，并建立良好的回馈机制，对志愿服务中的不足问题进行改进。

二是建立社区志愿服务队伍。一方面，社区党员和社区居委会要发挥组织引领作用，挖掘社区内部人力资源，将一批老干部、老党员、老教师和热爱志愿服务的退休人员吸纳到社区志愿工作队伍中。另一方面，以公益创投为契机孵化志愿者服务相关社会组织。可根据人员专长和特点分类组织不同类型的志愿服务队伍，定期组织如社区医生义诊、社区文艺工作者文化演出和爱心结对扶贫帮困等活动。

三是健全社区志愿服务激励制度。有条件的社区可设立专项资金或引进社会力量成立社区德治基金，将积分管理纳入德治工作思维，开设"道德银行"和"德治信贷"等活动，使无形的精神财富转化为有形的物质激励，引导居民参与社区慈善和志愿服务活动中。

阅读材料

"民主法治示范社区"建设指导标准

根据"全国民主法治示范村（社区）"建设指导标准修改

一、社区组织健全完善

1. 社区党组织领导作用发挥明显，全面领导社区各类组织和各项工作，领导和支持居民委员会行使职权，支持和保障居民开展自治活动，保证基层民主法治建设的正确方向。社区党组织书记通过法定程序担任居民委员会主任，社区“两委”班子成员交叉任职。

2. 居民委员会及居务监督机构等工作制度健全、运行规范、履职尽责。居民委员会自觉接受乡镇人民政府（街道办事处）的工作指导和监督。

3. 社区党组织落实全面从严治党要求，党风廉政建设扎实有效，社区工作者没有受过刑事处罚、不存在“涉黑涉恶”等问题，无违纪违法行为。

二、基层民主规范有序

4. 社区党组织、居民委员会、居务监督委员会、社区人民调解委员会等社区组织按期换届、程序规范，各类代表人数符合法定要求，选举结果符合规定。

5. 通过民主恳谈、民主听证等居民说事、议事的方式，对社区工程项目、征地拆迁等重大民生问题开展民主协商，协商过程有记录、协商结果有运用。

6. 社区重大事项决策程序规范，表决、会议等记录完整。居民会议和居民代表会议制度健全，居民代表会议每季度不少于一次。

7. 及时依法制定和修改居民自治章程、居民民约，程序完整，内容合法，符合实际，执行规范。多种形式推进居民自治章程、居民民约入户率实现全覆盖。

8. 健全党务、居务、财务公开制度，设有“三务”公开栏。居务、财务一般事项至少每季度公布一次；集体财务往来较多的，财务收支情况应当每月公布一次；涉及居民利益的重大事项应当及时公布。

9. 制定社区“小微权力”事项清单，建立事项流程图。权力清单、规章制度、运行程序、运行过程、运行结果全程公开。

10. 居民委员会成员应当接受居民会议或者居民代表会议对其履行职责情况的民主评议。民主评议每年至少进行一次，由居务监督委员会主持。

三、法治建设扎实推进

11. 深入宣传习近平总书记全面依法治国新理念新思想新战略，大力宣传宪法法律和党内法规，广泛宣传民法典、婚姻家庭、赡养继承、生态保护、道路交通安全、劳动保障、民间纠纷调解、扫黑除恶等与群众生产生活密切相关的法律法规。

12. 社区工作者、党员、居民代表带头学法守法，积极参加法治培训。将法治内容统筹纳入县级党委对社区党组织书记轮训内容，统筹纳入其他有关社区干部和党员培训内容。

13. 依托现有基层党建或公共文化设施，建设法治公园、法治长廊、法治宣传栏、法治景区等阵地，广泛开展以案普法、以案释法、法治文艺演出、法治讲座等各种形式的法治宣传教育，基本形成群众办事依法、遇事找法、解决问题用法、化解矛盾靠法的良好氛围。

14. 建有功能完备、设施健全的公共法律服务工作室、人民调解室，配有至少一名社区法律顾问、一名专职人民调解员。培育一批“法治带头人”“法律明白人”，引导群众依法解决矛盾纠纷。协助做好社区矫正和安置帮教工作，社会治安防控体系完善，“雪亮工程”及相关技防设施齐全，实现无黑恶势力、无黄赌毒、无邪教活动、无拐卖妇女儿童、无非法收养儿童，社会治安良好。

15. 坚持法德并举，组织开展社会主义核心价值观教育，宣传优秀传统道德文化，传承良好家风家训，树立新风正气。

四、经济社会和谐发展

16. 国家各项惠民利民政策得到落实，结合实际开展社区治理和服务创新。

17. 社区公共事务和公益事业健康发展，居民关系平等和谐，群众安居乐业。

18. 社区绿化、美化、净化，人与环境和谐友好，人居环境明显改善。群众的获得感、幸福感、安全感有效提升，满意度不断提高。

五、组织保障坚强有力

19. 地方各级党政主要负责人认真落实法治建设第一责任人职责，将民主法治示范社区创建纳入工作目标管理和责任制考核，加强经费保障。乡镇（街道）将创建工作纳入年度工作部署，研究解决创建工作中的重大问题，落实专人负责，保障必要投入。

20. 司法行政、民政部门认真履行主管部门职责，创建工作有部署、有培训、有考核。组织、宣传、政法、财政等部门发挥职能优势，协同抓好创建工作。

各地结合本地实际，参照此标准制定本级民主法治示范社区创建的指导标准和实施细则。

七里一村社区创建全国民主法治示范村（社区）材料

七里一村社区位于武汉市汉阳区琴断口街中心地段，占地面积约9万平方米，辖区共有居民楼70栋，169个单元，大小巷道45条，居民近3000户，常住人口8000多人。社区建成于上世纪80年代，属于典型的老旧小区。小区无物业管理，商户多，流动人口多，高龄老人、困难群体多；小区院内还有晨光幼儿园、七里小学及商业美食街等，人口密集，日常管理难度大。

近年来，社区始终坚持以党建为引领，以法治为核心，以服务为载体，以文化为平台，坚持加大依法治理力度，维护社区和谐稳定。七里一村社区先后荣获过省、市、区级文明社区、省级老年宜居社区、武汉市五星级基层党组织、武汉市五星级幸福社区、全市最美志愿服务社区、全市老龄工作一星模范社区，疫情防控工作也取得显著成效，获《法制日报》头版报道。

夯实“三个强化”　凝聚社区发展共识

社区在治理实践中积极探索，采取“534联创模式”，五联——社区、社工、社会组织、社区志愿者、社区公益资源五方联动；“三做”——做好宣传者、践行者、代言者；“四机制”——共驻共融、共商共推、共倡共创、共建共享机制，将工作方法、志愿者定位及联合机制有机融合在一起，做到人尽其才、物尽其用，逐步奠定了党领导下的社区多元合作治理新格局。

一是强化党建引领。将党组织作用发挥与民主法治建设紧密结合，发动在职党员积极参与服务居民的法治实践活动，填补物业服务空白。

二是强化制度约束。依据《宪法》和相关法律法规，结合社区实际，制定了《社区居民公约》《广场公约》《社团自管书》等，并上墙公开，为社区自治提供法治引领和保障。

三是强化队伍建设。组织社区司法行政工作站、公共法律服务工作室、人民调解委员会等开展专题培训，提高法治工作者的政治和业务素质，保证民主法治各项工作正常开展。

实现“三个公开”　保障居民民主监督

在日常管理工作中建立和完善民主监督制度，积极推动社区管理透明化。

一是专栏公开。设立党务、居务公开栏，严格执行《居务公开制度》，定期公布党组织、劳动保障、办事程序等居务情况，做到居务公开设施建设标准化、公开内容规范化。

二是事项公开。涉及财务、集体经济、政府专项资金补助等财务问题定时公开，涉及居民切身利益和居民普遍关心的事项及时公开，依法保障居民的知情权。

三是评议公开。每年对居委会干部至少进行一次民主评议，听取居民对社区的意见与建议，促进居民行使对社区治理的参与权和监督权，强化社区居委会自治功能。

建设“三大矩阵”　提升法治服务实效

一是法治环境营造矩阵。利用宣传栏、社区长廊、文化广场、电子显示屏等公共点位，进行民主法治相关的法律法规和现实案例的宣传；打造热语墙，以法治热语、法治志愿服务居民公约为蓝本，实现法治宣传“润物细无声”，居民在潜移默化中受到熏陶。

二是法治下沉力量矩阵。社区下沉的第一书记和党建指导员都来自纪检法治部门，社区量体裁衣，充分发挥区委第一书记、党建指导员、主任助理“三支力量”，利用职能优势，开展法治宣传和法律服务。设立

“第一书记法治直通工作室”，为群众提供公共法律咨询服务和调解工作。

三是法治志愿队伍矩阵。动员社区党员、志愿者、社区法律顾问、民警等组建红色知音法治宣传志愿队，围绕“宣、树、帮、乐、倡”五字诀，定期为居民提供法律咨询、法律援助、医疗保健等帮扶活动60多场，将法治理论知识用群众喜闻乐见的方式“送入寻常百姓家”。组建红喇叭巡逻志愿队，用“大广播＋小喇叭”的宣传方式，行走在小区的每一个角落，保一方平安。

实行“八员共治”　创新基层治理模式

发挥党建共建资源共享作用，以小区网格为单位，以网格志愿者工作室为平台，增设网格法治服务站。依托网格化管理，贯通信息收集反馈渠道，大力发展平安法治志愿者队伍，加强群防群治。推进便民化服务，推进综治室与网格、司法站与调解室、警务室与监控室“六位一体”，将触角延伸到居民群众中来。社区网格法治服务站实行“八员共治”机制平台，发动社区党员、社区网格员、司法员、中心户长、下沉党员、自管物业员、警员、城管队员，同时联合社区社会组织及志愿者队伍力量，建立各方联动处理、解决问题的依法治理平台。做到“小事不出网格，难事不出社区，大事不出街道”。社区同时通过三张清单（需求、项目、资源清单）引导居民参与民主协商议事，有效解决了小区停车难、环境差等问题，切实维护了社区平安稳定，居民幸福指数大大提升。

《关于扎实推进建设新时代文明实践中心试点工作的通知》系列解读

之一：“14536”是什么？

建设新时代文明实践中心应当坚持的“14536”是什么？《通知》指出，新时代文明实践中心试点工作，要推动各县（市、区、旗）切实把“一个目标、四个定位、五项工作、三个到位、提升六大能力”的要求落到实处，即着眼“凝聚群众、引导群众，以文化人、成风化俗”，牢牢把握传播新思想、引领新风尚的工作目标，统筹推进学习实践科学理论、宣传宣讲党的政策、培育践行主流价值、丰富活跃文化生活、持续深入移风易俗五项工作内容，真正做到阵地资源整合到位、体制机制健全到位、服务群众精准到位，不断提升动员能力、整合能力、引导能力、服务能力、创新能力、保障能力，努力把中心建设成为学习传播科学理论的大众平台、加强基层思想政治工作的坚强阵地、培养时代新人和弘扬时代新风的精神家园、开展中国特色志愿服务的广阔舞台，为决胜全面小康、决战脱贫攻坚提供思想保证、精神动力和文化条件。

之二：如何传播党的创新理论?

作为加强基层思想政治工作的坚强阵地，新时代文明实践中心如何科学有效传播党的创新理论?《通知》指出，要贴近群众生产生活实际，积极探索有效方法、路径、载体，使理论宣传和思想教育更接地气、更有活力、更有温度。要统筹运用传统阵地和新载体新手段，开展常态化宣传教育，把理论宣讲融入惠民服务、文化生活、情景体验等；要注重对科学理论的消化转化，让身边人说身边事、用百姓话说百姓事、用大白话说天下事，把“大道理”讲活讲深讲透；要组建来源广泛、类型多样、结构合理的理论宣讲志愿队伍，开展讲故事能力培训，增强理论宣讲针对性、吸引力。

之三：怎样发挥阵地资源效能?

新时代文明实践中心怎样最大限度发挥资源的综合使用效益?《通知》指出，要坚持激活、整合、下沉、共享，把各类阵地资源、文化资源、人才资源等挖掘调动起来，打通贯通联通，形成整体合力。要把县(市、区、旗)域内的家底摸清、沉睡资源唤醒，避免空置浪费；要把各个条条块块中的资源整合起来，根据文明实践活动需要和群众需求再配置、再优化；要推动省市优质资源机制化下乡、制度化安排、渐进式推进；要推动县域之内、乡镇之间、村社之间资源流动互动、取长补短，最大限度发挥资源的综合使用效益。

之四：如何实现志愿服务精准常态?

新时代文明实践中心主体力量是志愿者，主要活动方式是志愿服务，如何实现志愿服务精准常态？《通知》指出，要坚持把志愿者作为新时代文明实践中心（所、站）的主体力量，把志愿服务作为主要活动方式，有效推进文明实践志愿服务工作。要加强对志愿服务的组织引导，有针对性地进行孵化培育，组建类型多样的志愿者队伍，打造高质量的志愿服务项目，精准对接群众需求，特别是注重开展深入细致的精神抚慰和人文关怀，以品牌项目汇聚力量、凝聚群众。要建立文明实践志愿服务长效机制，完善志愿者登记注册、激励嘉许等制度，增强动力、激发活力，吸引更多志愿者扎根农村、服务基层。

之五：活跃基层文化的三个“要”是什么？

活跃基层文化以文化人、以文育人，是新时代文明实践工作的重要内容，如何更好开展群众乐于参与、便于参与的文化活动，切实满足群众多样化精神文化需求？《通知》指出，要坚持以文化人、以文育人，广泛开展群众乐于参与、便于参与的文化活动，切实满足群众多样化精神文化需求。要重内涵，积极创作推出反映新思想、讴歌新时代、说唱新生活的文艺作品，让群众在参与中获得精神滋养。要送到位，组建“轻骑兵式”文艺小分队、推动文化科技卫生“三下乡”“常下乡”、结合群众需求开展“菜单式”“订单式”服务。要种下根，以完善“结对子种文化”、带动和培养基层文化能人为抓手，积极培养一批群众身边不走的文化工作队伍。

之六：如何吸引群众参与？

新时代文明实践中心试点工作既要为了群众，也要依靠群众，怎样充分发挥群众的主体作用、让人人成为文明实践参与者？《通知》指出，要着力吸引群众参与，坚持既要为了群众也要依靠群众，充分发挥群众的主体作用，让人人成为文明实践参与者。要研究常态化联系群众的办法，拓宽与群众面对面、键对键、心贴心的联系沟通渠道；要有针对性回应群众诉求，聚焦群众最关心、最直接、最现实的利益问题，想群众之所想、忧群众之所忧、应群众之所盼；要及时总结群众自我服务、自我教育、自我提高的创新做法，引导群众邻里互助、守望相助。

第五章　社区服务

第一节　概述

一、社区服务的概念

社区服务是指由政府、社区居民委员会及其他多方面力量直接为社区成员提供的公共服务和物质、文化、生活等方面的服务。《国务院关于加强和改进社区服务工作的意见》（国发〔2006〕14号）明确指出，社区服务包括社区公共服务、社区志愿服务、社区互助服务和社区商业服务四种类型。

加强社区服务要以不断满足社区居民的物质、文化、生活需要为出发点，充分发挥政府、社区居委会、社会组织、驻社区单位、企业及居民个人在社区服务中的作用，整合社区资源，健全服务网络，创新服务方式，拓宽服务领域，强化服务功能，努力实现居民有需求、社区有服务。

二、社区服务的特征

（1）福利性。又称为非营利性。福利性是社区服务（社区商业服务除外）最根本、最本质的特征。社区服务首先以维护、确保社会特殊困难群体和普通居民的基本生活权益为出发点，这是它的福利特性的最明显体现。社区服务是一项公益事业，目的是增进社区居民的社会福利。社区服务不以营利为目的，把社会效益放在首位。

（2）地域性。社区服务是一种属地化服务。社区服务以街道、居委会、小区为依托而展开，具有明显的地域性特征。就社区服务对象而言，社区服务以本社区居民为主；就服务内容而言，社区服务主要是根据本社区居民的需要，解决本社区的问题，为本社区居民提供多样化的服务；就服务范围而言，社区服务主要覆盖本社区所辖范围。不同的社区由于地理环境、文化条件、人口状况、经济发展水平等的差异，所提供的社区服务在形式和内容上都有各自的特点。

（3）互助性。互助性是通过社区居民之间的自助互助服务，以及社区组织、社会服务机构等与广大居民之间的互助互济、互相补偿，发挥各自的专长和优势，做到资源共享、方便社区居民，满足全体居民尤其是特殊困难人群的服务需求。社区居民之间的互助服务，如邻里之间的关照、帮困、解难、救急，是社区服务的原始形态，不仅有助于解决居民的实际困难，也能增进居民之间的情感交流，提升社区居民的认同感、归属感，增强凝聚力。

（4）群众性。群众性主要体现在两个方面：一是社区服务的目的是满足社区居民群众对美好生活的需要；二是社区服务的广泛参与性，即社区服务必须注重开发来自社区居民的资源，努力发挥社区居民参与社区服务的积极性，社区居民既是社区服务的受益者，也是社区服务的参与者和重要的社会资源。

（5）综合性。社区服务是一项系统工程，具有综合性的特征，主要体现在三个方面。一是服务对象的综合性，即服务对象不仅包括特殊困难群体，还包括其他社区居民。二是服务内容的综合性。不同类别的社区居民有不同的服务需求，相同类别的社区居民也有不同的服务需求。为了满足社区居民的不同需求，社区服务的内容必须多样化。三是服务方式的综合性。社区服务对象的综合性及社区服务内容的综合性决定了在社区服务中需要综合运用行政工作、社会工作等方法。

三、社区服务的基本原则

一是坚持党的全面领导。坚持将党的领导贯穿于社区服务体系建设的全过程和各方面，促进提升基层党组织的组织力，厚植党的执政基础。

二是坚持以居民为中心。坚持居民主体地位，回应居民群众对美好生活的新期待新需求，不断改善居民生活品质，增强居民群众的获得感、幸福感、安全感，努力做到群众有需求、社区有服务。

三是坚持新发展理念。坚持政府主导，多方参与，强化政府保基本兜底线责任，扩大市场、社会供给，推动社区服务业高质量发展。

四是坚持分类指导。坚持因地制宜，突出问题导向，坚持政府、市场和社会不同定位，把握不同地区、不同类型社区特点，重点突破、分层推进、分步实施，全方位提升社区服务水平。

四、社区服务的发展目标

以推进社区服务体系高质量发展为基本目标、增进居民福祉为出发点和落脚点、健全党建引领机制为关键、以强化为民便民安民功能为着力点、改革创新和能力建设为抓手，以服务全龄人口为方向，以老年人、残疾人、未成年人、困难家庭等为重点，以社区公共服务、商业服务和志愿服务为依托，有效发挥政府、市场和社会多方主体协同联动作用，加快补齐社区服务设施和能力短板，使党建引领社区服务机制更加健全、社区服务主体和服务业态更加丰富、智慧社区建设更加精进、线上线下服务机制更加融合、社区服务精准化精细化水平全面提升，更好解决社区居民的操心事、烦心事、揪心事，不断增强社区居民获得感、幸福感、安全感。

第二节　社区服务的主要内容

社区服务范围十分广泛，内容十分丰富。从不同的维度，社区服务可以分为不同的类别。从服务供给方式、提供主体的角度，社区服务可以分为基本公共服务、志愿服务、便民利民服务。从服务对象的角度，根据精准化、精细化工作需要，可以把社区服务的对象细分成不同群体，采取针对性措施开展服务。如：社区党员管理服务、社区老年人服务、社区青少年服务、社区儿童服务、社区残疾人服务、社区流动人口服务、社区矫正服务等。从服务内容的角度，可以把社区服务分为社区社会保障服务、社区医疗卫生服务、社区就业服务、社区社会救助服务、社区法律服务、社区安全服务、社区物业服务、社区文教体服务等。本节重点介绍按供给方式、提供主体划分的各项社区服务。

一、社区公共服务

社区公共服务是政府或其他组织以社区为服务范围，为社区提供的、与居民生活息息相关的、事关居民公共利益和需求的公共物品，包括面向特定人群提供的社区福利服务和面向全体居民提供的基本公共服务。《城乡社区服务体系建设规划（2016—2020年）》明确的公共服务发展任务包括：社区就业、社会保障服务；社区医疗卫生和计划生育服务；社区社会服务；社区文化、教育、体育服务；社区法律、安全服务。公共服务的供给主体是政府部门，社区协助政府及其职能部门开展服务事项的咨询、初审、办理或代办等。

要依托社区综合服务设施和服务机构，提供面向全体社区居民、贯穿生存发展各阶段和生活各领域的基本公共服务项目，社区公共服务的重点是保障老年人、未成年人、残疾人、优抚对象、困难群体等的服务需求。2020年12月，省政府办公厅印发的《湖北省省市县乡村五级依申请及公共服务事项清单（目录）》，其中《村（社区）公共服务事项指导目录（2020年版）》共49个大项60个小项，涉及残联、人民武装、公安、民政、司法、财政、人社、住建、农业农村、卫健、退役军人、应急、市场监管、广电、医保等15个部门的公共服务事项。

社区福利服务包括基本公共服务以外、无偿或低偿为居民提供的公共服务物品，主要包括社区医疗卫生、社区养老、社区法律、社区文化教育等服务项目。社区福利服务通常由政府有关部门、公益性组织、社区自治组织提供。

二、社区便民利民服务

社区便民利民服务立足服务于社区居民，主要通过市场化的方式让社区居民能就近、方便、快捷地享受到各项生活性服务，为社区居民营造一个温馨、便利的生活环境，从而提高社区居民的生活质量。便民利民服务强调此类服务的特点是围绕居民日常生活、方便居民日常生活，因此，其内容除了超市、菜场、餐饮、维修、家政、美容美发等市场化服务，也包括邮政、金融、燃气、自来水、电力等非市场化的公用事业服务。便民利民服务与所有居民的日常生活息息相关，对于方便居民群众生活、满足日常生活需求、提升居民幸福指数具有重要意义。2000 年 11 月，《民政部关于在全国推进城市社区建设的意见》将“面向社区居民的便民利民服务”作为社区服务四项主要内容之一。2006 年 4 月，《国务院关于加强和改进社区服务工作的意见》提出，“鼓励相关企业通过连锁经营提供购物、餐饮、家政服务、洗衣、维修、再生资源回收、中介等社区服务”。《湖北省城乡社区服务体系建设“十三五”规划》也将便民利民服务作为社区服务的重点任务，要求不断完善社区便民利民服务网络，鼓励邮政、金融、电信、燃气、自来水、电力、产品质量监督等公用事业服务进入社区；大力发展社区家庭服务、健康服务、养老服务企业和机构，多方式提供看护护理、家政服务、美容美发、洗染、家电维修、餐饮、物流配送和再生资源回收等生活服务，支持相关企业到社区设立超市、便利店、菜市场等零售网点；积极推行物业管理和社区便民利民服务相结合，打造贴近居民生活、满足居民需求、提高居民生活质量的社区服务环境，建成一批“功能完善、形态齐备”的集约化程度高、服务多样化的便民利民服务示范社区。

社区便民利民服务需要政府相关部门进行统一规划和推动，按照《完整居住社区建设标准（试行）》等要求将便民商业服务设施、市政配套基础设施配备到位，打造“城市社区 15 分钟生活圈”。

三、社区物业服务

社区物业服务是指业主与物业管理企业通过物业服务合同约定的公共性服务，主要包括对房屋及配套的设施设备和相关场地进行维修、养护、管理以及维护相关区域内环境卫生和秩序。随着城市化进程加快，社区物业服务越来越成为社区矛盾的聚焦点和社区治理的薄弱点。加快发展物业服务业，推动物业服务向高品质和多样化升级，是满足居民不断增长的美好居住生活需要和创新社区治理的重要举措。

当前物业管理服务中主要存在物业服务管理覆盖面不广、业主委员会组建率低、物业服务管理质量总体不高、业主与物业服务企业矛盾比较突出等问题。2020 年以来，我省高度重视物业服务，省委办公厅、省政府办公厅印发的《关于深化新时代党建引领加强基层社会治理的意见》提出明确要求，2021年6月，省住建厅联合省直相关部门印发了《关于进一步加强住宅小区物业管理工作的通知》（鄂建文〔2021〕11号）。《通知》要求"加强业主委员会自身建设"：街道（乡镇）、社区负责指导成立业主大会筹备组、业主委员会换届改选小组，加强对业主委员会的人选推荐和审核把关，注重推荐符合条件的"两代表一委员"、社区"两委"成员、社区专职工作人员、小区党组织成员、党员业主等参选业主委员会委员，提高业主委员会成员中党员比例，一般不低于50%，主任一般由党员担任。探索建立业主委员会成员履职负面清单，出现负面清单情形的，街道（乡镇）、社区应暂停该成员履行职责，提请业主大会终止其成员资格并公告全体业主。《通知》要求"加强对业主委员会的监督"：健全群众参与机制，业主委员会应当定期召开会议，在决定物业管理有关事项前，应公开征求业主意见，报告社区党组织和居民委员会并听取其建议。社区（小区）党组织要发挥群众优势，指导业主委员会建立业主接待日、业主议事会等自治载体，引导业主有序参与小区治理，完善业主评议机制，定期组织业主代表评议业主委员会履职情况，并将结果作为业主委员会改选调整的重要依据。业主委员会作出违反法律法规和议事规则、管理规约的决定，街道（乡镇）查实后应责令限期整改，拒不整改的依法依规撤销其决定，并公告业主。业主委员会不依法履行职责，严重损害业主权益的，街道（乡镇）、社区应指导业主大会召开临时会议，重新选举业主委员会。对业主委员会成员在履职中涉嫌违法犯罪的，司法部门应当依法严肃查处。《通知》要求"扩大物业管理覆盖范围"：按照"提升专业化物业、规范自治型物业、覆盖弃管小区"的思路，逐步扩大物业管理覆盖面。街道（乡镇）、社区要结合老旧小区改造，通过选聘市场化服务企业、成立公益性物业服务实体、引入社会资本管理等方式，引导居民因地制宜选择物业服务模式，推动建立物业管理长效机制。鼓励物业服务企业统一管理在管项目周边老旧小区。对暂不具备专业化物业管理条件的，采取社区居委会托管、社会组织代管或居民自管等方式，逐步实现物业服务管理全覆盖。《通知》要求"推动物业服务业向生活服务业转型"：探索将物业服务业作为生活服务业，纳入现代服务业发展范围。鼓励有条件的物业服务企业在做好物业基础服务的同时，为家政服务、电子商务、居家养老、快递代收等生活服务提供便利，盘活小区既有公共房屋和设施，优先用于社区公共服务，积极推行"物业服务＋养老服务"居家社区养老模式。推动物业服务线上线下融合，促进物业服务企业由物业的管理向居民服务转型升级。

加强社区物业服务、提升居民小区（网格）治理水平，要加快健全社区党组织领导下的社区居民委员会、业主委员会、物业服务企业"三方联动"机制，充分发挥社区党组织的领导牵头、统筹协调、督办落实作用，调整优化社区、小区党组织设置，推动符合条件的业主委员会、物业服务企业党组织应建尽建，推进党的组织全覆盖；指导所有社区居民委员会设立由居民委员会成员、业主代表等组成的环境和物业管理委员会，负责督促业主委员会（小区物业自管组织）、物业服务企业履行职责；指导符合条件的城市住宅小区依法成立业主大会，选举产生业主委员会，对暂不具备成立业主委员会条件的，由街道、社区指导成立小区物业自管组织，作为过渡性机构临时代行业主委员会职责；建立健全联席会议、协同联动、通报公示、评价评议等制度，推动要事联议、矛盾联处、事务联办、服务联评，着力提高物业管理服务质量，不断提升居民自治水平。

四、社区志愿服务

社区志愿服务是志愿服务体系的重要组成部分，不仅丰富、拓宽了志愿服务的领域，同时也能够充分动员社会资源参与到社区治理中，促进社区健康发展，是构建和谐社会的有效途径。2005 年，民政部等 9 部门下发《关于做好新形势下社区志愿服务工作的意见》，对社区志愿服务作出如下定义：社区志愿服务是社会组织和个人自愿用自身的时间、技能等资源，在社区为居民和社区慈善事业、公益事业提供帮助或服务的行为。

《城乡社区服务体系建设规划（2016—2020 年）》提出，要"着力推进城乡社区志愿服务和专业服务常态化"，具体要求为：依托城乡社区综合服务设施建立志愿服务站点，搭建志愿者、服务对象和服务项目对接平台，完善志愿服务记录和志愿服务台账。以家政服务、文体活动、心理疏导、医疗保健、法律服务、交通安全宣传教育等为主要服务内容，以低保对象、空巢老人、留守老人、留守儿童、残疾人为主要服务对象，有针对性地开展城乡社区志愿服务。积极开展在职党员到社区报到为群众服务活动，充分发挥共产党员的先锋模范作用。推动党政机关、企业事业单位等成立志愿服务队到城乡社区开展志愿服务。在城乡社区推行志愿者星级认定和嘉许制度，健全“爱心银行”“时间银行”等志愿服务回馈制度，推进社区志愿服务经常化和常态化。依托城乡社区综合服务设施建立社区社会工作室，根据社区居民需求，分类推进精神慰藉、资源链接、能力提升、关系调适、社会融入等专业社会工作服务。充分发挥专业社会工作者在统筹社区照顾、扩大社区参与、促进社区融合、推动社区发展、参与社区矫正和社区戒毒社区康复等方面的重要作用，建立社会工作者与志愿者协同服务机制。

省委办公厅、省政府办公厅《关于深化新时代志愿服务工作助力基层社会治理的意见》对发展社区志愿服务提出明确要求。在壮大志愿服务力量方面，《意见》提出，要“发动村（社区）群众开展志愿服务活动，壮大社会志愿者队伍”“引导社区等成立志愿服务组织”。在完善志愿服务组织体系方面，《意见》提出，“社区采取‘社会工作者+志愿者’协作机制，形成社会工作者和志愿者相互协作、共同开展服务的工作格局”“推进社区、社会组织、社会工作者、社区志愿者、社区公益慈善资源‘五社’联动服务”。在提升志愿服务能力水平方面，《意见》提出，要“面向社区、服务居民，开展邻里守望、平安建设、关系调适、心理疏导、社会融入、爱国卫生运动等志愿服务”“完善‘群众点单、精准派单、反馈评单’机制，实现志愿服务供给与需求有机衔接，推动志愿服务资源下沉，深度融入基层治理”“选树志愿之城、最美志愿服务社区（村）和最美志愿服务家庭，推动志愿服务贯穿基层治理各领域、各方面”。

社区应积极动员居民注册志愿者，结合各自实际引导成立各类志愿服务组织，发动居民群众开展志愿服务活动，积极推进社区、社会组织、社会工作者、社区志愿者、社区公益慈善资源“五社”联动服务。

第三节　社区服务优化路径

一、社区综合服务设施建设

按照每百户居民拥有面积不低于 30 平方米和城市社区不少于 1000 平方米的标准，以新建、改造、购买、项目配套和整合共享等形式，实施社区综合服务设施提档升级。依据《建标 167—2014 城市社区服务站建设标准》，按照居民活动场所最大化、服务空间最大化、办公场所最小化以及“一室多用”的原则，合理设置功能室。利用现有公共服务设施，促进社区服务站及其相邻服务设施的功能整合。社区服务站（党员群众服务中心）应完善以下主要功能：为社区服务机构提供服务场所；接入社区公共服务综合信息平台，代办代理社区公共服务事项；建立社区便民利民服务、志愿服务、专业社会工作服务网点；提供社区党组织、社区自治组织活动场所；提供居民自治、社区协商、社区教育、群众活动场所；建立社区社会组织活动网点，提供“五社联动”社区服务场所；部署、应用智慧社区信息系统。

加强社区综合服务设施的规范化建设，正门前统一悬挂“一横三竖”标牌：“一横”为“社区党员群众服务中心”牌匾，“三竖”为社区党组织、居民委员会和居务监督委员会牌匾，统一使用“中国社区”标识；在服务大厅醒目位置设置 1 块插卡式机构（功能室）索引牌，集中展示各机构（功能室）楼层分布，所有功能室门口统一标注房号，原则上不张贴（悬挂）标识牌；制度牌一般不上墙悬挂。依托社区综合服务设施整合服务项目和服务资源，除国家另有规定外，所有以社区居民为对象的公共服务、志愿服务、专业社会工作服务，原则上在城乡社区综合服务设施中提供。突出地域特色和社区特色，营造亲情化、人性化的服务环境。健全社区综合服务设施运行管理制度，创新城乡社区综合服务设施运营机制，通过居民群众协商管理、委托社会组织运营等方式，提高社区综合服务设施利用率。社区综合服务设施开放时间一般不少于每天 8 小时。

二、社区服务供给能力

1. 强化社区为民服务功能。

推动社区公共服务综合提供，实现基本公共服务社区全覆盖，增强社区协助开展基本公共服务主要项目能力，提升整体供给水平，让社区居民能够就近就便办理和享受基本公共服务，在社区内实现幼有所育、学有所教、病有所医、老有所养、弱有所扶，优军、文体、应急安全服务有保障。着力加强兜底服务能力建设，重点强化社区养老、托育、助残服务供给，加强对困难群体和特殊人群关爱照护，做好传染病、慢性病防控等工作，推动社区居家养老协同发展。加强劳动就业服务能力建设，在社区设立就业创业空间，重点为社区居民中的高校毕业生、退役军人、农村转移劳动力、残疾人等重点群体提供服务。建立健全社区教育服务站点，健全社区教育服务功能，大力发展社区教育服务。扩大社区文化、体育、科普等公共服务供给，改善社区生活品质。

2. 扩大社区便民服务供给。

推进城市社区“15分钟生活圈”建设，实现政务代办服务社区全覆盖。推动邮政、金融、电信、供销、燃气、电力等公共事业服务和物流配送、资源回收商业网点辐射所有社区。鼓励发展社区物业、维修、家政、餐饮、零售、美容美发、房屋租赁等生活服务业态，满足社区居民多样化需求。开发保洁、保绿、公共设施维护、便民服务、妇幼保健、养老托幼助残、快递收发等便民服务类岗位，促进消费和扩大就业。优化改进社区物业服务，加强社区停车管理，释放车位空间。整合社区便民服务和商业服务功能，大力推进社区综合服务体建设，促进社区便民利民服务集聚集群发展、项目化系统化供给。支持社区服务企业发展，鼓励各类市场主体和社会组织参与社区生活服务，鼓励开展连锁经营，培育服务品牌，形成适应社区居民需要的商业生态和经营模式。完善城市社区居委会职能，居民委员会下设物业和环境委员会，督促业委会和物业服务企业履行职责，改进社区物业服务管理。

3. 强化社区安民服务供给。

深化社区警务战略，健全完善社区微型消防站（点），加强群防群治、联防联治机制建设，健全完善社区治安防控网。加强社区应急避难场所建设，完善社区应急组织体系和工作预案，做好社区防灾监测、应急避险等安全防护工作，加强社区应急物资储备保障和安全知识培训，提升城乡社区应急管理能力。推动普法宣传、人民调解、法律援助、律师公证等服务社区全覆盖，强化对社区矫正、社区戒毒、刑满释放人员帮扶服务。健全社区矛盾纠纷多元化调解机制和心理疏导服务机制，强化精神慰藉、心理疏导、关系调适、社会融入等服务。完善社区志愿服务制度，以留守空巢老人、留守儿童、残疾人为重点，广泛开展志愿服务，大力开展邻里互助服务和互动交流活动。结合乡镇（街道）设立社会工作服务站建设，依托社区综合服务设施建立社会工作室，面向社区居民开展社会工作专业服务。

三、社区信息化应用

提高社区信息基础设施和技术装备水平，加强一体化社区信息服务站、社区信息亭、社区信息服务自助终端等公益性信息服务设施建设。依托“互联网＋政务服务”相关重点工程，加快社区公共服务综合信息平台建设，实现一号申请、一窗受理、一网通办，强化“一门式”服务模式的社区应用。实施“互联网＋社区”行动计划，加快互联网与社区治理和服务体系的深度融合，运用社区论坛、微博、微信、移动客户端等新媒体，引导社区居民密切日常交往、参与公共事务、开展协商活动、组织邻里互助，探索网络化社区治理和服务新模式。实施“雪亮工程”，加快推进社区公共安全视频监控建设联网应用。大力发展社区电子商务，发展线上、线下相结合的社区服务新模式。按照分级分类推进新型智慧城市建设要求，务实推进智慧社区信息系统建设，积极开发智慧社区移动客户端，实现服务项目、资源和信息的多平台交互和多终端同步。

四、社区服务机制创新

1. 优化社区资源配置。

建立基层政府面向社区的治理资源统筹机制，推动人财物和责权利对称下沉到社区，完善“社区吹哨、党员报到”工作机制，增强社区统筹使用人财物等资源的自主权。探索基层政府组织社区居民在社区资源配置公共政策决策和执行过程中有序参与听证、开展民主评议的机制。深化机关企事业单位党组织和在职党员干部“双报到、双报告”制度，推动在职党员干部下沉社区常态化。注重运用市场机制优化社区资源配置。

2. 完善社区自我服务。

积极推进社区服务型党组织建设，充分发挥社区党组织领导核心作用，组织社区党员干部成立联系服务群众团体，为群众提供便利、快捷、有效服务。发挥社区自治组织作用，围绕涉及居民群众切身利益的公共事务和公益事业组织社区协商活动，吸纳社区居民参与社区服务项目提出、运行、监督全过程，探索通过居民自愿筹资、建立社区基金等方式扩充自我服务资源。支持社区群团组织发挥各自优势参与社区服务活动，大力培育服务性、公益性、互助性社区社会组织。发挥社区“大党委”作用，协调驻社区单位在开放活动场所、提供资源支持、参与社区服务等方面履行共建责任。

3. 推行政府购买社区服务。

推进基层政府职能转变，建立政府购买社区服务机制，将政府购买服务经费纳入财政预算。研究制定政府购买社区服务政策措施，明确购买内容、服务标准、资金保障、监管机制、绩效评价等内容。建立社区公共服务目录及准入制度、政府根据目录购买社区服务，建立健全规范化流程，推行政府采购、定向委托、公益创投等方式，提高城乡社区公共服务质量和资金效益。开展社区公益创投活动，引导社会组织、专业社工以及居民委员会围绕社区文化教育、困难救助、优抚安置、居家养老、残疾人托养、邻里互助、权益保障、青少年教育、公益慈善等公共事务和公益事业开发社区公益服务项目，推进社区需求项目化，健全和完善社区公益采购机制，通过资助社区公益服务项目，开展社区公益服务，培育发展社区社会组织，建立健全民主协商机制，扩大居民群众参与。

4. 社会工作机构介入。

引入社会工作理念，借助社会工作机构的力量，在社区一方面为居民提供专业化、个性化服务，另一方面协助社区自治组织发现社区问题、动员居民参与、链接社区资源，助力社区治理。社区要将社区综合服务设施无偿提供给专业社工机构或社会组织使用，支持第三方围绕居民需求开展居家养老、助残帮困、社区矫正、安置帮教、青少年教育、困境儿童关爱等公益服务。有条件的社区，在社区建立社会工作服务站（室），争取政府有关部门支持，可以成立社区社会组织孵化中心，加大社区志愿组织培育发展力度。

阅读材料

村（社区）公共服务事项指导目录（2020年版）

（摘自2020年12月省政府办公厅印发的《湖北省省市县乡村五级依申请及公共服务事项清单（目录）》）

序号	实施部门	大项名称	子项名称	事项类型	备注
1	残联部门	残疾人家庭无障碍改造服务（协办）	残疾人家庭无障碍改造服务（协办）	公共服务	
2	残联部门	残疾人证办理（协办）	残疾人证首次申领（协办）	公共服务	
3	残联部门		残疾人证换证（协办）	公共服务	
4	残联部门		残疾人证补领（协办）	公共服务	
5	残联部门		残疾人证变更（协办）	公共服务	
6	残联部门		残疾人证迁移（协办）	公共服务	
7	残联部门		残疾人证注销（协办）	公共服务	
8	残联部门	残疾人法律政策宣传咨询	残疾人法律政策宣传咨询	公共服务	
9	人民武装部门	兵役登记服务	兵役登记服务	公共服务	
10	公安部门	交通安全宣传	交通安全宣传	公共服务	
11	民政部门	临时救助对象认定（协办）	临时救助对象认定（协办）	公共服务	
12	民政部门	城乡最低生活保障对象认定（协办）	城乡最低生活保障对象认定（协办）	公共服务	
13	民政部门	出具公民办理收养证明	出具公民办理收养证明	公共服务	

续表

序号	实施部门	大项名称	子项名称	事项类型	备注
14	民政部门	特困人员认定（协办）	特困人员认定（协办）	公共服务	
15	民政部门	老年人福利补贴（协办）	老年人福利补贴（协办）	公共服务	
16	民政部门	困难残疾人生活补贴和重度残疾人护理补贴（协办）	困难残疾人生活补贴和重度残疾人护理补贴（协办）	公共服务	
17	民政部门	农村留守儿童信息采集	农村留守儿童信息采集	公共服务	
18	民政部门	困境儿童信息登记	困境儿童信息登记	公共服务	
19	民政部门	老年人福利补贴政策宣传咨询	老年人福利补贴政策宣传咨询	公共服务	
20	民政部门	低保、特困人员救助供养、临时救助政策宣传咨询	低保、特困人员救助供养、临时救助政策宣传咨询	公共服务	
21	民政部门	农村留守妇女信息采集	农村留守妇女信息采集	公共服务	
22	民政部门	农村留守老人信息采集	农村留守老人信息采集	公共服务	
23	司法部门	人民调解	人民调解	公共服务	
24	司法部门	村（社区）矫正对象的帮教管理	村（社区）矫正对象的帮教管理	公共服务	
25	财政部门	财政惠民政策宣传	财政惠民政策宣传	公共服务	
26	人社部门	就业信息服务	就业政策法规咨询	公共服务	
27	人社部门		职业供求信息、市场工资指导价位信息和职业培训信息发布（含3个业务办理项：信息变更、单位信息审核、岗位信息审核）	公共服务	
28	人社部门	职业介绍、职业指导和创业开业指导	职业介绍	公共服务	
29	人社部门		职业指导	公共服务	
30	人社部门		创业开业指导	公共服务	

续表

序号	实施部门	大项名称	子项名称	事项类型	备注
31	人社部门	公共就业服务专项活动	公共就业服务专项活动	公共服务	
32	人社部门	职业资格证书查询	职业资格证书查询	公共服务	
33	住建部门	公共租赁住房	对已领取租赁住房补贴或者配租廉租住房的城市低收入住房困难家庭信息的审核	公共服务	
34	住建部门		公租房租赁补贴申请（协办）	公共服务	
35	住建部门		公租房实物配租申请（协办）	公共服务	
36	住建部门	农村危旧房改造对象申报	农村危旧房改造对象申报	公共服务	
37	农业农村部门	土地承包经营权（流转）纠纷的调解	土地承包经营权（流转）纠纷的调解	公共服务	
38	农业农村部门	出具农村村民建房书面意见（农村个人建房用）	出具农村村民建房书面意见（农村个人建房用）	公共服务	
39	农业农村部门	村民（居民）建房受理、申报、查勘	村民（居民）建房受理、申报、查勘	公共服务	
40	农业农村部门	农村土地承包经营权证办理变更事项	农村土地承包经营权证办理变更事项	公共服务	
41	农业农村部门	农村村民住宅用地申报	农村村民住宅用地申报	公共服务	
42	农业农村部门	农民集体所有的土地由本集体经济组织以外的单位或者个人承包经营申请	农民集体所有的土地由本集体经济组织以外的单位或者个人承包经营申请	公共服务	
43	农业农村部门	农村土地承包经营权流转合同备案	农村土地承包经营权流转合同备案	公共服务	

续表

序号	实施部门	大项名称	子项名称	事项类型	备注
44	农业农村部门	农业支持保护补贴发放服务	农业支持保护补贴发放服务	公共服务	
45	卫健部门	流动人口基本公共卫生计生服务	流动人口基本公共卫生计生服务	公共服务	
46	卫健部门	人口计生政策宣传	人口计生政策宣传	公共服务	
47	卫健部门	严重精神障碍患者管理	严重精神障碍患者理	公共服务	
48	卫健部门	健康教育	健康教育	公共服务	
49	卫健部门	居民健康档案管理	居民健康档案管理	公共服务	
50	卫健部门	孕产妇健康管理	孕产妇健康管理	公共服务	
51	卫健部门	老年人健康管理	老年人健康管理	公共服务	
52	卫健部门	老年人权益保障	老年人权益保障	公共服务	
53	退役军人部门	退役军人信息采集	退役军人信息采集	公共服务	
54	退役军人部门	退役士兵安置政策宣传咨询	退役士兵安置政策宣传咨询	公共服务	
55	应急部门	自然灾害救助资金、物资发放	自然灾害救助资金、物资发放	公共服务	
56	市场监管部门	农村（社区）集体聚餐申报	农村（社区）集体聚餐申报	公共服务	
57	广电部门	农村智能广播网（村村响）使用和管护	农村智能广播网（村村响）使用和管护	公共服务	
58	医保部门	医疗救助对象手工（零星）报销（协办）	医疗救助对象手工（零星）报销（协办）	公共服务	
59	医保部门	基本医疗保险参保登记和变更登记	城乡居民参保登记	公共服务	
60	医保部门		城乡居民参保信息变更登记	公共服务	

武昌区南湖街中央花园社区：
物业监督工作法 破解物业服务管理难题

中央花园社区地处武汉市武昌区南湖花园城的正中央，是20世纪末21世纪初新建的全封闭物业管理型小区，社区面积0.26万平方公里，有居民3010户、8670余人，社区居民“高龄、高知、高薪”特点十分明显。

一、形成背景

已有近20年历史的中央花园社区，物业管理的矛盾和问题尤为突出，物业收费标准15年维持在每平方米0.5元的初始价位，前两届业主委员会和物业公司曾几次尝试提价，都因得不到法定的“三分之二的业主签字同意”而“流产”，导致“物业服务差→物业费收缴率低→物业服务更差”的恶性循环。2014年开始，中央花园社区经过认真分析，认为这不仅仅是物业服务费长年处于较低水平、需要合理提升价格的问题，更是直接涉及物业企业生存发展、影响居民群众生活质量和幸福指数的问题，必须予以解决。

二、实施过程

2014年10月，中央花园社区采取“承诺开门、好评有奖”的方式，顺利完成了物业管理费上调工作；2015年—2016年，中央花园社区进一步完善了深化物业监督的评价机制，探索推行“承诺＋评价＝兑现”的路径和方法；2017年，中央花园社区借助打造“红色物业”契机，推行了独具特色的物业质量监管模式“一诺双评三监督”，探索形成物业监督工作法。“一诺”指物业企业年初定服务承诺，“双评”指年终对服务承诺进行组织评价和群众评价，“三监督”指社区物业工作监督小组对物业管理过程中的“人、财、物”进行监督。

三、主要内容

承诺开门。针对物业服务费调价上门签字时“门难开、字难签”问题，中央花园社区工作者专门对社区业主进行走访调研，发现广大业主前期不支持物业服务费调价，主要有两个原因：第一个原因是对现行物业服务费收支状况不清楚，对物业服务费调价的必要性和客观性缺乏认识；第二个原因是担心调价后服务仍得不到保障。找到问题症结，接下来就是“对症下药”。一是“审计问路”。为打消业主顾虑，帮助居民弄清楚为什么要涨价、为什么涨这么多，中央花园社区成立了由注册会计师、注册物业管理师及业主委员会成员、骨干业主组成的物业服务费测算及审计小组，在物价及房管部门的指导下，在物业公司的配合下，历时一个月完成了对中央花园社区近三年物业财务账目的审计工作，并结合当前物价指数，详细测算出确保小区正常运转的最基本的物业服务费标准。二是“问题导向”。中央花园社区党委、社区居民委员会要求物业公司制定物业服务承诺时，一定要以解决居民群众最急、最怨、最恨、最盼的问题为突破口，承诺内容既要有重点维修及环境整治方面的，如对小区生锈的单元门统一进行翻新维护、对小区五处腐朽变形的木质亭台进行翻修改造等；也要有常规服务及质量标准方面的，如小区生活垃圾每日清运一次、对楼道卫生每周清洁三次等，督促物业公司“跳起来摘桃子”，帮助业主得到“看得见摸得着”的服务改善。三是“开门见山”。多方参与的专业审计报告和测算数据一经公示，立即引起了广大业主的关注，加之审计小组成员的耐心解释和交流，短时间内小区物业服务费调价事宜就获得了绝大多数业主的认可，很多关心小区建设和发展的业主，在看完审计报告和测算数据后感叹说：“第一次真正了解了小区的家底，明白了涨价的道理。”与此同时，物业公司还专门将图文并茂的“物业服务十项承诺”小册子送到业主家中，真正实现敲开业主家门，打动业主心门，为物业服务费提价打下了坚实的基础。

好评付费。物业服务承诺让业主看到物业公司的诚意和提升物业服务质量的希望，同时也让业主有了监督物业服务的标准和依据。美中不足的是，监督及处罚手段仍显欠缺。结合部分业主的提议，中央花园社区在设计物业服务质量管控措施时，坚持引入经济手段，并先后在服务承诺及合同（草案）中加入物业服务质量保证金和奖励金等“好评付费”制度。一是实行押金制。由业主委员会提议，社区“两委”支持，要求物业公司坚持诚信为本，向业主大会、业主委员会提供一定比例的质量保证金（以下简称“押金”），对广大业主所担忧的“质价不相符”实行约束。经充分协商，最终达成一致意见，即涨价工作完成后，物业公司将涨价部分的10%作为押金，由业主委员会掌管。如果年终通过组织评、群众评的“双评”方式，物业服务满意率达到85%以上，物业服务企业可拿回押金，达不到则将押金变为小区基础设施维修金。二是实行奖金制。社区党组织、居民委员会指导业主委员会研究决定，拿出公共收益所得的5%作为奖金。如果年中通过组织评、群众评的“双评”方式，物业服务满意率达到90%以上，物业公司可获此奖金。三是实行“双评”制。年终时，社区党组织、社区居民委员会指导业主委员会和物业公司在约定时间内，组织社区党组织、居民委员会、业主委员会、群团组织、社区社会组织等五类组织和社区居民小组长、楼栋长、业主代表、居民代表等四类群众代表对物业服务情况进行测评。2014年首次“考评”，满意率达到93.7%，之后的3年满意率都在90%以上，物业公司每次都全额拿回了押金并得到了奖金。目前，“双评”工作已纳入中央花园社区年度业主（代表）大会的重要内容。“押金+奖金”作为一种事前担当承诺、事中监督激励、事后评价奖惩的全新机制，降低了业主与物业企业就物业服务质价问题发生冲突的可能性，发挥着冲突防范机制的作用，也促进了居民对社区物业管理的参与，形成了居民与物业企业间的良好合作关系，推动了社区治理和服务创新。

监督护航。通过三年多的实践，“一诺双评”让广大居民群众分享到物业管理改革带来的“质价相符”的红利，但实践也让社区党组织、社区居民委员会看到了“双评”机制的不足。“组织评、群众评”的形式和内容受时间和空间的制约，难以满足日常监管的要求。为此，中央花园社区从2017年初开始，抓住打造“红色物业”及续签物业服务合同的契机，在“一诺双评”基础上，建立和完善物业服务质量“三监督”机制，即由业主委员会成员、社区物业质量总监及业主代表组成物业工作监督小组，运用“传统巡检+互联网”手段，对物业管理过程中的“人、财、物”进行监管。一是确保“人在岗”，实现物业服务人员的监管到位。在物业服务合同中明确约定物业服务人员数量、各岗位配置要求及人员排班等；运用互联网技术，引入“钉钉考勤”、电子巡更、远程监控等智能工具，由物业工作监督小组成员随时检查物业服务人员到岗情况及工作状态，如通过远程监控检查物业服务标准中“早送晚迎”执行情况，通过中控对讲检查物业服务标准中“定时报岗”执行情况等。二是确保“钱到位”，实现物业服务费用的监管到位。在物业服务合同中明确约定重要节点工作付费要求，如电梯维保及电梯零星维修费用必须专户计提、小区公众责任险必须足额支付等；小区公共收益分成明确约定，并定期划拨到小区专用账户，作为小区公共应急维修资金；业主委员会积极支持物业公司依法收取停车费等公共收益及物业服务费。三是确保“物完好”，实现物业服务设备方面的监管到位。在物业服务合同中明确约定重点设施设备维修保养标准及频率；引入互联网技术，如通过对接电梯管家、实时监控电梯的运行情况，通过对接电管家，实时监控供配电设备的运行情况；通过二维码扫码技术，实时掌控设施设备的巡检及运行情况等。互联网及智能技术的应用，实现了物业服务的“智慧监督”，物业监督从感性“双评”阶段升级到理性“监管”阶段，监督护航让中央花园社区物业管理工作进入了“标准化、智能化、常态化”的运行轨道。

四、取得成效

实现“双涨”，即物业费涨起来了，服务质量涨起来了。物业费是物业企业赖以生存和发展的基础性保障。2015 年工资涨了物价涨了，物业费合理上涨符合市场经济发展规律，极大地促进了物业服务质量的提升，其结果是提高了居民生活质量。

实现“双赢”，即物业企业赢得声誉，居民群众赢得实惠。“一诺双评三监督”推动物业企业承诺践诺，让诚信回归，一个诚实守信的企业赢得了居民的尊重和良好的经济效益；推动物业服务质量直线上升，居民认同感和获得感不断提升。良好的宜居环境不仅提高了居民的生活品质，还让居民得到实惠，小区住宅价格飙升，每平方米比周边社区高出 1000 元左右。

实现“双化”，即物业服务规范化，指导监督制度化。社区物业服务管理是社区治理的重要组成部分。经过三年多的探索实践，中央花园社区建立和完善了“物业服务承诺”制度、“双评”信用机制、“押金+奖金”监督奖惩机制等工作机制，将事后监督变成了过程监督，使物业监督制度化、常态化。

辽阳市白塔区“96886”社区居民服务呼叫平台

白塔区既是辽阳市的中心城区、主城区，也是一个老城区。发展空间小、人口密度大、历史包袱重、现实矛盾多，成为基层政府的治理难题，同时也成了提升社区治理和服务能力的主攻重点。如何实现服务体系的再造，特别是体制机制和服务手段的革新，成为白塔区致力于有效回应社区居民的需求、提升社区服务效能的最大突破点。

为此，白塔区利用信息化手段，搭建社区信息平台，快速回应社区居民的服务诉求。其主要做法有：

第一，建立公共服务体系，搭建“96886”社区居民服务呼叫平台。该平台涵盖五大服务功能：社区居民生活信息服务功能、公共安全管理功能、社区居民健康信息服务功能、社区建设和管理功能、专业化社会工作管理功能。

第二，构建“白塔特色”的社区服务信息平台。建立以网格信息化管理为主干，区、街道、社区三级服务大厅为支撑的社区服务信息平台，以基层服务管理为先导、行政审批为后置，纵向到底、横向联通，融合条线业务专网和便民服务热线，实现信息服务和实体服务的有机结合。

第三，建立以“大数据”为基础的社区网格化管理信息系统。一是实行网格管理，按照“街路定界、规模适度、无缝覆盖、动态调整”原则，将全区科学划分为11个大网格（街道）、63个子网格（社区）、758个网格单元（楼栋院落）。将网格单元作为实施社会服务管理的基础单位。二是建立信息系统，强化服务手段。网格管理信息系统由外网和内部专线两部分组成，包括基础数据、服务办事、指挥中心、数字地图、统计分析、绩效考核、民情日记等内容。

白塔区通过社区治理与服务创新，实现了社区服务路径的转变、政府-社区关系的再造，以及传统的管理型政府向服务型政府的转变。政府职能部门不再向社区“派单”，而是以居民需求为导向，直接面向社区居民“接单”，社区服务效能明显提升。

武汉市江岸区推进社区“红色物业”工作方法

为贯彻武汉市委“红色引擎工程”总体部署，江岸区委把“红色物业”作为主攻方向，切实把党建工作与社区物业有机融合，把群众呼声与党的工作着力点有机融合，率先探索、整区推进，着力把社区物业打造成党的工作队。

按照整区推进、分类施策的工作思路，着力让全区 942 个小区全部覆盖“红色物业”服务，将社区物业牢牢掌握在党组织手中。

第一，以“两个覆盖”改造现有物业企业。采取单独建、联合建和选派党建指导组等形式，实现 187 家物业企业、382 个物业服务项目党的组织全覆盖。制定物业企业党建规范化指导书，按照“有场所、有设施、有标志、有党旗、有书刊、有制度”的“六有”标准，统一物业企业“红色阵地”建设，指导物业企业落实党的制度，开展党的活动，实现党的工作全覆盖。

第二，以“两类企业”植入老旧小区物业。将优质市场化物业企业和公益性物业企业植入老旧小区，按照“市场优先、公益托底”原则，引进 39 家优质市场化物业企业优先承接 453 个老旧小区的服务管理，依托公益性物业企业武汉众治公司全面托管剩余 107 个老旧小区。将老旧小区划分为三类，明确物业服务“八保”项目，分类制定补贴和奖励标准，区财政连续三年每年列支 2000 万元购买服务，引导老旧小区物业逐步走向市场。

第三，以“两个规范”强化对物业企业的领导。规范物业企业党组织班子配备模型，突出选优配强党组织书记，优化物业企业党组织班子结构。规范“双向进入、交叉任职”，吸纳物业企业党组织书记作为街道、社区治理领导小组成员和社区“大党委”成员，物业企业负责人与社区“两委”交叉任职，强化党对物业企业的领导。

第六章　社区资源开发利用

第一节　概述

社区资源是指社区能够支配、动员、共享，且有利于促进社区治理与社区建设的各类人力、物力、财力等要素，大致可分为人力资源、设施资源、组织资源、资金资源、文化资源、信息资源几类。

一、人力资源

社区人力资源是指社区内具有一定知识、技能、经验、体力、影响力，能够为社区所用，为社区创造经济社会文化价值的居民，包括具有一定技术特长的各类专业精英、文体达人、公益慈善志愿者等一切能够推动社区发展的居民。主要包含四类：

一是社区能人。如社区居民中的下沉党员、政府官员、人大代表、政协委员、专家学者、能工巧匠、律师、教师、医生、记者等具有一定社会地位和影响力的居民。社区能人具备独特专长、拥有一定人脉，是社区交流合作的重点对象。

二是社区志愿者。主要指居民中的志愿活动积极分子和志愿者队伍。志愿者拥有足够的热情和强烈的集体意识积极投入社区建设，在组织社区服务、解决社区问题等方面发挥重要作用，能够带动和感染更多社区居民加入社区服务的队伍中，是社区建设的一支"生力军"。

三是社区才艺达人。此类人群广泛存在于居民自发结成的兴趣社团和联谊队伍，如文艺社团、文化社团、体育社团、兴趣小组中。由于成员具有相似的文化程度、兴趣爱好等特征，彼此更具有凝聚力和亲和力，能够增强居民对社区的认同感和归属感。

四是社区公众名人。泛指在社区居民中具有一定威望的成员，如先进个人、劳动模范、战斗英雄、宗亲会长等。公众名人在凝聚邻里、动员居民方面发挥着重要作用。社区应广泛发掘公众名人资源，以其为纽带，不断吸纳广大居民投身社区事务，增强社区的凝聚力和向心力。

需要注意的是，人力资源不仅要发扬个体力量，更应当充分凝聚集体合力。例如，社区能人争当社区活动的骨干成员，积极贡献自身才干；志愿者帮扶社区弱势群体，带动更多居民关心并参与社区事务；才艺达人发挥自身特长，助力社区建设，营造活泼与和谐的氛围。以个体带动集体、以集体服务个体，社区才能更好实现“人人享有、人人尽责”的治理目标。

二、设施资源

社区设施资源是指社区范围内自然形成或为某种需要而建立的，具有利用价值，且能为社区利用的资源。社区设施资源一般包括基础设施资源、自然资源、名胜古迹资源三个方面。

一是基础设施资源。社区基础设施资源是指为社区社会生产和居民生活提供公共服务的物质工程设施，是用于保证国家或地区社会经济活动正常进行的公共服务系统，是社区应当、且能够充分利用的最重要的设施资源。基础设施包括交通、邮电、供水供电、商业服务、科研与技术服务、园林绿化、环境保护、文化教育、卫生事业等市政公用工程设施和公共生活服务设施等，它们同时是国民经济各项事业发展的基础。

能为社区治理和发展所利用的基础设施主要包括：商业与物流设施、医疗卫生设施、体育与娱乐设施、公共交通与通信设施、科教设施、社会服务设施、文化设施等七大类型。设施资源不仅为居民的社区内部生活提供人际交往、舒缓放松、健康生活的空间，而且在家庭之外、社会之中，发挥着维持居民间社会联系的功能。

上述七大类型的设施资源在我们日常生活中随处可见。例如，商业与物流设施包括商场、超市、菜场、物流驿站等；医疗卫生设施包括医疗防疫、医疗检测、医疗诊疗、药店等；体育与娱乐设施包括球场（馆）、健身房、游泳池、广场、棋牌室、歌舞厅、书画室、艺术中心等；

公共交通与通信设施包括公交站点、地铁站点、机场、码头、火车站、互联网网络等；教育设施包括幼儿园、大中小学、培训机构、实习基地、科技馆等；社会服务设施包括养老设施、三留守设施、婚丧设施、社区综合服务设施等；文化设施包括博物馆、历史馆、陈列馆、影剧院、游戏室等。

二是自然资源。社区自然资源是指社区内天然存在的并有利用价值的自然物质，包括森林、山川、丘陵、植被、湖泊、江河、湿地等，可以为社区居民提供赏玩和休憩的天然场地及场景。

三是名胜古迹资源。社区名胜古迹资源是社区内风景优美和有古代遗迹的著名地点。

三、组织资源

社区组织资源是指能够参与和推动社区治理的各类组织和机构，它们都有自身的体制资源、行业优势、管理优势、政策优势等。主要包括党政机关、企事业单位、社会组织、市场主体等。

一是党政机关。主要包括驻社区机关、社区对口联系机关和可为社区提供资源的机关。社区可利用的资源主要包括政治资源、政策资源、人力资源、资金资源、物质资源、场地资源等。

二是企事业单位。主要包括驻社区的企事业单位和可为社区提供资源的企事业单位。企事业单位的资源也很丰富，社区可利用的资源主要包括专业资源、人力资源、资金资源、物质资源、场地资源等。

三是社会组织。主要包括社区内的业主委员会、公益性服务组织和可为社区提供资源的专业性社会组织。社会组织的资源一般具有公益性、独特性、地域性和专业性，社区可利用的资源主要包括公益资源、专业资源等。

四是市场主体。主要是指可为社区居民提供便民利民类生活服务的社会营利组织。随着商品房的不断发展，物业管理在社区治理中扮演着越来越重要的角色，在社区中最有代表性的市场主体就是物业公司。

四、资金资源

社区资金资源是指可用于开展社区服务或活动的经费，包括政府拨付工作经费、政府购买服务经费、辖区内企事业单位赞助经费、社会捐赠、居民自发募捐、公益集市筹集、幸福家园配捐等。

资金资源既可以表示社区公共体系所拥有的、能够自主开发使用、能够自主支配的实际资金资源，也可以表示社区居民个体所拥有的、有意愿贡献于社区发展的潜在资金资源，如通过社区活动收集到的居民集资。在必要情况下，社区可通过合法、规范、合理的方式将潜在的资金资源转化为可使用的资金。

五、文化资源

社区文化资源是指社区所拥有的历史、地理、风土人情、传统习俗、生活方式、宗教信仰、思维方式、价值观念、审美情趣、精神图腾以及文学艺术、规范、制度等。社区在传承、发展中华优秀文化，特别是发展以社会主义核心价值观为主线的新时代社会主义文化的同时，要根据自身特点和优势，形成有鲜明特色、能够被居民广泛接受和认同的地域特色文化。

当前，许多社区着力将传统习俗融入社区居民喜闻乐见的文娱活动，如在春节、端午、中秋、重阳等传统节日，组织“爱老助残·扶幼扶弱”“爱在重阳·情暖社区”“九九重阳节·浓浓敬老情”“阖家团圆·共赏明月”等志愿文艺表演，大力弘扬孝亲敬亲、邻里关爱等价值观念，发动居民广泛开展家风文化建设、志愿服务、拥军优属、社区环境保护等活动，使社区焕发出新时代强大正能量。

六、信息资源

社区作为国家治理体系的最末端，最深入基层，最贴近群众，最具有信息收集与信息应用的优势。社区信息包括居民日常信息、弱势群体或特殊群体信息、社区工作者队伍建设信息等一系列基础数据。

伴随互联网、物联网、现代信息技术快速发展，社区治理将呈现出更加一体化和智能化的发展趋势。社区对基础数据与信息的开发和融合便成为推动区域数据驱动和创新共享的纽带，通过充分收集辖区信息，合理运用技术手段，在社区范围内为居民、居委会、物业服务企业、企事业单位等多方组织和机构搭建互动网络平台，实现数据共享、信息资源共享。例如搭建起网格管理服务平台、社区门禁设备系统平台、非本社区人员来访的信息内容核查、车辆门禁管理系统、视频联网、云服务平台等，为居民提供多样化和丰富的应用体验，同时推动社区治理和为民服务的智能化、效率化。

第二节　社区资源开发

社区资源开发是针对能够掌握、支配与动员的资源，进行搜索、发现、挖掘的过程。此过程中，社区需要遵循把握需求、整体推进、自愿参与、真诚沟通、立足长远等原则，掌握资源搜索、鱼骨分析、卡归打签、招揽沟通、案例复盘等不同方法。

一、社区资源开发的原则

社区资源开发的过程中，把握需求是前提基础，整体推进是实践重点，自愿参与是基本条件，真诚沟通是提升渠道，立足长远是坚实保障。以五项要点为抓手，坚持精准开发、全局开发、有序开发、务实开发、持续开发，是社区资源开发需遵循的五大原则。

一是把握需求、精准开发。立足社区需求，资源开发应以居民需求为出发点。立足资源方需求，使资源提供方在社区开发过程中同时受益。在此基础上，明确资源开发的重点目标与范围，科学制定行动方案。

二是着眼整体、全局开发。明确资源开发范围，凡是呼应居民需求、能为社区居民提供生活服务的资源，均可视为开发对象。注重资源开发整体性效率，把握社区资源的多样性，人尽其能，物尽其用。

三是自愿参与、有序开发。遵循自愿原则，多一分共情，少一分索取，规避行政化、摊派式的资源开发方法。应重视与资源方建立信任关系，通过沟通引导其自发将资源投向社区建设，实现良性互动。

四是真诚沟通、务实开发。遵循“不求所属，但求所在；不求所有，但求所用；不求所得，但求所享”的观念，对待开发工作要有诚心、有信心、有耐心、莫贪心。要立足实际，以谦和低调的姿态，发掘有益资源；秉持化零为整的心态，“吃百家饭”“穿百家衣”，进一步推动资源共享，公益循环。

五是立足长远、持续开发。汲取有益经验，在资源开发中不断优化方法。树立前瞻性思维，重点关注所开发资源的可增值性，抓牢社区辖区范围内的优质资源，维系社区资源关系网络，保障社区资源开发的延续性。

二、社区资源开发的方法

高效方法是资源开发的“金钥匙”。在社区资源开发全周期过程中，可运用资源搜索、鱼骨分析、“卡归打签”、招揽沟通、案例复盘“五大法宝”，为资源开发增动力，为社区治理添活力。

（一）资源搜索法：摸清家底

资源开发的前提是资源搜索。资源搜索法强调以“人”为中心，构建一支辅助资源搜索的志愿者队伍，进而制定多种资源清单，归档建立社区资源“数据库”。资源搜索法的操作步骤如下：

一是入户走访：利用卡片调查法，找到有意愿参与志愿服务活动的社区居民，三张卡片的调查问题包括三方面，即居民参与志愿服务活动的意愿、可参与的时间及其顾虑（参见表 6-1）。

表 6-1　卡片调查法

姓名	您愿意参加哪些志愿服务？	您愿意在什么时间段参与志愿活动？	在活动中您可能会有哪些担心？

二是组建队伍：梳理汇总卡片信息，锁定有意愿、有时间、有想法的目标群体，联系组建一支由志愿者构成的资源开发行动团队，继而开展团队活动。

三是团队会谈：采用开放空间会议模式，分组围成圆桌，遵循“围绕主题，不要跑题；没有对错，只有不同；不要争论，不要批评；学会倾听，学会分享”的会议原则，依次发言。每桌设置桌长、观察员、计时员各 1 名。桌长负责宣布讨论规则、解释谈话棒规则（以谈话棒模拟话筒，只有拿到谈话棒的人才可以发言，其他人保持倾听）、宣布议题、分配时间；计时员负责记录时间；记录员负责记录关键词，先听再记，分析整理要点。通过头脑风暴，集众人之智，形成对社区资源情况的总体认知。

四是清单制作：（1）社区人力资源清单。将会谈中对于社区人力资源的讨论进行分类整合，构建人力资源清单，以心智图形式呈现，具体标注出人名及其特点，以便在关键时刻可以召集群贤，助人自助（如图 6-1）。

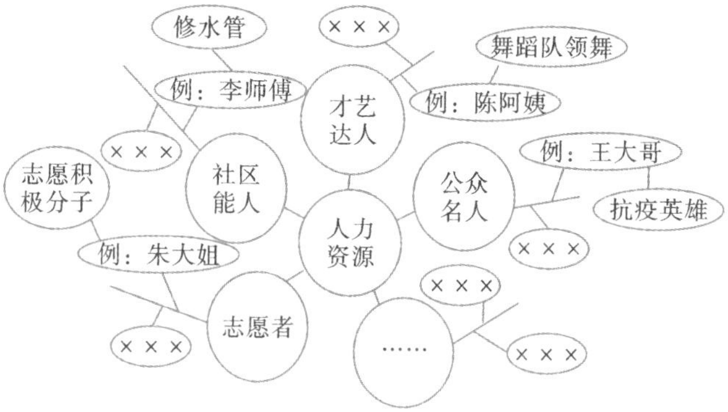

图 6-1　驻社区人力资源心智图

（2）社区物力资源清单。将会谈中关于社区物力资源的讨论进行细分梳理，制作社区设施资源清单表，以表格形式呈现，在后期搜索过程中进一步补充完善相应信息，掌握资源分布现状、使用频率等（见表 6-2）。

表 6-2　社区物力资源细分表

分布	物力资源						
	办公场所	市民广场	图书室	健身房	电脑	应急物资	……
门栋 1							
门栋 2							
门栋 3							
……							
利用情况							
打分							
排序							

（3）社区组织资源清单。将会谈中关于社区单位资源的讨论进行分类整合，构建组织资源清单，以心智图形式呈现（见图 6-2）。

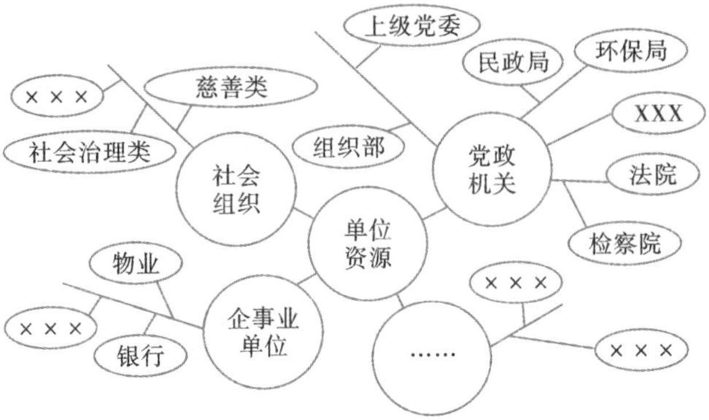

图 6-2　社区单位资源心智图

后期补充搜索阶段可按图索骥，走访相关单位，做好信息搜索完善工作，填写资源开发调查表，形成对单位资源及其服务需求的清晰把握，找到资源和服务的对接点，为下一步链接利用资源提供依据（见表 6-3）。

表 6-3　社区资源开发调查表

单位名称	负责人	联系电话	经营范围	可供资源	服务需求	备注

一般而言，清单制作应首要把握社区基础人力资源、物力资源及单位资源情况，并采用图表形式构建。其他类别的社区资源清单，可因地制宜，参照以上三类基础性清单，自主创新构建。

五是补充搜索：既可通过一对一的方式，采取入户采访、实地考察等形式，“上门”找资源；也可采取一对多的方式，采取邀请洽谈、开展座谈等形式，把资源“请进来”。通过补充搜索，可进一步了解资源方情况，及时完善更新社区资源“数据库”。

（二）鱼骨分析法：判断局势

社区资源“数据库”建立后，社区资源利用的整体情况将一目了然。

其中，可能存在资源利用不均衡、居民难以积极参与等问题。为明确社区资源开发的形势、重难点与未来走向，可采用鱼骨分析的方法（见图 6-3）对现存问题、原因及对策深入剖析，为资源开发提供战略方向性指导。鱼骨分析法的操作步骤如下：

一是提出问题：采用以“为什么”开头的提问方式，把问题写在鱼骨头部。

二是归因讨论：通过头脑风暴、多人讨论导致问题出现的原因，找出所有可能原因，在原因的基础上再提问题，尽可能多找出问题。

三是结果分类：将问题、原因分类分组，在鱼骨图上标出。

四是意见综合：征集众人意见，总结原因。

五是对策总结：针对原因至少再问五次“为什么”，众人集思广益，当难以再深入追因时，将原因列出，进而列出多项解决办法。

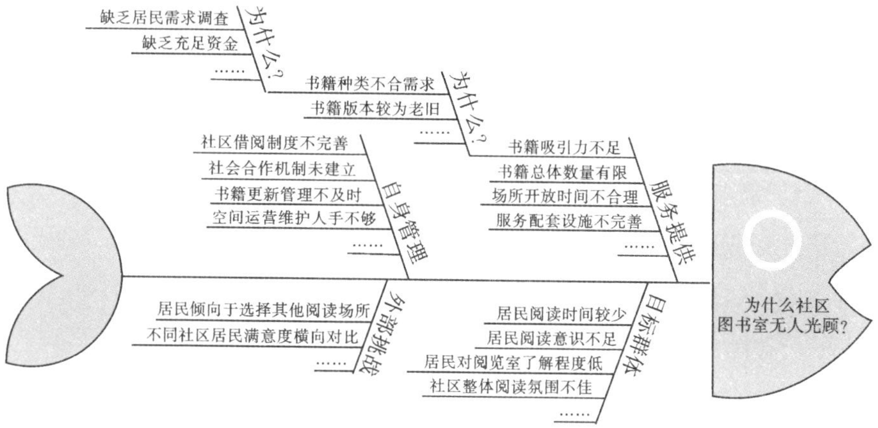

图 6-3　为什么社区图书室无人光顾？——鱼骨分析法示例

运用鱼骨分析法后，可对分析结果进行梳理整合，填写资源开发形势表，主要内容包括社区当前各类资源的分布与开发情况、优势与劣势、存在的重难点问题、原因及解决办法，存档作为社区资源开发的参考资料（见图 6-4）。

表 6-4　资源开发形势表

资源分布与开发情况	优势与劣势	重难点问题	原因	解决办法

（三）卡归打签法：按需规划

通过“卡归打签”方法，了解当前亟须满足的社区资源需求，制定资源开发规划。“卡归打签”方法的具体操作步骤如下：

一是需求征集：召集特定对象群体，引导其把需求写在卡片上。

二是需求归类：以 3 人为一组，相同需求卡片纵向贴，不同需求卡片横向贴。

三是需求排序：依据可行性、经济性、效益性三个方面，运用“531 打分法”，将 5、3、1 三种分值按照个人排序，为归类的需求分别打分，获得最高分的将成为最先被满足的需求。

四是签字确认：与会者签字确认，确定讨论结果。

确定资源开发需求后，可进一步结合头脑风暴法，撰写资源开发规划。参照社区工作规划的模式，从“明确活动目标—衡量对象需求—明确活动形式—评估自身资源—制定开发规划—思考预期困难”六个方面着手，将资源开发活动的执行内容详细列出，包括开发活动的目标、形式、对象、时间、地点、工作人员、程序安排等，形成资源开发规划书。

（四）招揽沟通法：开发合作

规划形成后，在实践行动环节了解资源方的合作意愿与需求，通过招揽沟通的方法构建工作关系，即运用技巧和情感与资源方进行沟通，促使“招揽”资源方主动投入社区工作。招揽沟通法的具体操作步骤如下：

一是适时开场：避免开发工作对资源方的正常生活工作秩序造成影响，应在有效时间段内开展行动。

二是自我介绍：在接触中应设法引发谈话兴趣，建立信任关系。可准备开场白，通过寒暄介绍来意，点出话题。

三是展开话题：了解资源提供方的参与意向，在其认同或不拒绝的情况下，进一步了解资源方的需求，强调以资源换资源、以服务换资源，社区与资源提供方共同发展进步。在这一过程中，关注过程中资源方的疑虑与真实感受。如遭遇拒绝，应当了解原因并在后期记录。

四是结束对话：需把握初次接触时间，适时结束对话。若结束对话时双方已达成合作共识，可在社区资源开发调查表（见表 5-3）上进行备注，明确彼此期望，强调保持联络，后期确定具体资源开发利用规划与措施。若未能达成合作共识，应记录原因与联系方式，如有必要后期再次联络。

五是及时记录：离开资源方后记下资源方的相关资料、有用信息、对谈基本情况，及时总结目标完成情况和工作中的不足之处，并在后期进行改进。

（五）案例复盘法：总结经验

在资源开发过程结束后，应及时进行复盘总结。既要吸收案例中的成功经验与技术方法，也要吸取案例中的经验与教训，为后期资源开发工作的改进提供借鉴（见表 6-5）。

表 6-5　资源开发活动复盘表

<table>
<tr><td colspan="4">目　标　与　要　点</td></tr>
<tr><td>目标：为什么要开发？</td><td colspan="3">开发要点</td></tr>
<tr><td rowspan="2"></td><td>前期：
准备什么？</td><td>中期：
过程如何？</td><td>后期：
结果如何？</td></tr>
<tr><td></td><td></td><td></td></tr>
<tr><td colspan="4">经验与启示</td></tr>
<tr><td>经验：开发活动中，你学到了什么？</td><td colspan="3">启示：下一次开发，哪些可以借鉴？</td></tr>
<tr><td></td><td colspan="3"></td></tr>
<tr><td colspan="4">困惑与改进</td></tr>
<tr><td>困惑：开发活动中，遇到了什么障碍？</td><td colspan="3">改进：下一次开发，如何改进工作？</td></tr>
<tr><td></td><td colspan="3"></td></tr>
</table>

总而言之，在开发社区资源的“矿井”中，要面向资源方积极沟通，形成共识，建立关系，合理开拓。对于社区工作者而言，增强社区资源开发能力，有助于推动社区已有资源发挥新用途、潜在资源转变为活态资源，能够为社区资源的进一步调配与利用夯实基础。

第三节　社区资源利用

资源利用是社区治理的重要内容。社区应以维护多方利益、利用闲置资源、寻找关联资源、共用辖区资源为导向，采取“链接—众筹—共享”的渐进过程，创新资源链接和开发的新形式和新平台。

一、社区资源利用的原则

一是公益导向，维护多方利益。资源利用要以自愿提供、互助互惠、维护公益、实现共赢为基本导向。既要让资源方自愿提供、自愿奉献、自愿共享，并使资源方从中受益；也要让公益行为的服务群体受益，为其提供所需的物品及服务。从而实现社区、居民、社会组织、机关企事业单位等多元主体的共同利益及各自利益。

二是变闲为宝，利用闲置资源。通过日常聊天、上门询问、开放空间会议等形式，及时挖掘不同组织、群体所拥有的闲置资源。其后，引导合适的闲置资源用于公益事业。其中，闲置资源提供主体包括个人、社会组织、机关企事业单位等。闲置资源既包括闲置书籍、闲置家具、闲置玩具等有形物品，也包括时间、精力和技能等无形物品。

三是关联着手，寻找关联资源。列出不同组织、群体的需求清单、问题清单与风险清单，发现并尽可能维护彼此间的共同利益。其后，以社区协商、建立矛盾调解志愿队、引进专业社会组织等方式平衡不同组织、群体之间的利益分歧，从而逐步形成“1＋1＞2”的意识共同体、情感共同体和行动共同体。

四是多元协同，共用辖区资源。建立协商决策机制，共商共议资源是什么、谁来用、怎么用等问题。建立责任契约、积分兑换、自管共管等机制，推动资源在社区中的实际运用。建立监督机制，及时跟进了解资源利用情况并予以反馈。

二、社区资源利用的方法

链接、众筹和共享，是社区资源利用的三种重要方法。“链接—众筹—共享”实质上是资源利用的渐进过程，体现着资源利用充分程度的不断提升。

（一）资源链接

资源链接是资源利用的方法之一，也是资源利用过程的起点，是对部分资源的激活与使用。具体步骤如下：

1. 主动走访，增强交流互动

（1）锁定目标群体。在日常工作中，锁定社区居民、辖区机关企事业单位、社会组织等可以进行资源链接的目标群体。如社区开展人口普查时，发现某住户中有大学生，便可动员其作为社区青少年假期辅导班的志愿者后备队伍。

（2）建立志愿队伍。建立专门负责资源链接的志愿者队伍，与不同群体或个体进行互动。初次走访时，可先收集姓名、电话、可提供资源和服务需求等信息，建立联系，为后期资源链接奠定基础。

（3）建立情感联系。以座谈会、定期走访、上门谈心等方式，拉近社区与目标群体之间的距离。交流过程中，以列举过往合作单位、展示合作流程、巧妙利用熟人关系等方式，增强目标群体对社区的信任感与归属感。此外，可及时分享社区近期服务及其成效、下一步活动计划，增强双向互动。

2. 择优而选，推进长期合作

面对居民、企事业单位、社会组织等向社区寻求帮助，或试图与社区进行合作，社区需要做到以下三点：

（1）辨认参与动机。深入了解、仔细辨别、细致分析合作对象的性质、合作动机、参与目的和合理性，对合理性予以考量，决定是否合作。

（2）把握合作程度。要根据社区实际情况、居民实际需求和风险评估内容等，把握好合作程度。如宣传推广，需了解其单位性质、产品性质与功能等。同时，在合作过程中，应适当增加资源提供方的收益。

（3）进行长期互动。根据合作及居民反馈情况，思考与其进行有效合作、长期合作的必要性与可能性。若该主体符合可持续合作的条件，则通过上门拜访、寄送感谢信、定期发布感谢名单等具有仪式感的方式，与其保持良好互动关系。

3. 服务导向，维系信任关系

（1）向多方主体展示社区资源清单，表明具有为其提供资源与服务对接的能力；向多方主体表达对其积极参与社区建设的期盼。

（2）通过邀请资源主体参与活动、签订共建协议、公开感谢等方式，增强资源方的参与仪式感、体验感与成就感，使其更加体会到该资源对于自身、他人及社区的重要性，从而促使资源主体积极参与社区共建共治。

（二）资源众筹

资源众筹，即多个资源被共同放至社区资源库中，可供社区随时调动使用。它是资源利用的方法之一，是资源链接的下一发展阶段。具体步骤如下：

1. 搭建众筹平台

（1）搭建平台。以党建联席会、座谈会、协商会议等原有平台为基础，搭建众筹平台，广泛收集辖区资源信息，定期更新资源清单，为资源供需主体提供线上线下的实时沟通渠道。

（2）强化队伍。通过卡归打签法、用脚蹬票等方法确定具有共同利益的行动团队，开展培训交流活动，引入专业人才，增加资源管理和运营团队的专业性，使其能够熟练运用开放空间会议、茶馆会谈等专业技术进行众筹。

（3）规范行动。建立众筹机制，制定众筹方案，确定具体时间、地点和过程等，推选管理与监督人员，划分人员分工及其职责，如登记、财务管理、制作海报等，最后由社区居民代表审议通过众筹方案。社区制定众筹行动公约，共同约定在众筹过程中的“能做”与“不能做”。同时，建立完善监督机制，及时于线上线下平台更新众筹行动具体情况（见图 6-6）。

表 6-6　众筹行动公约

我能做什么？	我不能做什么？

2. 丰富形式，灵活开展活动

（1）开展形式多样的众筹活动。通过常态设置捐赠箱、在活动中设计众筹环节、开展爱心义卖等方式，接受各方主体的资源捐赠，加大资源众筹力度。众筹活动开展前，可以运用上门邀请、寄送邀请函和

“1＋N”（即1名参与人员带动N名人员参与）等方式；众筹活动开展期间，可以运用颁发奖项、公开感谢、集体签名等方式；众筹活动结束后，可以运用书写感谢信、撰写简报、公告栏展示等方式。

（2）独立开展或联合开展活动。既可以独立开展活动，即自身能力够、资源足、条件佳的社区可以单独开展众筹活动，充分发挥自身特色、优势与资源；也可以合作开展活动，即跨组织、跨社区、跨地域建立联盟关系，取长补短、优势互补，合作开展众筹活动。整个合作过程，既要及时讨论、定期交流，也要分工明确、权责清晰，还要彼此借鉴经验、相互探讨问题。

3. 宣传推广，提升纪念价值

（1）预推广。众筹活动开展前期，社区应通过设计并张贴海报、拍摄抖音短视频、发布推文等方式进行宣传，持续更新相关动态。整个活动过程，既要注意及时公布时间、地点、活动内容等重要信息，也要在宣传过程中做到态度亲切、语气诚恳、形式创新。

（2）讲故事。众筹活动过程中，社区应挖掘涌现出来的典型人物及其故事，总结提炼典型经验，并以多种形式宣传，让公益众筹的理念逐渐深入人心，吸纳更多主体参与。

（3）齐分享。活动过程中，社区可以设置分享环节，让参与者分享其参与众筹的感想体会，增强其体验感，在参与者之间建立情感联系。活动结束后，社区可以利用多种形式展示参与者的所见所闻所感，赋予众筹项目更多精神价值与文化内涵。

（三）资源共享

资源共享，是对已有资源的整合和利用，从而让多元主体共同使用并享受资源。具体步骤如下：

1. 资源兑换，推动持续发展

（1）建立兑换清单及依据。首先，社区根据合法、合道德和不得兑换现金三项原则，通过运用卡归法等方法，建立资源兑换清单，兑换项目多样化，如兑换实物，具体到品牌、规格、计量等。在此基础上，社区根据项目特点，通过“531打分”等方法制定资源兑换依据，如耗费时间、劳动强度、技能要求等，并签名确认，从而以服务换服务、以资源换资源、以服务换资源、以资源换服务，实现资源和服务间“内循环”，推动项目及团队的可持续运转。

（2）召开资源兑换分享会。社区通过开展覆盖群体广泛、活动形式丰富、分享内容真实的资源兑换分享会，唤醒参与者的同理心，让资源兑换富有仪式感，增强参与者的体验感与积极性。

2. 资源中转，提高资源利用率

（1）设置闲置物品“中转站”。社区结合主题文化，绘制辖区闲置物品地图，将各主体的各类闲置物品、闲置技能、闲置时间等资源汇总，线上线下渠道明示，并及时更新。采取或借、或租、或赠等形式，以供有需求的主体使用。

（2）建立闲置资源管理体系。社区制定借用与置换规则，及时记录出借情况，通过闲置资源的二次利用、共享使用，节省人力、物力和财力，并在精神层面上提升参与主体的愉悦感、幸福感、满足感。

三、社区资源利用的主要表现形式

社区基金与“幸福家园”村社互助项目既是汇聚多方资源为相关群体提供帮助，旨在增强社区治理能力、推动社区和谐发展的服务方式；也是资源链接、众筹、共享的集中表现形式，在资源利用与社区治理领域中日益受到重视。

（一）社区基金

社区基金是由多元主体向社区捐赠资源，社区基金管理委员会管理资源，最终将资源运用于社区治理与发展的服务方式。

1. 社区基金的重要功能

（1）“聚宝盆”。社区基金是社区资源的挖掘者、动员者、吸纳者，通过社区自筹、企事业单位捐赠、自我造血等方式，可以有效将多样化资源汇聚于其中。

（2）“供给商”。社区基金在链接、聚集与整合各类资源后，对资源进行管理与运营，根据特定群体相关需求推动资源再分配，设计多元化、个性化、精细化的社区服务项目，从而更灵活高效解决社区问题，促进社区发展。

（3）“连心桥”。社区基金的建立与运作，需要广泛吸纳社区居民、驻区单位、社会组织等多元主体参与，不断增强其公益意识，提高其参与能力，使他们既能够充分利用各类丰富资源，又能够以自助互助方式解决相关诉求。

2. 社区基金的建立与发展

（1）社区基金的建立

一般来说，社区基金主要关注资源的“筹”与“用”。

一是“筹”。各社区基金启动资金不等，相比于资金数额的多少，应更注重资金来源的多样性、捐赠人数量与捐赠人主体类型等因素，通常可借助社区重大活动，联合具有公募资质的平台等方式向辖区单位、社区居民等主体筹集资源。

二是“用”。社区基金一般可以挂靠在慈善组织或社区基金会下，由社区基金管理委员会（见图 6-7）负责运营管理。社区基金管理委员会人数一般在 3—9 人，包括社区两委成员、社会组织代表、居民代表等主体。

表 6-7　武汉市汉阳区七里一村社区基金管理委员会

角色定位	社区基金决策机构
组成人员	由 5—9 名委员组成，设主任与副主任，委员会每届任期 5 年
委员会职权	每年召开至少 2 次会议，具体讨论： 1. 选举、罢免委员会主任、副主任； 2. 决定重大业务活动，包括资金的管理和使用计划； 3. 年度收支预算及决算审定； 4. 制定内部管理制度； 5. 决定基金的终止； 6. 决定其他重大事项。

社区基金一般用于以下三方面：直接帮扶弱势群体，通常是发放慰问金或物资；资助社区自组织，如为社区志愿者队伍提供部分物资等；资助社区微公益项目，如院落环境改造等。另外，社区基金相关情况需通过公告栏、微信群、QQ 群等渠道进行公示。

(2) 社区基金的发展——社区基金会

对于有条件的或运行良好的社区基金，可以进一步发展成为社区基金会。社区基金会是依照法律规定登记成立，负责管理与运营社区资源，为解决社区问题、促进社区发展提供资助的公益性法人。一般来说，一个成熟的社区基金会具备“一体系，两能力，三机制”。

“一体系”即组织体系。其以管理条例和运作规则为遵循，以决策机构、监管机构和执行机构的建立为保障，动员出资方、街道、社区等主体加入基金会，吸纳高校学者、法律界人士、财务人士等具有相关经验及专业能力的优秀人才加入相关机构。社区基金会组织结构（见图 6-4）。

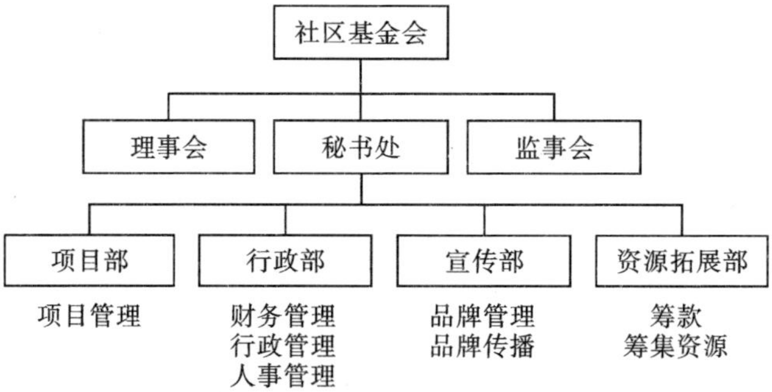

图 6-4 社区基金会组织结构

“两能力”即资源利用能力与治理能力。一是需要强化资源管理与运营能力，精准高效对接群体需求与已有资源，严格规范使用流程；二是需要提升治理能力，既要优化基金会内部的控制机制和管理体系，也要加强基金会的项目设计。

“三机制”即募捐机制、项目运作机制和监管与评估机制。社区基金会需具备公募资格才能进行公开募捐，且需严格规定捐赠主体、募捐对象、募捐流程等内容；制定关于基金会资助、服务、救助等各项工作的项目方案，明确项目目标、步骤、成效及所需资源等；及时公布项目进程、资金使用情况等内容，全程接受国家有关部门、捐赠方和社会公众的监督。

(二) 慈善基金：湖北省“幸福家园”村社互助项目

慈善基金是慈善组织为了帮扶弱势群体、实现组织公益目标、发展公益事业而建立起来的基金。湖北省“幸福家园”村社互助项目是由湖北省慈善总会，湖北省各市、州、县慈善组织及“公益宝”（民政部依法指定的慈善组织互联网公开募捐信息平台）联合发起实施的。它以湖北省 27940 个行政村和社区为基础，设立“湖北省慈善总会幸福家园互助基金”，通过展示村社风貌，吸引多元主体参与村社共建。

1. 项目运行机制

“幸福家园”项目由省、市（州）、县慈善组织按照分工共同管理。湖北省慈善总会统筹指导，市（州）、县慈善组织负责宣传推广、审核与监督。社区在慈善组织的指导下参与项目（参见表 6-8）。

表 6-8　项目参与主体及其职责分工

项目参与主体	具体任务
湖北省慈善总会	对各慈善组织进行培训和项目指导；项目规则制定；项目捐赠资金的接收，并依据各县市慈善组织的申请进行资金转赠；项目平台研发运营维护。
市（州）、县慈善组织	项目宣传推广；辖区内村社基金认领的审核；对村社提出的用款申请进行统计、核实和拨付；监督村社规范使用善款等。
社区	认领互助基金、发起项目众筹、进行筹款动员、使用资金实施项目等。

社区若想参与“幸福家园”项目，并利用该项目筹集资源助力社区发展，需经历前期准备阶段、中期筹集阶段、后期实施阶段（参见图 6-5）。

一是前期准备阶段。社区需登录“公益宝”或项目运行公众号，加入认领社区，根据社区实际情况填写项目资料并提交申请。

二是中期筹资阶段。在项目申请得到审批并发布后，社区可以向政府、企业、社区能人等主体争取资金支持。多元主体可以自行选择项目进行捐助。

三是后期实施阶段。项目所募资金先统一进入湖北省慈善总会账户，再按“总会—市、州慈善组织—县市慈善组织—相关社区”流程拨付至社区。资金下拨后，社区便可利用所募资金实施项目，并在慈善组织监督下规范使用资金。

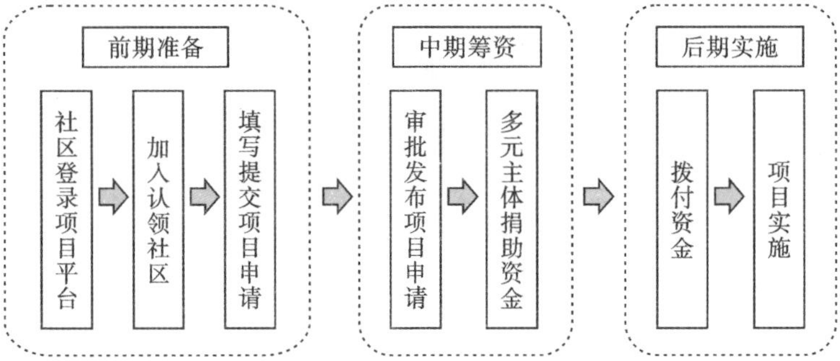

图 6-5　项目实施具体流程

2. 项目特色与优势

一是有力统筹，项目影响大。“幸福家园”是由中华慈善总会报民政部备案，联合全国各省市慈善总会，在全国推广开展的项目。湖北“幸福家园”由省、市、县慈善组织按照分工共同管理，项目开展具有充分的合法性、有序性、有效性。

二是多元参与，项目活力强。多元主体参与项目，为项目注入强劲活力。慈善组织进行统筹，“公益宝”募捐信息平台进行技术支持，各行政机关、企事业单位等主体进行捐助，社区利用平台募集资金，从而推动项目实施。

三是精准对接，项目效果优。该项目致力于推动村社治理与发展。通过项目平台，企业、行政机关、社区居民等多元主体可以自主灵活选择社区项目进行捐助，慈善资源与项目帮扶对象之间实现精准对接，更大程度地撬动了社会力量，推动项目实施，提高社区治理能力与水平。

阅读材料

湖北省十堰市汉江路街道阳光社区：盘活所在地资源工作法

十堰市张湾区阳光社区建于 2015 年 11 月，是一个新型商住一体的大型社区，管辖 3 个大型小区、2 个商圈、12 家行政事业单位和 3 家非公企业，现有社区居民 4 万多人。近年来，该社区加强社区资源开发，创新社区社会治理，获得市级最美社区、市级文明社区等多项荣誉称号。

一、盘活社区资源工作法形成的背景

阳光社区建立之后，居民多次因供暖问题和物业公司产生矛盾，多次到市信访局群访，造成恶劣的社会影响。同时，新建商铺因为生意不好打横幅维权要求降租，中东国际小区因开发商破产无法办理房产证，熊家湾居民组居民因政府拆迁长达 12 年未办理产权证……面对这些问题，阳光社区逐渐探索出盘活社区资源工作法，对社区的社区资源分别收集整理形成了“三大清单”——党员群众结构和需求清单、在地单位资源清单和商铺类别清单，通过居民、辖区单位、商铺、社会组织的良性互动，解决了诸多社区治理的疑难问题。

二、盘活社区资源工作法的主要内容

（一）摸清社区资源

首先是绘制“党情群情”图，摸清社区的优势资源、居民的结构层次和服务需求等信息。社区工作人员先后历时六个月走访了小区居民、党员和企事业单位，了解到不同群体的服务需求，如一些家庭希望社区能提供代办服务、多开展关于孩子的社会实践活动。同时收集到一些问题，如居民对小区停车收费意见比较大、业委会履职不力等。据此，该社区绘制出了每栋楼的“党情群情”图，列出了居民需求清单、小区问题清单和社区资源清单。

（二）实现社区互动

社区根据收集到的居民特长信息和需求清单，通过举办活动，将社区优势资源和居民服务需求进行对接，让居民中的“达人”充分发挥其特长，并鼓励“达人”们牵头组建社团。如“舞蹈达人”张秀梅牵头组建了社区美之春舞蹈社团，请市舞协的老师每周免费给小区居民上课；爱好书法的齐老师组建了社区书法协会，吸引市慈善总工会的书法馆直接落户社区；“公益达人”陈守刚成立了阳光社区人人志愿者服务队，其品牌项目“小报童义卖”深受居民欢迎。小区里的“隐形党员”也亮出了身份，701 户党员家庭成为矛盾调解员，小区里哪栋楼有矛盾，调解员便主动上门调解。

（三）组织居民议事

根据收集到的矛盾隐患问题清单，社区发现小区物业服务问题居多。为此，社区借助“党情民情”图发现的社区“热心人”和党员，在党支部的引领下搭建了议事平台，定期开展业委会、物业、社区、民主协商理事会共同组成的四方联席会，并在小区和社区安放意见箱，将收集到的意见分为“大事”“小事”和“私事”。“大事”由社区上报政府有关部门协调解决，“小事”以党支部为主导，居委会、业委会、物业公司等相关利益方通过共同协商解决，“私事”由居民群众自主协商解决。基于此，社区先后共同商讨解决了小区业委会履职问题和“三无小区”熊家湾居民组环境治理问题。

（四）创新服务载体

社区根据收集到的“服务需求清单”，和十堰广电探索“互联网＋服务”的模式，整合社区党建资源、商业资源、社会资源，搭建了智慧社区 App 服务平台，分为“社区 E 通”“政务服务”“党员服务”“便民服务”和“我的社区”五大板块，为居民提供了便捷精细服务。例如，“社区 E 通”让政务服务实现社区事务代办到家，“便民服务”可让农户的生鲜直达消费者，“我的社区”则让社区内的志愿服务、民主自治、社区活动更加便捷和多元化。

三、盘活社区资源工作法取得的成效

阳光社区通过对所在地的“党情民情”的收集和社区资源的链接，根据居民需求提供服务，根据居民特长开展活动，根据社区实际进行资源链接，实现了社区居民由“有事找政府”向“有事找业委会”的转变，社区问题和矛盾也通过众筹的方式得到了有效解决。在这一过程中，社区资源成为社区建设的强大力量，实现了社区事务由“社区做”向“一起做”的改变。

北京市华亭嘉园小区：“1＋5”共治模式 创新社区治理

按照“全国社区治理和服务创新实验区工作实施方案”要求，北京市朝阳区亚运村街道围绕商品房小区管理和服务难题，以华亭嘉园小区为试点，探索“1＋5”共治模式，发挥社区党委统筹作用，依托党建引领、居民议事、物业服务、业委会自治和单位共建，带动社区居委会、业主委员会、物业公司、居民、社会单位五方实现共商共治，推进社区治理。

一、小区概况

华亭嘉园小区成立于2000年，面积26.17万平方米。现有总户数1196户。小区物业公司属于央企，物业服务较专业且有保障，但治理也存在一定难点：一是业主隐私意识较强，不愿透露个人信息，入户工作难度大。二是业主忙于工作，邻里互动性较差，社区归属感不强。三是商住混合，管理难度大。四是人户分离情况严重，业主的社区活动参与度不高。

二、项目实施

针对小区实际情况，亚运村街道探索“1＋5”共治模式，以居民意愿为导向，居民需求为抓手，确立党委领导、多元参与；创新引领、示范带动；自治为本、服务为先；民主协商、完善机制；依法治理、多措并举；分类指导、协调发展的工作方针，通过打好五张牌——即党建引领牌、居民议事牌、物业服务牌、业委会自治牌、单位共建牌，推进社区治理工作。

（一）社区党建为核心，打好引领牌

社区成立由书记牵头的治理领导小组，成员包括工商、城管、派出所、支部书记、业委会及物业等相关人员，社区居委会负责具体工作实施；结合高档商品房小区“门难进、脸难看、事难办”的工作困难，召开专题会议研究，建立小区楼宇党建服务站和非公企业联合党支部，做好企业台账，统筹单位资源，引导非公企业和社区单位参与社区建设和社区治理；加大宣传力度，通过十八大宣讲、北京榜样评比、优秀党员事迹宣传及党员报到等具体活动，号召社区党员亮出身份，突出强化党员先锋模范作用。

（二）鼓励居民参与为基础，打好议事牌

居委会借助文明城区创建、社区安全感调查、经济普查等各项工作，开展入户走访和需求调查，深入了解居民需求、业主意愿和实际问题；结合朝阳区开展的党政群共商共治工作，召集相关业主一同议事协商，建立基层民主协商机制；借助社区书画、合唱、京剧及交谊舞等社团，组织汇报演出和作品展示，吸引居民踊跃参与社区活动和社区治理。

（三）物业公司为主体，打好服务牌

物业依托华润央企公司的资源优势和政府能源改造补贴，完成绿地补种、树木维护、电梯更新、垃圾分类、煤改气等项目改造任务，使居住环境更加宜人；形成稳定的文化氛围，开展春节联欢、元宵灯会、露天电影、重阳郊游等节庆活动。通过活动的开展，拉近物业和居民距离，搭建相互交流平台，增加彼此的信任感和文化认同；实行“管家式”服务，在各座大堂设立一名楼长（管家），除公共服务外还为业主提供“一对多”的家庭式服务，解决业主个性化服务需求。

（四）业委会为基本单元，打好自治牌

社区居委定期同业委会举行会商，研究和探讨小区问题，沟通和交流业主需求，协助其解决居民纠纷和邻里矛盾；以业委会名义开设微信、微博和QQ等账户平台，广泛了解业主意愿，随时关注业主诉求，正确引导业主舆情。

（五）社会单位为依托，打好共建牌

在商住混合的小区开展社区治理，辖区单位的参与是不可缺少的一环。然而如何调动非公企业的积极性，一直是社区治理中的热点和难点。社区党委、居委会、社区服务站上下一心，在街道办事处的支持下，采取以党建促共建、以共建促治理的方式。首先进行企业摸排，了解企业动态、关注企业发展，协助企业解决困难。其次建立非公企业联合党支部，依托联合支部，接受并发展非公企业党员，增强非公企业内党员的归属感；协助企业建立工会、群团等组织，开展爱国主义、诚信廉政和社会主义核心价值观教育，促进企业发展；为企业员工办理外来务工人员暂住证和房屋代缴税；利用楼宇服务站组织非公企业开展体育运动、读书活动、参观学习，丰富企业的文化活动，鼓励和引导企业参与社区共建和社区治理。

三、项目成效

通过明确基层各治理主体的权责关系，推动社区各方承接治理职能，引导利益各方积极参与，推动社区治理目标内生化，实现了多元共治。利用社区独有的人缘、业缘、文化和民俗资源，建立起多元化、可持续的动力机制，增进社区各方交往和情感交流，帮助其在生活方式、价值观念和社会心理等方面融入社区，并逐步形成社区价值的“最大公约数”，不断提升社区治理的共同体意识。

江苏省南京市栖霞区：多元善治 盘优资源

一、社区概况

南京市栖霞区作为“全国第三批社区治理和服务创新实验区”，围绕民生需求导向，以网格化、信息化、社会化“三化融合”为主线，以“放管服”系统化集成式改革为核心，以推行“网格化+”“互联网+”全覆盖、全领域为基础，推动实施“实体”网格与“线上”网络双网治理新举措，形成居民、驻区单位、社会组织多元联动新模式，构建政府调控同社会协调机制互联、政府行政同社会自治功能互补、政府管理同社会调节力量互通的城乡社区治理新格局。

二、项目实施

（一）党建引领，强化核心力

与11所驻区高校党委成立栖霞（仙林）校地党建联盟，实现党建资源联建共享；推行街道“大工委制”和社区“大党委制”，推动街道党工委与驻街单位党组织签订共建协议书；成立栖霞区社会组织党委，统管全区1400多个社会组织党建工作；区级、街道、社会三个层面的党建全部纳入相应网格，全区建立网格党小组五百多个，入网党员超三万人。

（二）“双网”治理，强化融合力

通过“网格互通、网络互联”，实现力量资源大集聚。“双网”治理格局让治理力量更多元、政务服务更精准、民生发展更均衡。

线下推动“社区网格化”，发挥基础集成优势。全区9个街道划分为1062个网格，建立“社区治理一体化”信息指挥平台，实现“一专多能、一岗多责”“下到网格一把抓、回到社区再分家”。

线上构建“掌上云社区”，搭建亲民服务云平台。依托“掌上云社区”微信平台，搭建“掌上云社区”＋政务服务、＋物业、＋社会组织、＋社区警务、＋村居法律顾问等，推动三化融合在“云端”，呼应线下实体网格。目前已有超过17万居民与村居党组织、村居委员会、物业、社会组织、服务管理部门同在一个微信平台实现零距离互动交流。

（三）“三社”联动，强化协同力

围绕居民需求和社区发展，着力构建以社区为平台、社会工作为核心、社会组织为纽带的“三社”协同合作新机制，推动社区和谐建设。

建立健全以社区（村）党组织为领导核心、党群议事会为议事主体、居民委员会为执行主体、居务监督委员会为监督主体的“一核三体”基层治理工作体系，以社区党组织引领红色物业、业委会、志愿者队伍、社会组织“五方共治”等模式，让社区成为承载各项基层治理工作的融合体。

制订出台《栖霞区公益创投项目实施方案》，通过政府购买服务扶持社会组织发展，拓展社区治理和服务。截至目前，全区登记注册社会组织总数达1448家，每万人拥有登记注册数达21.8个，每个社区都有3个以上社会组织，既补充完善了社区服务功能，也有效减轻了社区工作负担。

三、项目绩效

突出了党建引领、资源共建、打造均衡优质社区服务的理念，充分推动了社区治理和服务创新工作“有灵魂、有主线、有办法、有资源、有活力、有成效”，有效推动居民自治，实现社区治理减负增效。

《关于高质量加快推进未来社区试点建设工作的意见》（浙政办发〔2019〕60号）

各市、县（市、区）人民政府，省政府直属各单位：

为高质量加快推进未来社区试点建设工作，打造新时代浙江“两个高水平”建设新名片，经省政府同意，现提出如下意见：

一、突出群众满意导向。始终坚持以人民为中心的发展思想，认真贯彻执行《浙江省未来社区建设试点工作方案》，妥善协调平衡拆迁安置、人才落户、房地产管理等相关政策，确保群众搬得进、住得起、过得好。在未来社区试点建设中要广泛征求群众意愿，充分吸纳群众诉求，积极纳入重大课题研究，开展共性技术攻关和重大科技成果示范应用，着力提升群众获得感、幸福感、安全感。

二、坚持分类统筹实施。统筹改造更新和规划新建两大类型，以改造更新类为主，注重分类推进、精准施策，确保到2021年底，培育建设100个左右省级试点项目，建立未来社区建设运营标准体系；到2022年底，全面复制推广未来社区。存在多孔预制楼板等安全隐患的老旧小区，鼓励实行全拆重建或插花式改修建，不留安全后遗症。

三、注重科学规划引领。聚焦人本化、生态化、数字化三维价值，完善国土空间总体规划、专项规划、详细规划，科学优化详细规划调整程序，按照“5、10、30分钟出行圈”要求，健全社区公共服务与基础设施配套，突出自然资源禀赋、城市特色风貌和历史文化传承。按照先易后难、滚动实施原则，明确未来社区建设任务，制定行动计划，高质量创新项目规划设计方案，打造高标准规划样板。

四、集约高效利用空间。按照公共交通导向开发（TOD）理念，有效进行疏密有致、功能复合开发。加大城市存量用地盘活利用力度，打破一刀切模式，科学合理确定地块容积率、建筑限高等规划技术指标。允许试点项目的公共立体绿化合理计入绿地率，鼓励和扶持建立社区农业等立体绿化综合利用机制，推行绿色建筑。支持试点项目合理确定防灾安全通道、架空空间和公共开敞空间不计费容积率。支持试点项目空中花园阳台的绿化部分不计入住宅建筑面积和容积率。对符合条件的土地高效复合利用试点项目，纳入存量盘活挂钩机制管理，按规定配比新增建设用地计划指标。允许依法采用邀请招标方式、评定分离办法选择设计、咨询单位。在建筑设计、建设运营方案确定后，可以“带方案”进行土地公开出让。

五、加大资金保障力度。积极争取国家相关补助资金，科学引导省市各类专项资金补助等优惠政策优先向试点项目倾斜。省财政出资，联合其他主体共同组建未来社区建设投资基金，通过市场化运作，撬动更多的社会资本共同参与和支持未来社区建设。对试点成效突出的县（市、区），省财政予以奖励并适当向加快发展地区倾斜。除国家和省另有规定外，改造更新类试点项目对应土地出让收益，剔除上缴国家部分，其余全部用于支持试点项目建设，保障资金总体平衡，切实提升财政资金使用绩效。

六、畅通金融支持渠道。按照市场化可持续原则，综合运用宏观审慎管理，采用窗口指导和再贷款、再贴现等货币政策工具，引导银行业等金融机构给予信贷支持。积极引入开发性、政策性金融机构资金，参与未来社区试点建设。引导基金、保险资金、上市公司资金及其他社会资金参与未来社区试点项目管理运营，试点项目建设盈余资金按一定比例纳入社区运营基金。鼓励给予试点社区实施主体房屋预售、按揭贷款等政策支持。

七、加强人才创业支持。支持未来社区试点项目人才公寓租购同权。积极探索以房引才，按照分层分类原则，对试点项目新引进的人才根据其专业水平、业绩贡献等，分别给予住房激励、购房优惠、房租减免等奖励政策。鼓励试点项目入驻人才利用居所、共享办公空间等开展自主创业，参照相关支持政策给予补助等优惠。

八、创新服务集成供给。创新试点项目社区业态和生活服务供给，通过预留规划布点、推动模式革新、促进资源下沉等方式，优先配置文化教育等优质公共服务资源。完善社区居民 24 小时生活服务供给，一般按每百户不少于 80 平方米标准落实社区配套用房面积比例，鼓励邻里中心一站式集约配置服务空间。支持成立或引进连锁机构进行社区相关服务标准化管理，优化运营机制，有关公共设施可通过产权移交、授权委托等方式，由政府部门和专业机构统一维护管理。鼓励采取特许经营权等方式，积极引进社区综合能源资源供应商，创新应用装配式超低能耗建筑，加快探索形成产业联盟支撑的可持续建设运营模式。

九、优化社区治理模式。构建党建引领的科学高效社区治理架构，积极培育发展社区社会组织。以社区有场地、公益出服务模式，动员专业化公益组织等社会力量参与社区治理，提供登记注册、业务申请和项目推进等服务便利，鼓励建立"一平台、一窗、一人"的全科社区工作者服务模式。推行居民互助自治，建立积分换服务、服务换积分机制，鼓励通过社区基金会等公益性组织，对社区居民自治和公益性活动予以支持。

十、大力促进数字转型。将未来社区作为数字经济"一号工程"创新落地单元，优先推动第五代移动通信技术（5G）应用。落实未来社区实体建设和数字建设孪生理念，加快推广应用社区信息模型（CIM）平台，集成数字化规划、设计、征迁、施工管理，提升试点项目建设质量和效率。加快建设应用社区智慧服务平台，探索社区居民依托平台集体选择有关配套服务，探索"时间银行"养老模式，推广"平台＋管家"物业服务模式，鼓励共享停车模式，推进社区智慧安防建设。在保证数据安全、做好风险管控前提下，大力推进未来社区数字标准化工作，所有场景应用的数据基于省公共数据平台通过社区数字化操作系统共享。

十一、不断深化改革探索。深入落实"最多跑一次"改革要求，加快建立试点项目绿色通道，集成土地收储、控制性详细规划调整、土地出让、审批许可等工作，进一步减流程、减环节、减事项，确保试点项目按照时间节点和计划要求规范有序推进。建立完善试点项目管理办法，切实落实项目化管理要求。充分发挥未来社区发展研究中心参谋支撑作用，建立试点项目动态评价监测体系，落实工程建设审计监督制度，强化支持政策期权激励，试点项目正式命名公布后，予以兑现相关支持政策。

第七章　社区应急处置

第一节　概述

一、社区应急处置的基本内涵

社区应急处置是指在基层政府的统一领导和组织要求下，协助政府和有关部门，引导动员社区组织及辖区内的居民，对辖区内发生的各类突发事件进行预防与准备、及时处理与救援、恢复与重建等活动的总称。其主要目的是减少突发事件的产生，并在第一时间制止风险的蔓延，预防次生风险，实行有效的救援活动，将损害降到最低，打造平安型社区。

二、社区应急处置的基本要求

社区应急处置的最终目标是保障人民群众的生命财产安全，维护社会稳定。要实现这个目标，社区应急处置需要坚守以下原则：

第一，及时报告。发现重大隐患、危急情况、突发事件，应第一时间向乡镇（街道）或有关部门报告。

第二，全员参与。在社区发生紧急情况时，应当动员一切可利用的资源，落实责任、完善体系、统筹力量，提高全民防灾抗灾意识，全面提高社区综合防灾减灾救灾能力。

第三，依法依规。社区应急处置应当有法可依，有法必依；遵循法律要求做好应急处置，从而最大限度保障人民群众的安全。同时在危机处理时也应当采取合法的手段与方式解决问题。

三、社区应急处置的基本条件

打造“平安型”社区，就需要在应急预案、应急队伍、应急设施设备物资、专业指导以及日常演练等方面完善社区突发应急综合处置体制，尽最大可能减少各式各样意外突发事件的灾害风险，尽最大努力降低灾害性意外突发事件导致的损失，保障城市社区公共安全。

第一，制定应急预案。应急预案指面对突发事件如自然灾害、重特大事故、环境公害及人为破坏的应急处置、指挥、救援计划等。应急预案应形成体系，针对各级各类可能发生的事故和所有危险源制定专项应急预案和现场处置方案，并明确事前、事发、事中、事后的各个过程中相关部门和有关人员的职责。

第二，组建应急队伍。加强社区应急救援队伍建设，提升危机防范意识，培养应急处突能力是提高社区应急处置水平的根本保障。因此，要建设一支对党忠诚、纪律严明、赴汤蹈火、竭诚为民、专常兼备、反应灵敏、作风过硬、本领高强的社区应急救援队伍，培育党和人民信得过的应急救援力量。

第三，储备应急设施设备物资。应急设施、设备与物资是指为应对严重自然灾害、事故灾难、公共卫生事件和社会安全事件等突发公共事件应急全过程中所必需的物质保障。在日常的应急准备过程中，要优化社区重要应急物资保障与区域布局，做到关键时刻调得出、用得上。此外，要强化社区应急处置装备技术支撑，整合社区各类科技资源，依靠科技提高社区应急处置的科学化、专业化、智能化和精细化水平，推动社区应急物资供应保障网更加高效安全可控。

第四，接受专业指导。社区人员在日常工作中需要接受专业人员的指导与培训，提高应急处置能力。应急处置能力既是一种风险防范，又是一种自我觉醒。常言道："人无远虑，必有近忧。"基层工作要做的，就是要扎紧篱笆打好桩，筑牢社区安全防控屏障，织密织牢第一道防线，提前做好应对各种突发状况准备，从而为防控工作再上一道"安全阀"。

第五，开展日常演练。街道相关部门负责人、社区工作人员、辖区单位物业保安及物流处置人员等需要在日常生活中开展应急演练，如消防安全演练、地震应急疏散演练以及社区疫情应急处置演练等，防患于未然，让社区各责任主体明确自己的职责。

第二节　社区应急预案编制

一、社区应急预案编制的要求

社区应急预案编制是应急预案处置的重要组成部分。社区应急预案编制应当符合国家相关法律法规、条例、标准；应当充分体现“党委领导、政府负责，专业处置、部门联动，社会参与”的应急工作指导方针；应当纵向上与上级应急预案紧密对接，横向上与相邻区域相关应急预案步调一致；应当适应本地区突发事件风险状况和应急处置硬件与软件的配置情况；预案中应对措施必须详细具体，可操作性强；内容完整，简洁规范，通俗易懂，好记管用。具体讲，应坚持以下要求：

（一）以人为本，安全第一

充分发挥社区居民自我防护的主观能动性，充分发挥专业救援力量的骨干作用，把最大程度预防和减少社区突发事故造成的人员伤亡作为首要任务，并切实加强应急救援人员的安全防护。

（二）统一领导，分级负责

在上级应急指挥部统一领导下，各街道按照各自职责和权限，负责相关区域突发事件的应急处置工作；各社区要认真履行安全责任主体的职责，建立健全安全应急工作机制。

（三）充分准备，科学求援

充分发挥专家作用，实行科学民主决策。采用先进的救援装备和技术，增强应急救援能力，确保应急救援的科学、及时、有效。

（四）预防为主，平战结合

坚持预防为主的方针，做好预防、预测和预警工作。切实做好日常防灾减灾应急准备，做好常态下的风险评估、物资储备、队伍建设、预案演练等工作。

（五）条块结合，网格管理

继续发挥网格化管理的优势，强化“网格化＋”的应急处置模式；建立社区全方位监管的长效机制，提高社区突发事故应急处置的协同应对能力。

二、社区应急预案编制的内容

健全完善应急预案体系，真正形成“横向到边、纵向到底”的预案体系，重大事故应急预案可借鉴2004年国务院办公厅发布的《国务院有关部门和单位制定和修订突发公共事件应急预案框架指南》和2011年湖北省政府办公厅发布的《湖北省突发公共卫生事件应急预案》，同时吸纳其他先进省份相关经验和政策，编制社区应急预案。社区应急预案主要内容应包括总则、组织指挥体系及职责、预警和预防机制、应急响应、后期处置、保障措施、附则七个部分的内容（见表7-1）。

表7-1　应急预案主要内容

模块	具体内容
总则	说明编制预案的目的、工作原则、编制依据、适用范围等。
组织指挥体系及职责	明确各组织机构的职责、权力和义务，以突发事故应急响应全过程为主线，明确事故发生、报警、响应、结束、善后处理处置等环节的主管部门与协作部门；以应急准备及保障机构为支线，明确各参与部门的职责。
预警和预防机制	包括信息监测与报告，预警预防行动，预警支持系统，预警级别及发布（建议分为四级预警）。
应急响应	包括分级响应程序（原则上按一般、较大、重大、特别重大四级启动相应预案），信息共享和处理，通讯，指挥和协调，紧急处置，应急人员的安全防护，群众的安全防护，社会力量动员与参与，事故调查分析、检测与后果评估，新闻报道，应急结束等11个要素。
后期处置	包括善后处置、社会救助、保险、事故调查报告和经验教训总结及改进建议。
保障措施	包括通信与信息保障，应急支援与装备保障，技术储备与保障，宣传、培训和演习，监督检查等。
附则	包括有关术语、定义，预案处置与更新，国际沟通与协作，奖励与责任，制定与解释部门，预案实施或生效时间等。

社区应根据各自的特点突出重点，主要突出社区内风险隐患分析排查、应急处置工作程序、应急响应措施等。

第三节 社区应急处置流程和方法

一、社区火灾处置流程与方法

做好社区消防安全防范工作，就要建立健全有效的消防安全防范应急机制，落实消防安全防范工作责任制，部署消防重点部位的安全防范应急机制，提高自防自救能力。遇有火灾事故发生，各相关职能部门明确自己的职责和任务，并及时开展有效的扑救和救助工作，从而最大限度减少火灾事故所造成的损失和影响。

（一）社区消防安全组织机构及职责

各社区应当成立应急处置指挥小组，在日常生活中定期排查社区安全隐患，在火灾发生之时负责社区火灾现场应急救援指挥，在火灾之后要做好工作总结、反思以及灾后安抚与重建工作。

社区应急处置指挥小组应包括组长、副组长以及小组成员。组长为社区消防应急小组第一负责人，全面负责应急事宜。组长负责定时召开消防应急领导小组会议，传达上级相关文件与会议精神，部署、检查落实消防安全事宜；宣布紧急状态的启动和解除；全面指挥调动应急组织，调配应急资源，按应急程序组织实施应急抢险。副组长负责应急预案工作的具体落实，做好相关应急准备；协助组长作好应急救援的具体指挥工作。小组各成员具体负责火险发生时突发事件的处理、报告、监控与协调，保证领导小组紧急指令的畅通和顺利落实。

（二）社区火灾应急处置流程

考虑到火灾这一灾害的特殊性质，社区工作人员应当更加注意灾害发生时的应急处置能力培训。在遇到社区发生火灾时，应当争分夺秒，迅速作出反应，避免火势蔓延造成更多的人员伤亡。社区发生火灾的具体应急处置流程如下：

首先，报警。发现火灾，迅速查明火灾事故发生的部位和大小，在火灾事故较大的情况下，要及时拨打火警电话（119）、急救电话（120），准确报告起火地点、部位、火情、报告人单位、姓名、联系电话，并安排专人到路口等候，引导消防救护和其他职能部门车辆进入火灾事故现场。

其次，疏散。立即引导附近人员按疏散通道的指示方向疏散，远离火场至安全区域。疏散过程中要引导人员快速有序，做好自我防护，实行互帮互助，确保人员生存；同时逃离过程中应注意防止因坠落物、踩踏等造成次生伤亡。

再次，控制火情。对可以应付的火情迅速作出反应，利用就近的消防器材进行扑救，同时切断电源气源等，力争消灭火灾于初始阶段。如不能及时控制、扑灭火灾，在场人员要立即采取措施妥善处理，尽力防止火势蔓延，同时保障自身安全。

同时，要立即向上级领导及相关部门报告灾情。

最后，善后恢复。协助进行事故现场清理，伤亡人员的搜救；协助进行事故原因调查及灾后生活秩序的恢复。

二、城市内涝社区处置流程与方法

城市内涝是指因高强度的降水或者是连续性降水，超过城市排水能力，从而产生的城市内积水灾害。近些年来，我国每年都有许多城市受困于城市内涝及其衍生灾害。根据国家应急管理部公布的数据显示，自2020年6月入汛以来，全国暴雨不断，各地洪涝灾害频发，洪水围城、桥梁断裂、房屋倒塌、高速公路被冲毁等衍生灾害不断。截至2020年7月已有27省受灾严重，致3789万人受灾，141人死亡失踪，经济损失高达822.3亿元。因此，全国各地在开展海绵城市建设的同时还应该注重软环境建设，解决社区应急处置“最后一公里”问题。

（一）灾前关注预警宣传，提前做好抗灾防护

习总书记指出：应对各种灾害，要做到“宁可备而不用，不可用时无备”。在灾害发生之前，我们要把情况估计得严重一些，把措施准备得充分一些，把工作做得细致一些，打好主动战，下好先手棋，提前做好抗灾防护。首先，应当加强宣传教育，提高居民的防灾减灾意识。根据天气预报在暴雨来临之前加强宣传，提高居民的防涝意识。其次，检查防灾物资、设备及避难场所，以备不时之需。同时，迅速清理检查社区

排水系统，防止下水道堵塞等原因造成排水不畅。

（二）灾中设置警示标识，尽量减少人员伤亡

习近平总书记指出，要全力做好洪涝地质灾害防御和应急抢险救援，坚持人民至上生命至上，切实把确保人民生命安全放在第一位落到实处；要提升基层应急能力，筑牢防灾减灾救灾的人民防线。在社区，一方面要最大限度地减少人员伤亡，另一方面要积极配合街道应急防控工作的开展，做到反应灵敏、处置高效。首先，封闭局部道路，如在电线杆、下水道盖以及积水处设置警示标识，防止他人靠近，避免造成伤亡；其次，及时了解居民居家情况，以便及时提供救助；最后，积极配合街道应急防控工作，如积极配合做好桥梁、地下管道等设施的应急联动抢险工作等。

（三）积极争取政府相关部门支持，尽快恢复生产生活秩序

首先，对于倒伏树木，能移动的要尽快移动，能清理的要尽快清理，尽力保障交通安全；其次，对于破损的路面、人行道板，要及时修补，保证交通畅通；再次，对雨排管线要加大清淤疏浚，提高排水效果；同时，对于脱落的墙皮、损坏的高空广告牌匾、电线杆、电线等，要尽快修复清理，避免次生灾害发生。

三、重大公共卫生突发事件社区处置流程与方法

基层社区在公共卫生安全风险应对中发挥着重要作用：在日常工作中，需要教育公众、招募志愿者；当存在公共卫生事件风险时，需要收集信息、预警风险；当发生公共卫生安全事件时，需要明确对象、配置资源；当事件结束后，需要监控评估、恢复秩序。以新冠疫情为例，总结各大城市社区新冠疫情防控中的成功经验，可以为我们防范应对重大公共卫生安全风险提供思考和借鉴。

（一）常规手段

依托网格化治理工具进行政策宣传和消息采集是基层治理工作的重要内容。基层社区防范公共卫生事件风险，一方面需要将上级的政策准确地传达并告知每一位居民；另一方面要精准采集每一位居民的有效信息，并上传至疫情防控指挥部，从而有助于上级对疫情状况进行科学判

断和全方位把控。

（二）升级办法

在疫情发生期间，社区应当在工作内容和社区应急处置组织安排上作出调整，提高警惕，避免疫情蔓延，筑牢社区防疫的第一道防线。在工作内容方面，重点搞好社区封控和消杀。一是守好门，加强社区封闭式管理；二是看住人，加强社区人员排查。

在人员组织方面，加大组织力度，积极调动居民志愿者，整合动员辖区内各类社会组织参与社区治理，为基层社区应急处置增加力量。在应对突发公共卫生事件时期，社区社会组织应成为常规基层管控的支撑力量，同时构成“人民战争”的重要力量，动员更广泛的主体参与。

（三）非常规举措

在疫情防控严峻时期，社区应当调整工作方式，采取非常规手段积极应对重大的突发风险，从而最大限度保障人民群众的安全与健康。首先，做好资源保障和社区照顾。对于疫情期间封闭管理的社区，各种防疫和生活物资都应通过社区来进行分配和派送。其次，做好患者排查和就医安排。对相关患者施行“分级分类就医制度”，由各社区组织，全面排查所在辖区疑似病人，并送至社区医疗卫生服务中心或指定医疗机构，对病情进行筛查、分类。同时，开展情绪安慰和心理辅导。在疫情期间，由于长时间的居家隔离，各种生活不便，加上一些关于疫情的负面信息，容易让人们出现愤怒、恐慌、抑郁、焦虑等各种情绪问题。因此应当关注疫情防控过程中社区居民以及社区工作人员出现的心理问题，有针对性地进行情绪安慰和心理辅导，必要的时候可以安排专业的心理咨询师进行一对一心理治疗。

四、社区居民纠纷处置流程与方法

有效化解社区纠纷，消除社区不稳定因素，维护社区生活的安定团结，是社区工作的重要职责，也是建设平安型社区的重要途径。经过多年的不断发展，各社区探索和总结了许多纠纷调解经验和做法。

（一）“冷热”相间

“冷处理”是指在遇到激烈的矛盾冲突时，先缓和紧张气氛，待双方冷静下来后再作处理的方法。“热处理”是指趁热打铁，及时解决问题，与“冷处理”相对。在调解邻里矛盾时，要注意两者兼顾，掌握分寸和节奏。

（1）注意事态的控制。当事态发生后，居民委员会干部必须马上到场并介入其中，控制事态蔓延，影响全局。

（2）注重时机的把握。做当事人工作时，要十分注意“出击”时间。在处理群众内部矛盾时，可以适当地“冷处理”一段时间，在双方充分冷静并开始反思时，再着手处理问题。

（3）注意情绪的把握。如当事人的情绪非常激烈，难以做工作时，社区书记要从肯定、安抚的角度出发，使其情绪稳定下来以后，再“就事论理”。

（4）注意工作的艺术。做工作，要讲究艺术，尤其是语言的艺术。社区书记应注意语言能力的提高，学会做人的工作，积累与各种各样的人交往的经验，在交谈中学会揣摩对方心态。这样可以事半功倍，收到好的工作效果。

（二）旁敲侧击

社区书记要学会用“敲边鼓”的方法处理个体矛盾。小区是由规模不等的家庭组成的，家庭的和睦构成小区宁静、安详的生活氛围。当家庭个体发生矛盾时，处理要注意分寸，避免单刀直入，避免疾言厉色，避免“当庭评判”。否则会影响工作成效，甚至影响他人家庭关系。

根据实际经验，相关处理技巧包括：首先要使双方脱离对峙，如可将一方请到另外一处，可用一方更关心的事转移其注意力，可请一方的亲友将其约走或冷却其情绪等。其次，通过社区活动来调解关系，例如可以在妇女节等特别日期，由社区党支部组织各类活动，邀请平时不和睦家庭以及尊老爱幼的先进家庭一起参加，请先进家庭谈如何处理各种关系的经验，使其他成员受到启迪和教育。还可以通过对孩子的教育和孩子对成人的教育来影响家长，既注重“三娘教子”，也注重“子教三娘”。对于大多数中国家庭，孩子就是家中的“小太阳”，孩子也是最没有世俗成见的，所以应充分利用孩子在家庭的“地位”来影响其他成员。最后，通过“冒名顶替”来消除成见。客观分析家庭矛盾的起因，有相当一部分是双方互存成见，又碍于脸面，不肯表白。所以，支部书记在掌握情况后，要主动做热心人，代双方说出心里话，站在双方主场就事论理，引导双方推己及人、换位思考。

（三）化整为零

化整为零就是当群体性矛盾发生时，支部书记要把群体分解开来，对矛盾产生的原因作客观细致的分析，对群众逐个做工作，采取各个击破的办法，将群体矛盾化整为零。

首先，要防止事态进一步扩大。当事情发生后，要组织力量控制局面，防止事态向更大和恶性方向发展，同时将情况及时上报街道党工委。其次，迅速分解群体。对较大的矛盾，在取得有关部门的同意后，要有针对性地将群体按相同特点区分开来，并阻止他们再度接触、再度聚集。最后，针对不同群体的利益取向做思想政治工作。每一个个体所处地位和角度也各有不同，都有其不同的利益取向。在摸清情况之后，再对症下药，针对不同群体特征做思想政治工作。

（四）信息预报

充分运用社区党员群众骨干构成一张“信息网”，做到有情即知、知情必理、知情必报，确保信息畅通、维护社区稳定。其主要工作要点包括：一方面，要构筑一张信息网，这张网可以由党小组长、一长三员、群众中的积极分子组成，由党支部书记运筹帷幄。对重要情况，社区党组织书记要及时上报街道党工委。另一方面，形成固定的信息交流制度。定期开会，形成有事报事、无事报平安的制度，对紧急事件急事急报、急事快报。

（五）分门把守

明确社区书记是社区平安建设工作的“第一责任人”，推而广之，党小组长、一长三员都要成为本小组或楼栋平安建设工作的“第一责任人”。建议将社区分成若干个“块”，落实责任，大家各司其职，各保一方平安。一方面，明确牵头人，街道党工委是社区平安建设工作的牵头人，社区书记是小区平安建设工作的牵头人。另一方面，落实责任制，责任制的推行重在压实责任，社区党组织书记不仅要带头将责任扛在肩上，还要将目标层层分解，使责任落实到每一个责任人身上。

第四节 社区应急处置工作机制

一、构建社区应急处置的协同治理机制

在我国，政府部门与社会组织、社会组织与公民在长期协助以及良好合作的过程中，形成了一套成熟的应急处置协同治理机制。

丰富社区应急处置主体、建立应急处置协同治理机制，是搭建社区综合治理突发应急机制的重要抓手。具体而言，首先，社区居民是社区的“主人翁”，也是社区突发应急综合处置工作的主力军。要设计有效的实施方案，动员更多社区居民参与社区突发应急综合处置。其次，社区社会组织是社区公共关系的行为主体，伴随着社区机构组织逐步丰富及其本身职能的扩展，社会组织在社区综合应急处置中将会有更加广阔的发挥空间。最后，社区辖区内的企事业单位参与社区的应急处置工作非常必要，它们是多元协同处置的重要主体。

二、强化社区应急志愿队伍建设工作保障

随着社区居民参与社区治理的热情日益高涨，社区应当自我加压，顺势而为，积极为社区居民参与社区治理以及社区应急处置搭建广阔平台。社区应着力培育与应急处置密切相关的社区组织，开展与应急处置相关的社区活动，并通过他们发掘应急能手，提升社区应急治理水平。在实际应用中，应该充分考虑各社区的特定内外部环境，深入思考社区可能面临的意外突发事件和各类灾害及其风险水平，利用社区的自治组织与各式各样的兴趣小组，成立突发应急综合处置有关的社会组织，明确其活动目标，力争实现最大组织效力。比如在以老年人、小孩为主的空心社区，可以建立“医疗服务队”“互帮互助队”。这样可以广泛动员本社区的居民参与社区的应急处置事务，利用社区熟人社会的先天优势，提升社区应急治理效能，真正实现共建共治共享。

与此同时，社区应积极与大型社会救助机构双向互动合作。一方面，鼓励社区志愿者参与社会救助机构相关活动，提升志愿者应急救助能力；另一方面，鼓励社会救助机构在社区应急治理中给予资金、装备、培训

和信息支持，提高社会突发事件应急处置综合水平。

三、加强宣传教育和培训演练

遇到突发事件时，居民的自救互救对社区应急处置工作来说非常重要。居民如果拥有较强的安全保护意识和自救互救能力，就能有效防范风险，减少突发事件所带来的混乱和无序状态，防止产生更大灾害。提高公民的安全保护意识与自救互助水平可以从加强公共安全知识宣传教育和提高居民突发应急处置水平两个方面入手。加强公共安全知识宣传教育、培训居民应急处置能力是提升社区处突能力的重要抓手。在鼓励社区居民积极参与社区应急处置工作时，城市社区还应多邀请专家、专业救援人员对社区居民进行一些基本的应急技能和安全知识培训，如起火时怎样自救，怎样正确使用灭火设备，地震时怎样避险，怎样分辨可疑人员，怎样描述紧急情况等。

社区制定突发应急预案，研究分析本社区面临的灾害风险，能够发现社区突发应急综合处置工作中存在的主要问题和矛盾。常态化的演习训练机制，是监测社区突发应急工作、普及宣传安全专业知识、提升社区居民突发应急处置水平的有效方式。打造“安全型社区”，其中一个重要措施就是社区需要“制订针对每一个公民的安全预防规划方案”。所以制定完善的预案与演习训练机制，可以促进社区突发性事件应急处置的科学性、及时性和有效性。

图 7-1　武汉市洪山区大华社区举办防灾减灾宣传周集中宣传教育活动

图 7-2　武汉市区级地震应急综合演练

阅读材料

××社区突发公共事件应急预案

为建立健全科学、高效、规范的社区突发公共事件预防预警和应急处置机制，全面提高社区应对各类突发公共事件的能力，最大程度预防和减少突发公共事件及其造成的损害，切实保障城乡居民生命财产安全，维护社会稳定、促进社会和谐，现依据有关法律、法规和相关应急预案，特制定××社区突发公共事件应急预案。

一、社区突发公共事件的内容

（一）自然灾害：破坏性地震；地质灾害；气象水文灾害，如干旱、洪涝、大风、浓雾、冰雪、暴雨、雷电等。

（二）事故灾难：生产类，如危险化学品事故、矿山事故、建筑施工突发事故等；交通类，如交通运营、道路抢险、桥梁突发事故、道路交通事故等；市政设施类，如公共供水突发事件、重特大电力突发事件、燃气事故等；社会环境类，如火灾事故、环境污染事故等。

（三）公共卫生事件：中毒类，如食物中毒事件、职业中毒事件等；疫病类，如重特大传染病疫情、重大动物疫病等。

（四）社会安全事件：突发恐怖袭击事件、重大刑事案件、重大群体性上访事件、公共场所滋事事件、民族宗教群体性突发事件、影响校园安全事件等。

二、组织保障

（一）应急领导小组

组　长：社区党组织书记

副组长：社区居民委员会主任

成　员：社区“两委”成员

（二）应急值班室

社区在警务室（或相关办公室）设立社区应急值班室，并开通应急电话，向群众公布应急电话号码和移动电话号码。应急行动时，应急值班室安排专人值班，确保信息畅通。

（三）信息接报员

每个社区确定2—3人为应急信息接报员，负责接报群众上报的突发公共事件和向上级及时报送信息。现阶段，信息接报员原则上由社区居民委员会主任、专职副书记或治保主任担任，联系电话对外公布，并保持通讯畅通。

（四）应急自救分队

以民兵联防队、志愿者队伍为基础，分设义务消防、红十字救护、义务医疗等小分队，指定具体负责人，明确各小分队紧急救援任务、职责，并公布联系电话。

三、应急宣传和预测预警

（一）应急宣传

1. 社区通过广播、宣传栏、致居民的一封信等形式，广泛宣传有关突发公共事件应急的法律法规和预防、避险、自救、互救、减灾等常识，增强居民的忧患意识、社会责任意识和自救、互救能力。

2. 将社区应急值班室、信息接报员和应急自救小分队的主要人员、联系电话等相关信息制作成宣传标识悬挂、张贴在社区醒目位置，或制作成便民卡片发至每家每户，便于居民在发生突发公共事件时能及时上报信息。

（二）预测预警

1. 社区要针对各种可能发生的突发公共事件，完善预测预警机制。社区突发公共事件应急领导小组负责突发公共事件的预测预警工作，定期组织查找安全隐患，开展风险分析和评估，做到早发现、早报告、早处置。

2. 根据预测分析结果，对可能发生和可以预警的突发公共事件进行预警。预警级别依据突发公共事件的性质、严重程度、可控性和影响范围等因素，一般划分为四级：Ⅰ级（特别严重）、Ⅱ级（严重）、Ⅲ级（较重）和Ⅳ级（一般），依次用红色、橙色、黄色和蓝色表示。

3. 预警信息包括突发公共事件的类别、预警级别、起始时间、可能影响范围、警示事项、应采取的措施等。预警信息的发布、调整和解除可通过广播、社区网站、警报器、宣传车或居民小组长逐户通知等方式进行，对老、幼、病、残、孕等特殊人群，学校等特殊场所和警报盲区应当采取有针对性的公告方式。

四、突发公共事件信息报告

（一）社区每一个居民都有向上级机关举报突发公共事件隐患和报告突发公共事件发生信息的权利和义务。

（二）突发公共事件发生后，现场发现者应在第一时间向社区应急值班室或信息接报员报告突发事件信息，紧急时要向“110”报警。

（三）社区应急值班室或信息接报员在接报后10分钟内向街道应急值班室报告突发事件信息，紧急时要向“110”报警。

（四）报告内容为事件发生的时间、地点、现场伤亡或损失等简要情况。

五、突发公共事件应急处置流程

（一）到达现场

发生突发公共事件后，社区党组织书记、居民委员会主任应立即带领应急小分队成员赶到现场，并快速进行先期紧急处置。

（二）快速报告

向街道应急值班室或“110”报警，并初步提出救援要求，如增派应急队伍、调拨应急物资和其他特殊要求。

（三）投入先期救援

1. 救援原则：一是以人为本。先救伤员，后救物资，避免人员更多伤亡。二是量力而行。在现场应急资源不足或高危险状态下，应同时注意应急救援人员的生命安全，等待上级专业救援队伍现场增援。

2. 重点救援对象：将孤、老、病、残、孕和五保户列为重点保护对象，优先安置。

3. 疏散转移现场人员：及时组织疏散转移现场人员至安全地带或紧

急避难所。

4. 控制现场事态发展：防止次生、衍生事故和灾害。

（四）协助上级处置

1. 与第一时间赶到现场的上级领导共同开展先期处置。

2. 协助先期赶到现场的相关部门应急队伍开展应急处置。

3. 为上级现场指挥部提供指挥办公场所（社区办公室、社区警务室等），为相关部门的应急队伍提供后勤保障等。

六、应急保障工作

（一）应急物资储备

1. 社区，特别是事故频发的社区，必须储备一定的应急物资。如防火、防汛抗旱、抗震救灾等必需的应急物资。

2. 社区应为应急小分队配备必要的通信工具和应急设备，如灭火器、手电筒、喇叭、雨衣和基本防护设备等。

3. 负责应急物资和场所的临时征用和借用。如单位或个人的小型汽车、货车、摩托车等交通工具或场所，在上级救援队伍未到达现场时，可依法临时征用，用于现场急送伤病员或现场应急处置。若有损坏，按有关规定予以赔偿。

（二）应急避难场所

1. 社区内的有关公用房屋、公用场所，各类学校、各类文体活动场所等应为社区抗灾救灾提供紧急避难场所。如社区办公和服务用房，辖区内的中学、小学、幼儿园、文体场馆等。

2. 选择附近的公园、广场、校园等公共设施，以及其他开阔地带作为避难场地。

3. 驻社区企业的空置厂房或其他房屋可临时征用。

七、灾后恢复重建和善后处理

（一）负责灾后恢复与重建。社区应根据所在地实际和抗灾救灾经验制定具体措施，迅速组织居民开展灾后自救，恢复正常生产生活秩序。

（二）负责做好死伤者的善后处理和对死者家属的抚恤工作。

（三）协助上级政府和有关部门做好事件事故调查工作。

（四）协助上级政府和有关部门做好赈灾工作，做好灾后重建和恢复工作的物资供应保障工作。

（五）及时统计上报人员伤亡情况和经济损失情况。

八、培训、演练和奖惩

（一）培训。社区要有组织、有计划地为居民提供减灾及自救互救知识和技能培训，将防灾减灾教育培训纳入社区干部、居民小组长、居民代表的培训内容，特别是要加强对社区突发事件应急领导小组成员和各应急小分队成员的专门培训。

（二）演练。社区每年不定期组织突发公共事件应急处置专项演练，由社区突发公共事件应急领导小组负责组织实施。演练要从实战出发，深入发动群众，普及防灾减灾知识和技能，按应知应会、实拟实操的要求组织与实施，切实提高社区应急救援能力。

（三）奖惩。社区突发公共事件应急处置工作实行责任追究制；对在应急处置工作中表现突出的人员要给予表彰和奖励。

全民参与 打好防疫攻坚战

在抗击新冠肺炎疫情的战场上，社区无疑身处最前沿，重要性不言而喻。2020 年 11 月，成都市武侯区望江路街道的“社区疫情全民防控”案例，获评全国城乡社区疫情防控优秀案例，这是对望龙路街道社区疫情防控工作的高度肯定。望龙路街道社区的防疫工作能够取得成功离不开社区防疫措施的有效落实，更离不开社区工作人员与社区居民的共同努力。

为科学防范有效应对新型冠状病毒感染的肺炎疫情，望江路街道结合辖区实际情况，迅速启动应急措施，按照“严部署、定规范、可实操、有保障”四大要求，做到早发现、早防控、早治疗，确保辖区内人民身体健康和生命财产安全。同时，建立以“党建引领”为核心，以“全线收集链、全域行动链、全员保障链”为基础的“一核三链”防疫运行体系。纵向上党建组团上下联动，横向上依托驻地单位党组织统筹协调，推动防疫工作一体化开展，充分发挥基层党组织战斗堡垒作用和党员先锋模范作用，为打赢防疫攻坚战贡献望江党员力量。此外，街道、社区全体工作人员齐心奋战在抗疫一线，协调各方力量，强化疫情知识宣传引导，开展了三轮入户排查、有效开展环境卫生整治和院落消杀、认真做好返蓉人员的排查和管控，全力打好疫情防控阻击战，形成一道道防线，及时阻断疫情传播途径，筑牢了基层疫情防控的坚固堡垒，逐渐形成了“防疫工作，人人有责”的常态化参与式管理。

习近平总书记指出，“抗击疫情有两个阵地，一个是医院救死扶伤阵地，一个是社区防控阵地”。无论是防疫攻坚战，还是常态化疫情防控期间，望江路街道以“党建引领”为核心，创新“一核三链”运行机制，发挥社区发展治理“共治共享”成效，通过联防联控，群防群治，守住了社区防线，辖区无一例确诊病例。

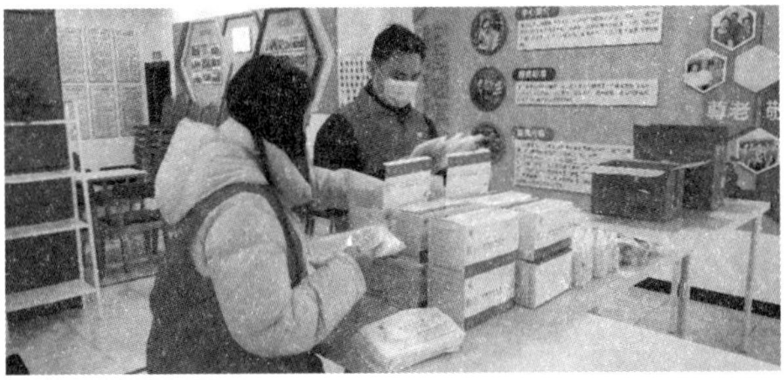

图 7-3　望江路社区工作人员分发抗疫物资

第八章　社区社会组织

第一节　概述

一、社区社会组织概念及类型

党的十九大报告指出："加强社区治理体系建设，推动社会治理重心向基层下移，发挥社会组织作用，实现政府治理和社会调节、居民自治良性互动。"在社区服务和社区治理中，社区社会组织发挥着重要的功能和作用。中央办公厅、国务院办公厅印发的《关于改革社会组织管理制度促进社会组织健康有序发展的意见》（中办发〔2016〕46号）明确提出要"大力培育发展社区社会组织"，民政部于2017年、2020年先后印发《关于大力培育发展社区社会组织的意见》《培育发展社区社会组织专项行动方案（2021—2023年）》，为培育发展社区社会组织指明了方向、设计了路径。

社区社会组织是指由社区居民发起成立，在城乡社区开展为民服务、公益慈善、邻里互助、文体娱乐和农村生产技术服务等活动的组织。社区社会组织中，达到法定条件并在县级民政部门依法登记的，由民政部门依法管理；未达到登记条件的，由乡镇人民政府或街道办事处实施管理，规模较小、组织较为松散的，由社区党组织领导，基层群众自治组织指导和管理。

社区社会组织按照活动领域分为下列四类：

（1）公益慈善（志愿）类社区社会组织：指城市或农村社区社会组织中各类以无偿提供服务或捐助等方式，自愿开展扶贫、济困、扶老、救孤、恤病、助残、优抚、救灾、助医、助学、环保等公益慈善活动的组织；

（2）社区服务类社区社会组织：指城市或农村社区社会组织中各类开展社区养老、医疗保健、托幼、文化教育、就业培训、心理疏导、法律咨询、家政服务、维修服务、农村生产服务等便民利民服务的组织及开展邻里互助活动的组织；

（3）社区事务类社区社会组织：指城市或农村社区社会组织中各类开展社区环境卫生、治安巡逻、安全管理、防灾减灾、物业协商、农村土地承包经营权流转、红白理事、纠纷调处，外来人口融入，以及社区矫正、社区戒毒、刑满释放人员帮教、涉邪教等人员帮教等活动，体现居民自治和平安建设的组织，以及各类老年协会、计划生育协会、妇女协会等组织；

（4）文体活动类社区社会组织：指城市或农村社区社会组织中各类开展书画、戏曲、音乐、舞蹈、表演、球类，棋牌、健身、武术等活动的组织。

二、社区社会组织的作用

《民政部关于大力培育发展社区社会组织的意见》（民发〔2017〕191号）明确提出要充分发挥社区社会组织的积极作用。社区社会的作用主要有四个方面：

1. 提供社区服务。支持社区社会组织承接社区公共服务项目。推动家庭服务、健康服务、养老服务、育幼服务等领域的社区社会组织主动融入城乡社区便民利民服务网络，为社区居民提供多种形式的生活服务。鼓励社区社会组织多为社区内低保对象、特困人员、空巢老人、农村留守人员、困境儿童、残疾、智障等困难群体提供生活照料、文体娱乐、医疗保健等志愿服务。支持社会工作服务机构面向社区提供心理疏导、人文关怀、精神慰藉和心理疏导等专业服务。引导农村社区社会组织发扬邻里互助的传统，开展以生产互助、养老互助、救助互助为主的活动，增强农村居民自我服务能力。

2. 扩大居民参与。发挥社区社会组织扎根社区、贴近群众的优势，广泛动员社区居民参与社区公共事务和公益事业。引导社区社会组织在基层党组织领导下，协助基层群众性自治组织推动社区居民有序参与基层群众自治实践，依法开展自我管理、自我服务、自我教育、自我监督等活动。引导社区居民在参与社区社会组织活动过程中有序表达利益诉求，养成协商意识、掌握协商方法、提高协商能力，协商解决涉及城乡社区公共利益的重大事项、关乎居民切身利益的实际问题和矛盾纠纷。鼓励社区社会组织参与制定自治章程、居民公约和村规民约，拓展流动人口有序参与居住地社区治理渠道，促进流动人口社区融入。

3. 培育社区文化。发挥社区社会组织在完善社区公共文化服务体系中的积极作用，丰富群众性文化活动，提升社区居民生活品质。指导社区社会组织在组织开展文化、教育、体育、科普、娱乐、慈善等社区居民活动中积极培育和践行社会主义核心价值观，倡导移风易俗，弘扬时代新风。鼓励社区社会组织参与社区楷模、文明家庭等各种社区创建活动，弘扬优秀传统文化，维护公序良俗，形成向上向善、孝老爱亲、与邻为善、守望互助的良好社区氛围，增强居民群众的社区认同感、归属感、责任感和荣誉感。

4. 促进社区和谐。发挥社区社会组织在源头治理方面的积极作用，协助提升社区矛盾预防化解能力。支持社区社会组织参与物业纠纷、农村土地承包经营纠纷、家庭纠纷、邻里纠纷调解和信访化解。指导社区社会组织参与群防群治，协助做好社区矫正、社区戒毒、刑满释放人员帮教、社区防灾减灾、精神障碍社区康复等工作，积极参与平安社区建设，助力社区治安综合治理。

第二节 社区社会组织培育发展

一、基本要求

近年来，湖北省通过资金支持、公益创投、建立孵化基地等方式，多渠道资助培育和支持社区社会组织发展，推进社区社会组织品牌建设，社区社会组织发展取得了显著成效。但在数量、质量、种类、功能、管理等方面也存在不足，主要表现在：培育发展相对不足，结构不合理，自身发展能力不强，管理不规范。为了落实中央关于构建基层社会治理新格局的要求，完善群众参与基层治理渠道，需要大力培育发展社区社会组织，进一步提升质量、优化结构、健全制度，推动社区社会组织在建设人人有责、人人尽责、人人享有的社会治理共同体中更好地发挥作用。具体要求如下：

坚持党的领导。发挥城乡基层党组织的领导作用，将社区社会组织纳入创新基层社会治理、完善城乡社区服务体系的整体布局，确保社区社会组织工作始终沿着正确政治方向，始终服从服务大局。

坚持以人民为中心。广泛调动社区居民和多方主体参与社区社会组织发展，做到需求由群众提出、活动有群众参与、成效让群众评判，引导社区社会组织更好提供服务、反映诉求、规范行为，积极推进共建共治共享。

坚持问题导向。针对社区社会组织发展短板，以培育发展、能力提升、作用发挥为重点，打造有效工作载体，落实鼓励扶持政策，推动建立长效工作机制。

坚持因地制宜。根据区域特点和经济社会发展实际，制定专项行动实施方案，推动工作重心下沉，细化实化工作措施，保证资源到位，坚持不懈抓好政策落地。

二、社区社会组织培育

（一）文体活动类组织培育基本流程

在社区里，我们经常能看到几个老大爷围坐在一起下象棋，一群中青年妇女在月色之下悠闲起舞，还有大手拉着小手一起去上兴趣班。这些人们习以为常的现象，正是孵化和培育诸如舞蹈团、亲子队、书画坊等文体活动类社区社会组织的前提和基础。

文体活动类社区社会组织不是单纯的娱乐性组织，它谋求社区居民的广泛参与，以及实现组织的自我服务与持续运转，继而参与社区治理与进行社区回馈。具体培育流程如下：

一是锁定群体：通过实地观察法等方式，锁定社区居民爱好，分析社区群体人员特征。

二是熟悉交流：结合居民爱好，针对性地举行联谊、演出、竞赛等活动，促进社区群体的交流。

三是兴趣对接：以交流、咨询、卡片收集等形式，使有共同兴趣爱好的居民建立联系。

四是拟订方案：划分若干兴趣爱好小组，自主制订团队活动方案。

五是开展行动：根据方案开展兴趣爱好类团队活动。

六是发现骨干：通过观察挖掘、成员推选等方式选出 1—2 名领导者。

七是建立组织：在组织负责人的统筹下，构思组织框架、管理细则并进行备案，民主选举理事人员，设计组织的名称、标志、团服、书签等。

八是建立公约：拟定组织公约，引导成员对公约条款逐条进行举手表决，获得半数以上同意的条款予以通过。

九是能力提升：招募有一定特长的社工或志愿者为组织讲课授艺，同步开展组织能力建设，实现人人参与、人人提升。

十是社会回馈：践行公益、互助理念，引入积分制，制定积分兑换的原则、依据、标准、清单，发放积分兑换手册，建立个人积分档案。

十一是持续活动：落实组织制定的兴趣爱好类和社会服务类活动计划，使组织生活常态化。

十二是统筹推进：建立评估管理制度，以内部评估或第三方专业机构评估等形式，展开定期评估活动；制定持续推进机制，采取必要的预防和矫正措施。

积分制是当前社会治理的一种创新模式，它是为每位居民开设的“文明行为银行”账户，坚持正向激励，奖励为主。例如，在荆门市东宝区浏河社区，就把积分项目分为居民积分项目和家庭积分项目，居民积分项目分为社会治安、公益美德、社区建设等 4 大类 69 项，家庭积分项目有 11 项，且每个项目对应一定的积分分值，如义务打扫楼梯可加 20 分。由于居民在积攒一定分值后，即可兑换一定的奖励，因此积分制能有效激发居民的参与热情，使大家真正“动”起来。

图 8-1　荆门市浏河社区在党员群众服务中心设置的居民积分兑换超市

当前，文体活动类社区社会组织是城乡社区最常见的居民自治团体。特别是在缺乏社会组织基础的社区，培育兴趣爱好类社区社会组织有助于消除居民陌生感，从而为发展其他类型的社区社会组织奠定更加坚实的基础。

（二）服务、事务类组织培育基本流程

居民权益无小事，一枝一叶涉民生。近年来，伴随和谐社区建设的不断推进和居民权利意识的不断觉醒，服务事务类社区社会组织呈现出快速成长的态势，不少社区都有小区自管委员会、社区法律救助中心、社区妇女儿童保护协会、社区环境保护协会等组织。服务、事务类社区社会组织培育孵化流程如下。

一是锁定群体：了解社区面临的迫切问题，围绕某一具体问题，锁定 20 人左右的目标群体，发现有潜能有意愿的积极分子。

二是熟悉交流：举办沟通会议，采用“参与式工作法”。其活动流程见表 8-1）

三是讨论问题：围绕问题开展会议，倾听为主、不要争论，依次发言，做好记录。

四是拟订方案：划分若干讨论小组，自主制订行动方案，讨论并形成实施方案。

五是开展行动：根据实施方案开展专项问题整治行动。

六是积分兑换：制定积分兑换的原则、依据、标准、清单，发放积分兑换手册，建立个人积分档案。

七是发现骨干：通过观察挖掘、成员推选等方式选出 1—2 名领导者。

八是建立组织：在组织负责人的统筹下，构思组织框架、管理细则并进行备案，民主选举理事人员，设计组织的名称、标志、团服、书签等。

九是建立公约：拟定组织公约，引导团队成员对公约条款逐条进行举手表决，获得半数以上同意的条款予以通过。

十是持续活动：落实团队工作计划，针对问题随时研究，及时调整、完善方案，使组织活动常态化。

十一是统筹推进：建立评估管理制度，以内部评估或第三方专业机构评估等形式，开展定期评估活动；建立持续推进机制，采取必要的预防和矫正措施。

表 8-1　社区社会组织培育“参与式工作法”活动流程

步骤	内容	具体操作
第一步	沟通与交流	社工小游戏
第二步	沟通会议主题和会议规则	话题导入，开展会议
第三步	收集议题	用卡片收集各自关心的议题
第四步	议题分享	张贴议题，每人简要分享
第五步	形成议题小组	形成讨论小组，推举桌长、记录员、计时员
第六步	议题讨论	多方联动，链接公益服务资源
第七步	议题分享	各议题小组彼此分享
第八步	制订行动方案	各小组制订行动方案
第九步	发现组织负责人	发现和推选组织负责人
第十步	组建社区社会组织	制定组织框架、管理细则等

需要注意的是，面对错综复杂的社区治理现状，服务事务类社区社会组织应树立风险防范意识。一方面，在孵化初期应针对可预见且不可避免的风险进行预防，降低风险发生时的损失程度。另一方面，应完善培训机制，将日常学习与集中培训相结合，提高社区工作者队伍实务操

作能力。

（三）公益慈善（志愿）类组织培育基本流程

居民的痛点、难点，就是社区的工作重点。围绕空巢老人、困难群体，高空抛物、噪音扰民、垃圾乱扔等问题，培育“银龄互助团”“社区学生托管”“楼栋自管家”等组织，有助于动员广大居民实现自我管理和自我服务。与此同时，亦可围绕邻里和谐、温馨社区等建设目标，积极创设“调解互助小分队”“平安巡逻队”等志愿组织。公益慈善（志愿）类社区社会组织的具体培育流程如下。

一是锁定群体：通过观察法、访谈法、问卷调查法等方式，确定需要帮扶和志愿帮扶的群体。

二是群体入场：选取合适的时间和场地举办活动或会议，邀请需要帮扶群体和志愿帮扶群体入场，采用小游戏等方法促进与会人员之间的交流和联系。

三是意愿对接：以直接交流、卡片收集等形式，实现帮扶服务需求与志愿力量供给的有效对接。

四是拟订方案：根据双方意愿，自主制订行动方案，讨论并形成实施方案。

五是开展行动：根据实施方案开展专项志愿服务行动。

六是积分兑换：制定积分兑换的原则、依据、标准、清单，发放积分兑换手册，建立个人积分档案。

七是发现骨干：通过观察挖掘、成员推选等方式选出 1—2 名领导者。

八是成立组织：在组织负责人的统筹下，构思组织框架、管理细则并进行备案，民主选举理事人员，设计组织的名称、标志、团服、书签等。

九是公约协商：拟定组织公约，制定分工协议，引导帮扶双方对公约及协议条款逐条进行举手表决，获得半数以上同意的条款予以通过。

十是持续活动：落实团队工作计划，定期开展组织活动，使志愿服务活动常态化。

十一是扩大成员：创造并传播团队价值，以网页、微博直播、微信公众号等形式提升团队影响力，不断扩大团队成员和资源。

十二是统筹推进：建立评估管理制度，以内部评估或第三方专业机构评估等形式，开展定期评估活动；建立持续推进机制，采取必要的预防和矫正措施。

在居民参与过程中，社区应争取把群众认可度较高、有志愿服务意识的居民发展成为志愿者。社工通过开展专项志愿服务培训，提升志愿服务者的专业能力，努力实现从志愿服务的浅层次、普通化向深层次、专业化的转变。同时，社区还应充分运用社区能人、贤达、爱心人士等并根据各自特长发掘其公益潜能，为社区社会组织的培育孵化提供人才支撑。

图 8-2　武汉市百步亭社区“抱抱团帮帮邻”志愿服务队为空巢老人过生日

三、社区社会组织的扶持

1. 加强政策扶持

建立多元化筹资机制，通过政府购买服务、公益创投、社会支持等多种渠道支持社区社会组织培育发展。健全政府购买社区服务机制，加大政府向社区社会组织购买社区服务的力度。鼓励街道（乡镇）为社区社会组织参与社区服务提供资源支持、项目对接等服务，鼓励城乡社区党组织和村（居）民委员会为当地优秀人才领办社区社会组织提供必要支持。各地可结合实际情况探索多种形式设立工作基金，支持社区社会组织发展。

2. 建设支持平台

依托街道（乡镇）、城乡社区综合服务设施和社区社会工作服务站点等，为社区社会组织开展活动提供场地支持。推进社区社会组织支持平台建设，发挥社区社会组织联合会等枢纽型、支持型社会组织作用，有条件的地方可以建设社区社会组织孵化基地，为初创的社区社会组织提供公益创投、补贴奖励、活动场地、费用减免等支持。明确相关支持平台和孵化机构工作职责，完善工作制度，强化工作力量，为社区社会组织提供党建引领、培育孵化、资金代管、人员培训等综合服务和指导支持。有条件的地方可以探索委托具备专业能力的枢纽型社会组织或社会工作服务机构运营服务平台与孵化机构。

3. 明确发展重点

加快发展生活服务类、公益慈善类和居民互助类社区社会组织。重点培育为老年人、妇女、儿童、残疾人、失业人员、农民工、服刑人员或强制戒毒等限制自由人员的未成年子女、困难家庭、严重精神障碍患者、不良行为青少年、社区矫正人员等特定群体服务的社区社会组织。

4. 促进能力提升

加强社区社会组织骨干人才培养，通过强化业务培训、引导居民参加全国社会工作者职业资格考试等措施，着力培养一批热心关注社区事务、熟悉社会组织运作、具备专业服务能力的社区社会组织负责人和业务骨干。推动建立社区、社会工作者、社区志愿者、社区社会组织、社区公益慈善资源“五社联动”机制，提升社区社会组织服务水平。鼓励有条件的城乡社区通过设置社会工作岗位等方式，配备专人联系、指导和服务辖区内社区社会组织，不断提升社区社会组织的专业服务能力。强化社区社会组织项目开发能力，通过开展社区服务项目洽谈会、公益创投大赛等社区公益服务供需对接活动，引导社区社会组织树立项目意识，提升需求发现、项目设计、项目运作水平。推进社区社会组织品牌建设，引导优秀社区社会组织完善自身发展规划和品牌塑造，加强公益活动宣传，提高品牌辨识度和社会知晓度。指导社区社会组织规范资金使用和活动开展，强化决策公开和运作透明，不断提升服务绩效和社会公信力。

5. 实施规范管理

一是落实党建责任。社区社会组织党建工作，由街道（乡镇）、社区党组织兜底管理。有三名以上正式党员且正式注册登记的社区社会组织，都要按照党章规定，经上级党组织批准建立党组织，其中组织结构紧密、党员人数较多的要单独建立党组织。仅有个别党员的，要本着就近就便原则，通过区域统筹等方式，与其他机构或组织联合建立党组织。二是完善分类管理。落实分类登记管理要求，符合条件的社区社会组织要依法登记；对规模较大但未达到登记条件的社区社会组织，由所在乡镇人民政府、街道办事处实施管理；对规模较小、组织松散的社区社会组织，由社区党组织领导，居民委员会对其活动进行指导和管理。推动建立社区社会组织开展节庆活动、文化演出、体育竞赛、人员集会等重大活动报告制度。探索建立社区社会组织定期向社区“两委”报告工作、由社区“两委”和居民群众对社区社会组织工作进行评估评议制度，评估评议结果作为表扬、资助社区社会组织相关工作的重要参考。三是规范内部治理。监督、引导社区社会组织遵纪守法、遵章守规。推动社区社会组织制定简易章程，以章程为核心加强宗旨建设，规范内部治理、资金使用和活动开展。积极创造条件，加强街道（乡镇）层面社区社会组织联合会建设，引导其积极承担社会责任，强化自律管理。

第三节　社区社会组织参与社区治理途径

社区社会组织是社区治理的重要力量，在社区治理中发挥积极作用。推进社区社会组织参与社区治理，需要通过社区自助互助服务、项目承接、活动开展、协商议事和文化建设等途径来实现。

一、开展自助互助服务

一是培育互助意识。社会组织能够以团队自管共管机制促进居民事务共同协作，以团队协商决策机制促进居民共同协商议事，以团队责任契约机制促进居民共同履责，以团队分工合作机制促进居民共同行动，以积分兑换机制实现共同激励，从而促进居民协作解决生活中关乎切身利益的实际问题和矛盾纠纷。

二是开展互助活动。社会组织能够结合居民性别、年龄、职业、阶层等差异，精准把握居民的差异化需求，策划主题突出、特色鲜明的自助互助服务项目。例如，社会组织围绕空巢老人、少年儿童、残疾人等困难群体需求，可以针对性开展“银龄互助团”“社区学生托管”“帮帮爱残疾人互助联谊会”等活动。

图 8-3　黄石市胜利路社区居民协商开展“我爱我楼”楼栋互助项目

二、承接社区服务项目

一是回应居民服务需求。根据居民需求，社区有针对性地孵化生活服务类、公益慈善类、居民互助类等社区服务项目。在这一过程中，要激励社会组织主动承接项目，在脱贫攻坚、就业创业、生产互助、卫生健康、文化体育、社会治安、纠纷调解、生活救助、减灾救灾、留守人员关爱等方面发挥重要作用。

二是加强项目管理培训。社区通过构建专业社会工作者和社区社会组织联系协作机制，定期开展社区服务项目交流和实地学习等实践活动，不断锻炼和强化社区社会组织公益服务项目创意策划能力，提升社会组织需求发现、项目设计、项目运作、品牌塑造的水平。

三是积极筹措项目资金。在政府下拨资金基础上，社区以爱心捐助等方式筹集必要的资金，使政府资金、社会资金等资源向社区社会组织和服务项目倾斜。

三、承办社区公益活动

开展邻里互助、公益慈善、为民服务等公益活动，社区社会组织责无旁贷。尽管社区公益活动覆盖范围广、涉及群体多，但它们具有相似且可资借鉴的操作流程。具体而言，推进社区社会组织将团队组建、优势识别、主题确定、方案策划、公约制定、资源链接、资源兑换、积分兑换、宣传营销、经验总结“十大步”走稳走实（见表8-2），有助于进一步提升公益活动的参与程度和居民的幸福指数。

表8-2　社区社会组织承办社区公益活动的“十步走”流程

步骤	内容
第一步	点兵点将，组建承办负责团队；
第二步	博采众长，梳理团队优势清单；
第三步	倾听民声，确定公益活动主题；
第四步	集思广益，策划公益活动方案；
第五步	规范队伍，制定活动服务公约；
第六步	多方联动，链接公益服务资源；
第七步	统筹资源，形成在地兑换清单；
第八步	精准激励，构建活动积分清单；
第九步	广而告之，开展活动宣传营销；
第十步	事后复盘，总结活动经验不足。

值得注意的是，在承办社区公益活动时，社区社会组织常常也面临团队“独木难支”、公益活动“朝来夕走”、参与治理“众口难调”等问题。为使社区成员在公益活动中做想做的事、能做的事、爱做的事、做得好的事，可以让居民自主选择想要参与的活动，串起团队成员“同心圆”。与此同时，要注意破除公益活动中“为了活动办活动”的形式主义。

四、参与社区协商议事

一是强化组织建设，奠定协商基础。社会组织能够强化居民协商意识，从“要我协商”变为“我要协商”，从“参与协商”变为“有效参与协商”。同时，社区社会组织能够借助其自主性、灵活性与专业性等优势，使具备协商技能的专业人才加入进来，从而搭建社区协商议事团队与平台，开展社区协商议事实务培训，培育专业协商议事主持团队，增强参与协商的实效性。

二是进行协商实践，助推社区共治。社会组织往往扮演问题发现者、协商组织者、资源链接者、方案助推者等多重角色。它能够参与协商制度、规则与程序的建立，帮助社区干部和居民掌握一定协商技能；能够发挥各自特长与专业优势，积极建言献策，链接多方资源，筹集公益物资；能够对居民参与次数、协商成效及居民反馈等情况进行评估，建立积分激励机制，为突出表现者提供相应的物质与精神奖励。

五、参与社区文化建设

一是开展社区活动，弘扬优秀文化。社会组织通过积极参与“社区楷模”“文明家庭”等各种社区创建活动，有助于弘扬优秀传统文化，营造向上向善、孝老爱亲、与邻为善、守望互助的良好社区氛围，增强居民群众的社区认同感、归属感、责任感和荣誉感。

二是培育社区精神，增强社区凝聚力。社会组织通过举办社区文体类社会活动，促进社区居民，特别是中老年居民的文化娱乐、强身健体、信息交流、交往扩大和知识增长，促进社区居民形成良好的理想追求、价值理念、行为习惯。

三是活跃社区气氛，丰富居民生活。社区通过培育书画社、诗社、器乐社、歌社、棋牌社、舞蹈社等兴趣爱好类组织，帮助居民找到志趣相投的伙伴，减少居民的孤单感和消除彼此的隔膜感，努力使社区居民摆脱过去互为陌路的处境，大力营造活泼、温馨的社区生活氛围。

阅 读 材 料

甘肃省酒泉市肃州区：综合助力育组织 整合资源释动能

结合甘肃省酒泉市肃州区创建全国社区治理和服务创新实验区契机，东关苑社区通过党建引领、项目带动、公益创投、志愿服务等综合助力，整合社区、社会组织、社工队伍、辖区单位、社会力量，建立社会组织孵化室1处、引进专业社会组织6家，孵化社区社会组织5个，增强了社区治理发展新动能。

图 8-4　酒泉市东关苑社区社会组织开展志愿服务活动

（一）党建引领，社会组织"统起来"

社区探索"党建+社会组织"工作模式，成立社会组织联合党支部，配齐配强支部班子，形成以社区党组织建设带动社会服务组织、群众自治组织的组织领导体系。将支部建设纳入社区党建工作，通过"1+2+N"工作模式（"1"：每次活动确定一个主题，"2"：每次主题党日开展重温入党誓词、党员现场交纳党费两项固定活动，"N"：开展集体学习研讨、党建知识竞赛、唱红色歌曲、环境整治、慰问帮扶、志愿服务等活动），带动引领社会组织其他成员积极参与到社区管理和服务中来。

建立"社区+社会组织+网格+业委会+物业公司+志愿者"六位一体的管理服务模式，开展党员物资捐助、植树护绿、卫生整治等主题活动，办好群众期盼的绿化、硬化、扶危济困等实事20余件，满足居民多样化需求。

（二）项目带动，社会组织"驻进来"

社区成立社会组织党群服务中心，建立志愿者培训服务基地、新时代文明实践站，设立法律咨询室、心理工作室、培育孵化室、筑梦书屋、四点半课堂、健康小屋、志愿积分兑换超市、居民议事工作站、社会工作服务站、妇女之家、志愿者之家、青年之家、多功能室等10余个功能室，引进瑞泽社会工作服务中心、冰融心理咨询室、健康小屋、海荣法律咨询工作室等6家社会组织参与社会治理、心理疏导、法律咨询、矛盾化解、公益服务等工作。

由专业的社工人员引领和带动志愿者为辖区各类人员提供关爱服务，并调动社区、社会各种主体力量参与社区治理和服务创新，架起了社会组织与居民、社工队伍与居民、居民与居民之间的互动、互联、互信的桥梁，有效促进了社区治理规范化、专业化、精细化。

（三）志愿服务，社会组织“活起来”

在社会组织党群服务中心注册成立“夕阳红志愿者协会”，从居民领袖及带头人中挖掘培育由党员、妇女、青年等不同群体组成的“先锋赞”“巧姐”“管得宽”“小喇叭”等13支志愿者服务队伍，招募志愿者500余名，健全完善社区志愿者招募注册等8项制度，将每月5日确定为“固定志愿服务日”，集中开展健康讲座、法律咨询、文艺活动、修理服务、生活照料等大型志愿服务活动，常态化开展环境卫生整治、不文明行为劝导、惠民政策宣传等服务活动。

同时，多方协调由社会团体、知名企业、“五联双报到”单位、辖区在职党员及社会爱心人士捐助的价值30余万元爱心物资，建成“积分兑换超市”，居民通过参与志愿活动，获得相应积分，每季度开展1次志愿服务积分兑换物品活动，有效激发了居民群众参与志愿服务、环境卫生整治等活动的积极性、主动性。通过社会组织、志愿者队伍常态化开展环境卫生整治、不文明行为劝导、各项惠民政策宣传、法律咨询服务等志愿服务活动，有效美化了辖区整体环境，改善了社区社会治安环境，提升了社区居民生活品质。

（四）公益创投，社会组织“强起来”

投入“公益创投”资金5万元，孵化培育出365市容市貌维护中心、睦邻矛盾纠纷调解中心、润禾技能培训中心、雨丝文艺社、牵手邻里互助社等5家社区社会组织，进一步发展壮大了社区工作力量。

搭建社区志愿服务“晚霞心愿剧场”“民族团结小广场”“文艺演出

大舞台”等群众喜闻乐见的活动平台，丰富辖区居民的精神文化生活，促进了社区和谐、邻里和顺、家庭和睦。近年来，社区成功举办了“思家风、忆家训”诗文朗诵大赛、“最是书香能致远”朗读分享交流、母亲节感恩、红歌大赛、秦腔文化艺术节、千人饺子宴、同唱一首歌升国旗等大型品牌志愿服务活动30余场次，参与人数累计达3000多人次。

江苏省南京市雨花台区：“外部引进 定向孵化 内生培育”立体化发展社区社会组织

江苏省南京市雨花台区是民政部确定的“第二批全国社区治理和服务创新实验区”，围绕“培育社会组织，助力社区治理”的实验主题，开展工作创新实践，形成“开放设计、立体扶持、落地生根、全面承接、持续发展”的特色模式，优先发展软件服务类、科技创新类、矛盾化解类、协调管理类、公益慈善类、社区服务类社会组织，推动社区社会组织在服务发展、改善民生中发挥作用。

（一）搭建立体化社会组织培育平台

一是全力做强区级社会组织孵化中心。建成集党建、孵化、服务、采购“四位一体”的区级社会组织培育中心，以培育创新型公益机构、解决社会问题、促进社会进步为目标，面向全区做好专项孵化，面向街道做好定向孵化，面向社会组织做好全方位服务。

二是全力做实街道社会组织服务中心。在全市率先实现街道社会组织服务中心全覆盖，中心全部由第三方枢纽型社会组织承接，通过社区、社会组织、社会工作者“三社联动”，广泛整合社会资源，引入专业运作理念，增强志愿服务氛围，助力社区便民服务。

三是全力做优社区社会组织联合会。在全国率先提出在社区层面成立社区社会组织联合会，并实现覆盖率100%。联合会负责统筹协调、服务指导社区内社会组织建设工作，挖掘社区居民需求，培育社区居民领袖，对接社区内外资源，着力构筑社区社会组织联动发展的枢纽平台。

（二）孵化培育产生倍增效应

一是孵化社会组织产生倍增效应。3 年来，区级社会组织培育中心累计孵化了 43 家内部治理规范、专业服务能力强的社会组织，涉及敬老、助残、环保、救灾、慈善、助学、科技、食品安全、社区营造等各领域，出壳后立足雨花辐射全市。

二是社会组织门类齐全覆盖广泛。采取“外部引进、定向孵化、内生培育”等多种途径，陆续引进上海恩派等十多家国内知名社会组织；针对社区居民的实际需求，为社区定向孵化了爱之光、百蝶缘、本善等一批公益服务类社会组织；大力鼓励雨花台本土居民发挥自身优势成立社会组织，先后涌现出互助会、手牵手、知识产权促进中心等大量具有雨花台特色的社会组织。

湖北省宜昌市白鸭寺社区：培育社区社会组织 打造“新熟人社会”

近年来，宜昌市枝江市白鸭寺社区通过对接居民需求，构建社群网络，化解邻里交往危机，破“生”创“熟”，打造了以“新趣缘”“新地缘”和“新志缘”为纽带的“新熟人社会”，形成社区特色的“社群创熟”工作法。

白鸭寺社区是 2015 年 7 月才成立的新型物业型社区，成立之初，辖有居民 8000 余人，居民间关系疏离，互助意识淡薄。对此，该社区于 2016 年 3 月开始创意实施“中央山水·国学社”项目，带动诸多社团的成立，使公益理念渐入人心；2017 年，整合现有资源，对接需求，成立“中央山水爱心义工联盟”，推动长效发展；2018 年，致力于实现“居民围绕社团转，社团围绕公益转，公益围绕积分转，积分围绕资源转”，形成社区治理的良性发展。通过三年的探索与实践，最终形成了以培育发展社区社会组织，促进居民交往、彼此熟悉，构建邻里守望、邻里互助、邻里自治的社区共同体为目标的“社群创熟工作法”。

白鸭寺社区“社群创熟工作法”具体以兴趣为纽带，发展兴趣类社群。锁定意愿社群、满足社群需求、促进社区融合。截至目前，白鸭寺社区共有文化娱乐类社群 12 个，兴趣类爱好类社群 16 个。其次，以需求为纽带，培育互助类社群。通过需求对接、积分回馈、单位共建、社团对接等方式，发动 12 个兴趣类社群骨干分子开展意愿调查，形成“白鸭寺需求事项对接清单”，搭建需求人和服务人互动平台。同时，以问题为纽带，针对社区内车辆乱停、垃圾乱丢、楼道乱堆、乱拉乱晒等“五乱问题”，培育发展社区问题治理类社群，制定治理公约、行动方案，以“团队+治理+公约”的创意元素开展治理活动 6 个，按照“四个具体”原则细化每项活动。

枝江市马家店街道白鸭寺社区党支部书记柳王洪介绍，社区“社群创熟工作法”入列全国 100 个优秀社区工作法后，社区一班人积极参与枝江创建全国文明城市工作，围绕深化志愿服务又开始了新的探索。志愿者们历时 130 天，入户走访了留守儿童家庭 160 户、困难儿童家庭 93 户，覆盖枝江市 8 个乡镇 130 所中小学校，建立起详细的数据库。

走在风景如画的社区小道上，柳王洪说道：“三年来，我们在探索社区治理和服务创新中，努力营造充满人情味的社区氛围，让城市、自然、建筑和人都处于‘很舒服’的状态，增强桑梓情怀，让居民有家的感觉。”

图 8-5　宜昌市白鸭寺社区志愿者参与创文工作

第九章　社区治理创新

第一节　概述

一、社区治理创新的含义

社区治理创新是指社区管理和服务的理念、方法、机制、路径、技术等的改进、完善和优化。社区治理创新的总体思路是：以习近平新时代中国特色社会主义思想为指导，认真贯彻落实中央、省委关于加强基层治理、社区治理的决策部署，坚持以加强基层党组织建设、增强基层党组织政治功能和组织力为关键，以政府治理为主导、居民需求为导向、改革创新为动力，健全体系、整合资源、增强能力，完善社区治理体制机制，提高社区治理法治化、科学化、精细化水平和组织化程度。

二、社区治理创新基本原则

（一）坚持党的领导

党的领导是中国特色社会主义最本质的特征，是中国特色社会主义制度的最大优势。在社区治理创新过程中，要把党的领导贯穿于社区治理全过程、各方面，推进社区基层党组织建设，增强基层党组织政治功能和组织力，带领群众坚定不移贯彻党的理论和路线方针政策，确保社区治理创新始终保持正确政治方向。

（二）坚持需求导向、问题导向、效果导向

社区工作覆盖面广、内容复杂，这要求社区工作者在社区治理创新过程中坚持以下三个导向。

一是坚持需求导向。社区治理创新要以人民为中心，以居民需求为导向，把服务居民、造福居民作为社区治理的出发点和落脚点。这要求社区工作者在治理创新过程中回应居民群众新期待、新需求，强化社区为民、便民、安民功能，努力做到居民有需求、社区有服务。

二是强化问题导向。社区治理创新要坚持问题导向，以解决社区居民的急难愁盼问题为重点。这要求社区工作者：一要通过建立“线上＋线下”的问题反映渠道，全面摸排社区治理中存在的实际问题及其原因；二要组织社区多方主体参与社区治理，使居民最关心、反映最强烈的问题得到迅速、及时、有效的解决；三要创新社区风险预防机制，提高预测、预警、预防各类风险的能力。

三是坚持效果导向。社区治理创新要重视实际效果，克服形式主义。在社区治理创新过程中，社区工作者要以提升社区治理效能为导向，以信息技术为支撑，融合多元共治，构建社区治理的长效机制，做到社区问题精准把握、社区治理精准施策、社区风险及时研判，切实增强居民群众的获得感、幸福感、安全感。

（三）坚持因地制宜，突出特色

坚持“因地制宜，突出特色”是加强社区治理创新的基本原则。《中共中央、国务院关于加强和完善城乡社区治理的意见》指出：“要推动各地立足自身资源禀赋、基础条件、人文特色等实际情况，确定加强和完善城乡社区治理的发展思路和推进策略，实现顶层设计和基层实践有机结合，加快形成既有共性又有特色的城乡社区治理模式。”社区治理应具有鲜明的地方特色，要坚持一切从实际出发，因地制宜，突出特色，勇于创新，走出一条具有本地本社区特色的社区治理路子。

第二节　社区治理创新要求

深入推进社区治理创新，需要在理念创新、内容创新、机制创新、方法创新、技术创新等方面下功夫，激发社区治理新潜能，探索社区治理新路子。

一、重视理念创新

（一）生活共同体理念

社区是一定区域内居住的居民组成的社会生活共同体。所谓社会生活共同体，是指由若干个人、群体和组织在社会互动的基础上，依据一定的方式和社会规范结合而成的一个生活上相互关联的大集体，其成员之间逐步形成共同的价值认同和生活方式、共同的利益和需求以及强烈的认同意识。因此，社区治理创新需要重视社会生活共同体理念的树立，营造更具包容性、开放性的社区文化氛围，推动和谐社区建设。

（二）助人自助理念

“助人自助”是社会工作的核心理念。社会工作者应通过其帮助，使服务对象（案主）增强其独立性，而非增强其依赖性，在日后遇到类似的问题时，可以独立自主地加以解决。社会工作所强调的人文关怀、社会支持、优势视角、增能赋权等理念，可以让公共服务更有温度。社区工作者要通过学习社会工作知识和技能，为社区工作增能，为居民提供有温度的社区服务。

（三）精细化治理理念

以“精细化”的治理理念取代以往“粗放式”的治理理念是我国社区治理的一次重大理念创新。社区治理精细化就是要在社区治理活动中引入精细化理念与原则，利用更低的成本、更专业的治理手段，实现更优质、更细致、更人性化的治理效果，即以精益、精确、细致、严格为原则，以标准化、科学化、规范化、人性化的思路，通过理念、制度、方法和技术的精细化，实现社区治理的精准、科学、高效、和谐。推进社区治理精细化，需要做到“五个坚持”：一是坚持治理理念人本化，践行“以人民为中心”的服务思想；二是坚持治理主体多元化，发动机关、企事业单位、社会组织、社区居民等多方力量参与；三是健全协商民主制度和平等对话机制，认真听取群众的意见建议；四是坚持治理手段智能化，以科技推动社区治理智能发展；五是坚持治理体系法治化，完善法律法规制度体系。

二、加强体制机制创新

（一）完善党建引领机制

创新社区治理运行机制，要发挥党建引领作用，加强党对社区的政治引领、组织引领和思想引领。党建引领机制的创新需要积极探索“党建＋”模式，将党建与社区治理工作有机融合。党建引领社区治理可以尝试从如下几个方面着手：

第一，“一好双强”壮大队伍。坚持德才兼备选配人才，“培训＋论坛”提升能力、“述职＋考评”改进管理、“登记＋反馈”激励党员，着力建设一支思想政治素质好、治理服务能力强、群众工作能力强的党组织带头人队伍，壮大社区骨干力量。

第二，“四项服务”赢得民心。做实党组织的关爱服务、政府的基本公共服务、市场化的物业服务和助人自助式志愿服务。建立社区工作者“岗在网格（小区）、重在服务、责在连心”机制，落实网格楼栋包保责任，实行社区骨干成员联系户制度，做到有突发事情、矛盾纠纷必到，对特困老人、独居老人、困境儿童等特殊家庭必访；建好社区党员群众服务中心，推行“全岗通”服务模式，为居民提供“一站式”服务；推进城市住宅小区物业管理全覆盖，提升物业管理服务质量；建强社区志愿服务队伍、发展社区志愿服务组织，完善“群众点单、精准派单、反馈评单”机制，面向社区、服务居民，开展邻里守望、平安建设、心理疏导、社会融入、爱国卫生运动等志愿服务。

第三，“五级负责”力量下沉。落实党委书记负责社区、支部书记负责苑区、支部委员负责片区（楼群）、党小组长负责楼栋、党员负责家庭的“五级负责制”，各自“守土有责”“守土尽责”。每个楼栋配备党小组长、楼栋长和卫生委员、治安委员、文体委员、物业房管员“两长四员”，照片上墙，公开职责、电话等信息，及时办理居民反映的问题。

第四，“六步议事”居民自治。一是多种渠道“提议题”，采用线上线下等多方渠道收集民意。二是多方恳谈“出主意”，号召多方利益主体民主恳谈提建议。三是议事组织“拟方案”，居民议事会根据初步建议，拟定解决方案。四是张榜公示“开言路”，广泛征求居民意见，修订完善方案。五是专家审查“定公约”，聘请专家审查修订的方案。六是居民表决“说了算”，将审查后的方案提交居民代表会议审议，经三分之二以上代表同意后实施。

（二）推进民主协商

党的十九届四中全会通过的《中共中央关于坚持和完善中国特色社会主义制度、推进国家治理体系和治理能力现代化若干重大问题的决定》首次将民主协商纳入社会治理体系之中，为基层协商民主发展提供了政策指向。《中共中央关于制定国民经济和社会发展第十四个五年规划和二〇三五年远景目标的建议》强调，要“完善基层民主协商制度，实现政府治理同社会调节、居民自治良性互动”。协商民主是基层各类行动主体之间的协商，全国城乡基层组织协商民主活动先后经历了自发尝试、试点探索、全面推进等不同发展阶段，先后涌现出北京东城区和平里街道的“社区议事厅”、北京海淀区曙光街道建立的“四方议事会”制度、广州市增城下围村的“民主商议，一事一议”自治新模式、浙江温岭的“民主恳谈”、武汉市的社区事务听证会和社区协商议事会、武汉市江汉区的“居民论坛”和“门栋自治”、鄂州市的“一事一议”、钟祥市民主决策“六步法”、村民议事“六日谈”和民主理财“六字章”、宜都市的“五议一审”村级民主决策制度、恩施市的“1＋4＋X”村务公开模式、安陆市的民主议事恳谈会等成功典型做法。按照参与协商的主体的不同，可以把基层组织协商民主的主要做法分为五个类型。

一是议事型协商。这类协商主要是指城乡基层组织针对居民反映突出的难点、热点问题，通过干部收集梳理，形成议题，召集相关人员按照一定的流程进行商讨、议决，由居委会执行督办，达到办实事、解难事、做好事，消散民怨，聚拢民心，提高基层治理水平的目的。这一类型的协商形式有居民说事、协商议事会、居民论坛、百姓议事“半月谈”、民情恳谈会、一事一议、小巷访事等具体形式。议事型协商操作灵活简便，适应性强，应用也比较广泛，是实际工作中采用最多的协商形式。比较典型的是荆州市沙市区开展的“居民说事”，其典型做法在全省、全国相关会议上进行了推广。近年来，武汉市采取“四民工作法”，即民事民提、民事民议、民事民决、民事民评，确定社区惠民项目，解决了一批社区居民最关心、最直接、最现实的利益问题。从全国范围来看，浙江温岭的民主恳谈会也属于典型的议事协商。民主恳谈实质上是一种对话机制，在民主恳谈会上群众对政府工作提出意见和建议，或者就群众个人、单个企业的问题提出给予解决的要求。2000年12月，温岭市委将已经在各地开展的“民情恳谈”“村民民主日”“农民讲台”、“民情直通车”等活动形式，统一命名为“民主恳谈”。孝感市孝南区推行村级民主管理“理事会＋协会”模式，构建村级事务“议、审、决、管、监”五位一体的运行机制，破解了乡村治理中“事难议、议难决、决难行”的难题。

二是对话型协商。对话型协商是由基层政府及其职能部门组织，为检验涉及居民的政策成效，直接倾听群众的呼声、了解群众的感情、反映群众的意愿、解决群众的难题，向居民群众征询意见，通过面对面的条分缕析加以解释，不断改进政府工作的协商方式。对居民代表提出的问题当时不能予以解决的，认真作好记录，并在会后加以解决。对话协商意在使干群关系变“对立”为“对话”、变“上访”为“下访”、变官民之间“背靠背”为“面对面”、变“现场办公”为“日常沟通”，使居民群众反映的难点、热点问题得到妥善解决，使公共政策的制定更加切合民意。武汉市汉阳区开展的“社区对话”是此类协商的典型代表，对话内容十分广泛，既有社区环境的问题，也有社区下岗失业人员的再就业问题，还有其他涉及居民群众切身利益的一些具体问题。同时，各地还广泛开展了公共政策听证和社区事务听证活动，早在2004年，武汉市就出台了《社区事务听证会组织工作指导意见》，对社区事务听证工作进行了规范。

三是共建型协商。共建型协商是为强化驻社区单位的社区建设责任，推动驻社区单位社会性、公益性、服务性资源逐步向社区开放，努力形成共驻共建、优势互补、资源共享的工作格局，使社区范围内社会服务和重要工作如文明创建、社会治安、便民服务、环境卫生等实现协同联创的协商形式。这一类协商比较典型的做法是孝感市推行的社区党建联席会“轮值主席制”，即由社区组织、驻区单位组成共驻共建联席会，实行“轮值主席制”，轮值主席由驻区单位负责人按季度轮流担任，联席会设秘书长1人，由社区党组织书记担任。联席会定期召开会议，协商解决社区发展的突出问题，并通过督办制度、考评制度、信息通报制度，激发各单位参与共建的积极性。近年来，为加强城市基层党建，各地普遍组建了“社区大党委”，实行联席会议制度。

四是联动型协商。联动工作机制是以社区党组织为核心，发挥居民委员会主体作用，联合城乡社区范围内的物业服务企业、业主委员会、社区企业等对社区具有较强影响力的组织，以化解社区难题、提供更好服务为目标，建立联动关系，整合社区组织资源，在不同层次开展的制度化协商行动。联动各方既在各自职能范围内开展工作，又在社区党组织领导下，集中规划、协调、服务、解决社区居民的切实问题。2021年6月，省民政厅、省委两新工委、省住建厅联合印发《关于加快健全社区党组织领导下的“三方联动”机制的通知》，“三方”指社区居民委员会、业主委员会、物业服务企业，联动机制包括四项制度：联席会议制度、协同联动制度、公示通报制度、评议监督制度。成都金牛区按照“网络提案、线上受理、共商共治、即时通知”的思路，动员多方力量联动，营造社区民主协商新场景，探索建立党组织、社区社会组织、驻区单位等各类组织及“两代表一委员”、党员、社区社会工作者、居民等个体参与社区协商的激励机制。在协商平台的搭建上，创新建成集“收集、反馈、分拣、处理、公示和监督”于一体的“金牛社区提案智慧平台”。该平台集社区提案信息“征集、发布、管理、反馈”为一体，居民发现问题可以随时随地通过手机上传提案。此外，湖北武汉的探索也颇具典型性。早在城市社区建设工作开展之初，武汉市青山区、黄石市西塞山区就结合本区工矿企业多的特点，探索推行了政府部门、驻社区企业、社区组织“三体联动”的社区建设工作模式。目前，武汉市正在全市推行建立健全街道（乡、镇）和社区党组织领导下的社区居委会、业主委员会和物业服务企业“三方联动”服务机制，发挥街道（乡、镇）和社区党组织的核心领导作用，提高业主大会（业主委员会）组建率，加强业主委员会和物业服务企业党组织建设，整合服务资源，完善联席会议、服务承诺、民主决策、评议监督等制度，着力构建权责关系明晰、运行规范有序、服务优质高效的社区物业服务联动新机制。

五是开放型协商。这类协商是由对相关议题感兴趣和相关的主体，以平等身份自由进入，通过一套公认的平等协商程序，畅所欲言、理性对话、自主决议，激发参与者贡献智慧，找到解决问题的方案，并由参与者执行方案的协商形式。会议的流程主要是：选择主题—确认协商规则—征集议题—分析问题—制定方案—执行方案。此类协商形式对会议主持人的技术要求比较高，会议主持人需要经过训练方能胜任，在实际工作中运用还不够广。2014 年以来，湖北省民政厅举办的社区公益创投培训，对社区工作者进行专业社工能力训练，开放空间会议技术得到推广。此外，一些地方还利用现代信息技术开展协商，社区普遍建立了居民微信群，有的社区还建立了“网上论坛”，进一步丰富了协商民主的形式。

（三）“五社联动”机制

“五社联动”是以社区为平台、社会工作者为支撑、社区社会组织为载体、社区志愿者为骨干、社区公益慈善资源为补充的新型社区治理机制。“五社联动”立足社区，坚持以党建为引领，以居民需求为导向，以政府购买服务为牵引，旨在发挥社会工作的专业优势，赋能社区社会组织、社区志愿者和社区居民，发掘和利用社区公益慈善资源，提升社区治理效能，推动建设人人有责、人人尽责、人人享有的社会治理共同体。“五社联动”是完善社区服务体系、回应居民服务需求的重要途径，是提升民政服务能力的重要手段，是创新基层社会治理、激发社会活力的内在要求，是改善人民生活品质、完善共建共治共享的社会治理制度的重要举措，对于巩固党的执政基础、化解社会矛盾、调适社会关系、增进社会融合、促进社会协同等具有重要意义。

健全“五社联动”机制，有四个关键点需要把握：

第一，提供政策支撑。中央应出台相应政策文件，为“五社联动”服务的开展保驾护航。

第二，夯实平台基础。一方面要转变政府职能，让渡服务空间，推进社区服务社会化；另一方面要加快培育“五社”，为社区减负，为社会组织增能，为社会工作者提质。

第三，开展特色服务。结合社区问题，联合社会组织，因地制宜开展特色活动，如围绕环境问题开展“环保酵素项目”，围绕养老问题开展“送餐服务”，围绕邻里关系问题开展“睦邻计划”，围绕老旧房屋问题开展“新安居计划”等等。

第四，加强资金保障。通过政府购买服务、驻社区单位支持、公益捐赠、建立社区发展基金等方式，确保“五社联动”服务顺利运行。

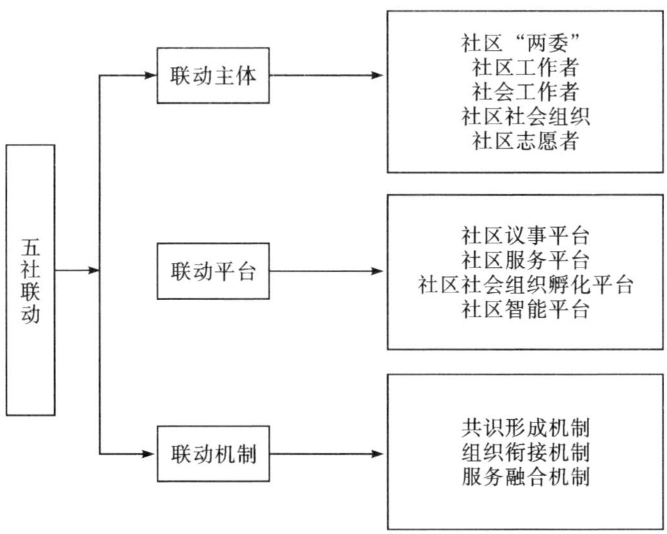

“五社联动”机制示意图

（四）“三方联动”机制

“三方联动”机制是指积极发挥社区居委会、业主委员会和物业服务企业在物业管理方面相互配合、相互促进作用，提升小区治理水平，提高居民自治能力而形成的工作制度、议事规则和工作措施。“三方联动”机制是社区治理创新的又一重要方向，其关键在于如何使“三方”有效地联动起来，优化社区治理的实际效果，提升社区居民的生活质量。

1. 建立“三方”联席议事协调制度

街道（乡镇）指导社区以小区为单位建立社区居民委员会、业主委员会、物业服务企业共同参加的联席会议制度，着力构建“有事多商量、有事好商量、有事会商量”的民主协商机制。社区党组织负责人或受委托的小区党组织负责人担任会议召集人，社区居民委员会、业主委员会和物业服务企业相关负责人或成员参加，小区党组织成员、负责网格服务管理的社区专职工作人员、业主代表、下沉党员干部代表、辖区单位代表、社区社会组织负责人、社区律师、物业服务企业工作人员等可列席会议。联席会议主要任务是学习有关法律法规和政策文件，相互沟通情况，研究涉及小区居民利益的重大事项，协调解决物业管理中的矛盾问题等。联席会议议题由社区居民委员会、业主委员会和物业服务企业提出，社区党组织研究确定，会议采取工作例会、现场办公、视频会议等形式进行，一般每两个月召开一次，遇有重大问题或特殊情况可随时召开。参加会议的社区居民委员会成员或指定专人负责会议记录，会议记录由社区居民委员会保存。

2. 实施协同联动解决实际问题制度

社区居民委员会、业主委员会、物业服务企业应聚焦解决社区居民的操心事、烦心事、揪心事，主动收集并研究解决社区居民反映的问题，着力为居民群众办实事。“三方”联席会议针对社区居民反映的问题研究对策、措施达成一致意见后，要明确责任分工，“三方”按照职责任务迅速抓落实，对行动缓慢或落实不力的单位由社区党组织安排专人进行督办。需要“三方”同步推进才能解决的问题，由社区党组织加强统筹协调，或授权社区居民委员会牵头，组织“三方”步调一致、协同联动推动问题解决。超出“三方”职责范围的问题，社区党组织应及时提请街道（乡镇）通过“街道（乡镇）吹哨、部门报到”或“社区吹哨、党员报到”工作机制，协调政府相关职能部门、驻社区单位、群团组织、社会组织、下沉党员干部等力量，支持“三方”解决问题。在解决问题过程中，社区居民委员会、业主委员会可通过民情恳谈会、工作听证会、服务评议会等形式，畅通沟通渠道，合理有序引导居民群众参与。对大额维修资金使用、物业服务企业变更、物业费调整等重大事项，街道（乡镇）和社区党组织要提前介入，为小区公共利益把关。

3. 实行公示、通报和报告制度

社区党组织督促“三方”利用小区公开栏、微信群等，主动公开社区居民委员会和业主委员会成员、物业服务企业项目管理人员的姓名、职务、联系方式等基本信息，畅通小区居民群众反映问题和表达诉求的渠道；指导“三方”结合各自职能职责作出服务承诺，并及时公开承诺内容、居民群众反映问题的协商研究意见、办理进展及结果，接受居民群众监督。“三方”通过联席会议或工作群适时相互通报收集居民群众反映问题情况和解决实际问题进展情况，重要紧急信息必须第一时间通报并联动处置。凡涉及小区居民切身利益的重大事项，如物业服务企业选聘解聘、公共设施设备维修改造、大额维修资金使用、业主共有部分经营与收益等，业主委员会应提前向街道（乡镇）、社区党组织和居民委员会报告，并接受领导、指导和监督。

4. 健全评议监督考核制度

社区（小区）党组织定期组织党员、业主和居民群众代表评议“三方”履职工作情况，组织“三方”采取灵活方式进行述职和互评，督促“三方”进一步健全和认真落实联席议事协调、协同联动解决实际问题、公示通报等制度，强化承诺和履诺监督管理。评议结果与社区居民委员会和业主委员会履职考核、物业服务质量考评、物业服务企业信用评价挂钩，作为年度考核考评、评先表彰、社区居民委员会换届、业主委员会改选调整和物业服务企业解聘续聘的重要依据。下沉党员干部在业主委员会中担任职务的，在年度考核、评先评优时，应当采取一定方式了解其履职表现情况。积极探索开展业主委员会表彰项目。

（五）公益创投机制

公益创投作为政府扶持和培育社区社会组织发展的一种创新模式，成为社区治理的热点和新动力源。公益创投将风险投资的理念应用于公益服务中，利用政府、社会组织、企业、社会工作者和居民的共同参与，扶持和培育社区自治组织发展，为社区居民提供多元化、个性化的服务，切实解决养老、助残、教育、妇女儿童保护、楼栋自治等方面的问题，以利于建立社区公益服务和居民自治的长效机制，引导、激发和释放社区内在活力，打造富有生机和活力的社区生活共同体。

自 2014 年以来，省民政厅已连续七年举办社区公益创投大赛，形成了以政府购买服务为引导，以专业团队和专业技术为支撑，政府、社区工作者和居民共同参与的特色发展模式，通过开展各项活动，整合社区资源，培育社区社会组织，提升社区治理能力。如武汉市武昌区南湖街道华锦社区在政府和社区“两委”的支持引导下，组建了“流动党员志愿服务队”，通过开展“巧姐姐党员义卖”、党员爱心捐赠等社区公益活动，将所筹物资用于资助社区困难家庭，形成了“以政府资助为引导、社区公益众筹为补充”的社区治理资金来源渠道，提高了居民参与度和生活幸福感。

社区公益创投主要包括准备、申报、评审三个阶段。在此过程中，社区“两委”成员、社工、社区居民协同社区社会组织共同策划和执行公益创投项目，由社区居委会进行上报申请，由县级民政部门进行项目评选、资助和验收。在申报公益创投项目之前，社区工作人员需做好以下工作：

第一，进行民意调查，锁定目标群体。立足于社区的现实问题，了解社区居民对参与社区志愿服务的意愿情况、时间情况、自我认知情况，通过发放调查卡片、上门访问、召开讨论会、举办社情调查活动等方式，明确居民需求，锁定有意向有条件参与志愿服务的目标群体。

第二，引导居民制定公约，形成自我约束。目标群体确定后，社区居委会和社工要引导目标群体开展“热身活动”，制定社团公约。如组织茶话会、讨论会、开放空间会议等，按照热身、分组、讨论、表决等流程，引导成员在加深了解的同时制定社团公约。

第三，引导居民开展创意活动，自选骨干。社区工作者引导社团成员开展活动，如开展清理楼道消防安全知识讲座、联欢会、节日庆典等活动，促使社团成员选出自己的骨干，组建领导队伍，正式成立社团。社区工作人员在此过程中，处于逐步放手的状态，一步步引导社团走向成立。

第四，社团自我组织，自我发展。社团成熟之后，社区工作者退出，由引导者转向监督者，社团负责人带领社团成员独立开展各项活动，实现社区居民的自我组织、自我发展、自我服务，并将公益理念辐射到更多的人。

（六）积分激励机制

积分激励是指对社区居民日常行为和参与社区重要事务情况进行量化积分，并根据积分结果给予相应激励的一种机制。社区积分激励机制的建立和完善需要从以下几个方面着手。

第一，从需求出发，制定科学的社区积分管理办法。把居民关心的社区基础设施改善、小区环境治理、小区公共服务、社区重点工作、家庭家教家风建设等纳入积分范畴。首先，在积分标准的设定上，分主体设置。根据社区服务对象的类别，分类设置积分事项、积分标准和积分账户。其次，在积分行为认定上分步骤确定，如按照时间、地点、事件三要素齐全的要求，遵循自行申报、网格员初审、社区审核、公告公示、录入系统等若干步骤，有序依规对社区居民及家庭积分进行认定。最后，设置不同类别的积分奖励。大致可分为精神奖励、物质奖励、服务奖励等若干种类，以正向激励的方式鼓励居民参与社区治理。

第二，积极利用多种方式确保积分制的落实，让社区居民参与到社区治理事务之中。广泛宣传发动居民参与，以社区网格为依托，向社区各楼栋、各家庭宣传积分制的相关内容，同时利用社区公众号、微信公众号、QQ群、微信群等渠道，全覆盖式地向居民宣传积分制的运作方式、目的与奖励办法，积极营造社区居民共同参与社区治理的氛围。组织活动以调动居民参与，如开展社区宣讲、社区居民运动会、民主恳谈会、居民分享会等，激发居民参与热情。同时，发挥先进示范带动作用，定期在社区公示平台上公示居民积分情况，以“亮积分、比积分、兑积分”的方式，实现“发展一个，带动一批”的效果。

第三，注重整合社区相关资源，为积分制的运行提供支撑。首先是人力资源整合。组织居民代表、网格员、社区志愿者、社区干部、社区“五老”、社区民警等成立积分制工作小组，分工协同保障积分制的顺利开展，根据各自的工作领域负责积分的申报、审核、认定、公示等工作，确保积分的公平、公正、公开。其次，积极整合资金资源为积分制提供物质保障。将创投项目资金、财政专项资金、捐赠物资等多类资金资源整合，解决社区积分制管理的经费问题。最后，整合社会资源，积极与各类公共服务供给公司合作，为社区积分制的运行提供支持。

三、推进方法创新

加强和创新社区治理，要注重探索社区工作规律和总结提炼行之有效的做法，学习借鉴各地先进典型经验，形成本社区工作法。2018 年，民政部办公厅印发《关于推广军门社区工作法和开展优秀社区工作法征集展示活动的通知》，湖北省民政厅转发通知，并积极推广福建省福州市鼓楼区东街街道军门社区工作法，在全省开展优秀城乡社区工作法征集展示活动，组织优秀城乡社区工作法评选发布活动。各地结合本地社区实际，总结提炼出许多务实管用、各具特色、易于推广的城乡社区工作法，引领、带动、提升了全省城乡社区治理工作水平。

社区工作法就是社区开展某项工作或综合性工作的具体做法。社区工作法一般按下面的要求和步骤总结提炼：

名称：＊＊＊社区＊＊＊工作法（选取一个最具特色、做得最好、切合当前要求的工作来定，名称拟定要一目了然、画龙点睛）。

社区概况：包括社区区域位置、居民户数人数、社区成立时间、社区类型特点、近年来取得的荣誉等。（300 字左右）

社区工作法的形成过程：紧扣主题，总结社区从什么时候开始，针对什么问题，按照什么思路，经过几个阶段的探索实践，形成了目前的工作法，再解释一下这个工作法的大致含义。（400 字左右）

社区工作法的主要内容：就是阐明具体的步骤、方法以及结果，主要总结社区为解决什么问题所采取的步骤、方法和取得的结果，即每一步将“目的＋方法＋过程＋结果”写清楚。这一部分是核心。（大约 2500 字左右）

社区工作法取得的成效：回应开头提出的突出问题，把工作法应用以来取得的成效提炼成几个方面。例如从解决问题的角度来看有什么成效、从居民的角度来看有什么成效、从社区的角度来看有什么成效等，每一个成效要有观点、有说明、有例证。（这部分500字左右）

社区工作法产生的影响：①中央、省、市哪些领导来过社区、肯定过社区的做法；②中央、省、市哪些部门对社区的做法进行过调研、总结、推广；③中央、省、市哪些新闻媒体对社区的做法进行过宣传报道；④哪些地方的同行来参观学习过社区的做法。要求具体明确、言简意赅，若内容较多可只写较重要的。（这部分300字左右）

第三节 社区治理创新保障

社区治理创新既要基于社区条件，创新治理方法，也需要汇聚多元主体的力量，为社区治理创新营造良好的环境。因此，社区治理创新需要充分发挥多方的主动性，从多个方面创造与社区治理创新发展相匹配的条件，保障社区治理创新工作的顺利开展。

一、争取多方力量支持社区治理创新

社区治理创新作为社会治理创新的有机组成部分，离不开上级党委、政府以及社会力量等多方支持。习近平总书记明确指出：“加强和创新社会治理，关键在体制创新，核心是人，只有人与人和谐相处，社会才会安定有序。”多方主体力量的支持，对于推动社区治理创新具有重要意义，大致包括如下三个方面。

一是争取支持性政策。通过争取政策支持为社区治理创新注入活力，积极鼓励积极探索符合社区发展的治理创新模式。以相对连贯的政策为支撑，搭建社区治理创新的学习平台，提升社区活力。

二是做好承接事权的相关准备，提升社区治理创新的内在活力。根据上级下放的事权，社区需要做好有序承接事权的相关准备。例如，在社区工作人员的选聘、部分社会管理职能的初审权、部分公共服务办理权等方面，做好相关准备工作，使事权下放能够与社区治理创新工作有机结合，打造具有社区特色的治理创新模式。

三是多渠道拓宽资金来源，为社区的治理创新提供资金支持。一方面，积极向上级政府申请财政支持，保障社区治理创新的质量；另一方

面，积极吸纳社会资金，在社会治理创新中充分利用社会力量，为社区治理创新的可持续性提供多元的资金支持。

二、充分发挥社区党组织战斗堡垒作用和社区居民委员会的基础作用

在社区的治理创新中，社区“两委”是统筹社区工作、凝聚社区力量、贯彻上级创新治理政策的重要桥梁。在探索社区治理创新的过程中，社区“两委”需要在科学谋划、扎实准备、有序推进以及治理创新的可持续运行等各个环节发挥好主导与监督的重要作用。因此，充分发挥社区“两委”的战斗堡垒作用至关重要，其职责具体体现为如下几个方面：首先，应由社区“两委”牵头组成社区治理创新工作队伍，根据社区治理的实际情况，有规划地推进社区治理创新工作。其次，社区“两委”应将社区治理创新纳入社区的发展规划之中，聚焦于社区治理中的重点、难点问题，逐步总结和提炼具有特色的社区治理创新模式。最后，社区“两委”需要主动寻求企业、高校、专业机构等多元主体的协助支持，确保社区治理创新成果的可持续性。

三、提升社工队伍的创新意识与创新能力

作为活跃在社区治理工作一线的社区工作者队伍，其能力与社区治理创新密切相关。一方面，社工队伍是社区治理创新的重要主体，要充分发挥社工队伍自身的能动作用。在社区的治理实践中，社工队伍往往更清楚社区治理面临的难点，而化解社区治理中的难点、为社区居民提供更为便捷的服务恰恰是社区治理创新的重要任务。另一方面，要通过社工培训、参观学习、开放式讨论等方式，提升社工队伍的创新能力，打造一支高素质、能力强且富有创新精神的社会工作队伍，为社区治理创新提供人才保障。

阅读材料

案例材料：成都市成华区：以技术创新驱动智慧社区建设

成都市成华区以市域社会治理现代化为目标，以党建引领、双线融合、智慧治理为主路径，构建共组织、共治理、共发展的“大联动·家空间”智慧社区共同体。成华区智慧社区建设主要从以下三个方面着手：

第一，深化“大联动·微治理”体系，构建新型智慧社区新机制。主要包括：将智慧社区与“数字政府”建设进行整体规划，打造“大联动·微治理”社区治理云平台，构建“一中心（社区综治中心）三平台（组织、安防、服务）+X（特色应用功能）”智慧社区建设体系架构；打造9大示范应用场景，加快推动社区治理“一网运行”、政务服务“一网通办”、社会诉求“一键回应”、居民自治“一屏参与”的社区共同体建设；加快推动智慧社区建设主体由政府“大包大揽”向政社企“共建共享”转变，治理层级由“逐级式”向“扁平化”转变等。

第二，推进“一中心”集成运行，践行智慧社区新路径。主要包括：打造一体化社区综治中心，构建在线监测、分析预测、应急指挥的智慧社区运行体系；推进社区治理一体化运行、矛盾纠纷一揽子调处、民生事项一条龙服务，形成问题联治、资源连用、工作联动、事务联抓工作格局；推进智慧生活“一码畅享”，居民通过疫情防控“居民健康码”、智慧生活“成华通”等二维码即可享受便捷的社区生活服务；推进公共服务“一网通办”，打造网上政务中心、社区家门口服务站，形成“-门通、一指通、一机通”服务模式等。

第三，“三平台”协同运行，打造智慧社区新场景。主要包括：聚焦组织发动，打造“熟人社区”共同体，构建区域化党委→社区党委→网格党支部→小区院落党小组→业委会、社团党组织+X党建组织矩阵体系；聚焦共治共管，打造“平安社区”共同体，构建街道、社区、院落、家庭四级安全体系，整合社区物联网、视联网、党政外网等资源，实现人防、物防、技防一网融通；聚焦多元互动，打造“宜居社区”共同体，实现“多让数据网上跑，少让群众路上跑”，形成业务部门、社区、社会组织、志愿者、家庭等“五位一体”服务关爱格局。

简而言之，成都市“智慧社区”的创新及成功包含如下四个关键要素：一是完善基础设施建设。依据住建部《智慧社区建设规范》，完善社区公共基础设施、智能基础设施、通信网络设施和计算储存设施，为“智慧社区”建设奠定坚实基础。二是搭建智能一体化平台。综合运用云计算、物联网、人工智能、5G应用等技术手段，构建智能化的综合服务平台，实现社区资源的有效整合与共享，提高社区治理服务效率。三是提供人性化智能服务。根据社区现状和需要，因地制宜、实事求是地建立相应的应用体系，满足社区在治理、管理、服务、商业、维稳等方面的需求。四是建立多维度的保障体系。从资金、法律、人才、运行维护、安全等方面保障“智慧社区”可持续性发展。

武汉市江岸区：盘活社区本地资源，创新社区治理机制

一、制定“三张清单”，聚焦社区治理资源

为充分发挥社区党组织的领导核心作用、社区居民委员会的基础作用、社区社会组织和辖区单位的协同作用、社区居民的参与作用，实现“全民参与，共治共建”，江岸区大胆创新，全面推行需求、资源、项目“三张清单”制度，引导社区党员、居民、社会组织和辖区单位等各方资源融入社区治理。一是制定资源清单。打破资源壁垒，建立由党委直接领导和统筹的社区治理工作模式，充分挖掘政府部门、驻社区单位、社会组织的工作职能和资源优势，提供党建、宣传、教育、文体、场地等资源服务。二是制定需求清单。通过线上线下相结合的方式，围绕居民需求和工作需要，广泛听取各方意见，精准掌握社区居民多方面需求。三是制定项目清单。完善协商议事机制，通过社区联席会议、“红色议事会”、“小巷议事厅”等协商议事平台，以项目化的运作方式将民生需求与辖区资源精准对接、双向认领，形成年度共建项目。

二、实施“四大行动”，激发社区治理活力

江岸区通过资源摸底、需求征集、项目对接实施等环节，组织实施“四大行动”，激发社区治理活力。一是实施党员为民服务行动。健全“社区党组织—网格党支部—楼栋党小组—党员门栋长”四级组织体系，组织社区工作者中的党员，发挥其引领示范作用。二是实施邻里互助行动。壮大社区志愿服务团队，发掘社区居民骨干，积极培育社区志愿者团队。三是组织社区社会组织公益行动。通过财政预算和社区惠民项目资金相结合的投入机制，建立“区、街道、社区”全覆盖的三级社会组织服务平台。四是实施辖区单位资源和服务共享行动。成立全市首个区级党建大联盟，与街道大工委、社区大党委形成三级联动的区域化党建联建体系，实现组织互联、工作互动、功能互补。

三、探索“1554”创新体系，优化社区治理格局

“1”：以党建引领为核心。按照“共建共治共享”理念，遵循党委领导、多方参与原则，积极盘活社区党建资源、邻里互助资源、社区社会组织资源、社会组织资源、辖区单位资源，通过党员示范、邻里互助、社会组织服务、社区与辖区单位互动等方式参与社区治理与服务，实现党建引领资源的汇集、投放和高效利用。“5”：盘活资源开发与社区治理5类资源。通过盘活党建资源，引导社区党员有序组织参与社区服务，增强社区党组织的政治功能；通过盘活邻里互助资源，培育形成“与邻为善、以邻为伴、守望相助”的社区氛围；通过盘活社区社会组织资源，引导居民有组织地参与公益行动，增强居民主体意识；通过盘活社会组织资源，支持社会组织承接与社区居民利益密切相关的服务，提升社区服务供给的质量和效率；通过盘活辖区单位资源，发挥辖区单位协同作用，积极参与社区治理，提升资源使用效率。“5”：创新资源开发与社区治理5项机制。创新服务外包机制，发挥市场机制作用，提升参与社区治理的广度；创新赋能机制，加强社区工作者队伍建设，不断赋权增能社区工作者，提升开发利用资源解决社区治理与服务需求的能力；创新项目机制，以项目运作方式解决和回应社区治理问题与需求；创新团队

机制，持续性组建各类团队，从居民个体自发参与，转变成围绕项目形成团队的组织化参与；创新激励机制，采取“时间银行”和积分管理等激励形式，激发、引导多元主体参与社区治理事务。“4”：资源开发与社区治理的4个指数。通过项目、团队、资金、积分等四个指数，测量社区资源开发利用过程中，不同年度的工作情况。

公益集市，全域参与：鄂州市澜湖社区共享+众筹开创社区治理新篇章

一、坚持党建引领，激发公益活力

一是建立社区“大党委”，推进在职党员进社区“双报到”，认领“五领”公益帮扶项目，构建社区与辖区单位资源互补、良性互动机制。二是成立澜湖社区首个功能型党支部，由党支部牵头，开展丰富多样的居民文化活动，激发社区居民参与积极性，提升其精神文明素养。三是激发辖区共驻共建单位形成强大合力，联合市司法局、市疾控中心等9家单位形成党建工作联抓、环境卫生联治、困难群众联帮、文化活动联办、社区文明联创的良好局面，与社区协同开展清洁家园、敲门行动、法治宣传、扶贫助残等系列活动。四是打造“红色物业”，成立党员牵头的业主、业委会、物业沟通群，打通三方沟通渠道，切实解决居民烦心事。五是激发居民活力，成立竹林广场“红色业委会志愿服务队”，开展志愿服务活动，对占道经营、噪音扰民的现象进行劝导，对乱扔乱丢垃圾的行为进行教育、制止。

二、组建公益团队，营造公益氛围

澜湖社区以培育和践行社会主义核心价值观为主线，切实发挥基层党组织的领导作用，形成以党建为引领，辐射带动全辖区的志愿服务体系，成立了澜湖社区“五老”志愿服务队、“光贤”护学队、“你丢我捡”文明劝导队、“帮帮团”、“抱抱团”志愿服务队等15支学雷锋志愿服务队，开展契合时代文明新风的志愿服务活动。同时，澜湖社区积极培育

孵化公益社区社会组织，目前已经孵化成功的社会组织有“澜湖映月·筑爱助残”“希望伴飞·明天会更好”“澜湖荷翠·港湾之家”“红色引领·益动澜湖”等4个社会组织，分别吸纳百余名社区志愿者共同参与，并通过组织社区筑爱助残社团、澜湖映月爱心艺术团、丝韵葫芦丝爱心艺术团、五老工作队四个团队，成立了澜湖社区公益基金会。

三、开展公益集市，盘活社区资源

澜湖社区致力于通过公益集市打造“共享＋众筹”社区公益生态圈。一是用科学的方法聚焦居民需求，针对居民需求设计公益活动，提供精准服务，为特困人群提供更多的实惠。通过“共享＋众筹”的模式，帮扶残疾人弱势群体、辖区困境儿童、特困群体等多类人群。二是盘活社区资源，激发社会力量帮助残疾低保等弱势群体。积极联系36家致力于公益的爱心商家，整合资源，将其分为10个功能分区，为居民提供菜单式服务，通过四场公益集市的开展，极大提升居民、各部门、各行业的参与度，丰富社区公益资源。

四、创新治理模式，促进共享＋众筹

一是创新“五有联动”方案。通过“五有联动”，打造居民党组织牵头、业委会理事、社工多方协调、物业企业管理、志愿者服务的五方联动管理模式，建立社区高效协调的运行机制。二是创新激励方式。在公益集市项目运行过程中，针对居民调动难、人员散、自主性弱、商家受益少的问题，通过授牌爱心商家，建立正向社企联合互动机制以及积分兑换机制，推动团队持续性开展社区治理类公益服务活动。三是创新服务内容：将众筹范围从城区扩展到乡村，受益对象范围从社区困难群众扩大到贫苦农民，将“共享＋众筹”与扶贫惠民相结合，赋予强大活力。

白石坡社区：社区治理积分制工作法

白石坡社区位于湖北省荆门市高新区掇刀区掇刀石街道，成立于2000年9月，面积2平方公里，居民主要是郊区农民、进城务工人员及

单位职工，共有6702户、18030人，有各类企事业单位21个。社区党总支下设党支部4个，有直管党员84人，其中流动党员17人；社区建有一站式公共服务大厅，建筑面积600余平方米。近年来，社区以文明和谐为目标，以积分管理为抓手，着力拓展社区服务，改善社区环境，发展社区文化，维护社区稳定，取得了一定成效。白石破社区先后获得全国和谐社区建设示范社区、全国综合减灾示范社区、湖北省文明社区、湖北省和谐社区建设示范社区等荣誉称号。

一、社区治理积分制工作法的形成过程

白石坡社区位于城乡接合部，组建于社会转型期，居民素质良莠不齐、参与意识普遍不强，社群联系相对松散、治理方式亟待提升，“老办法不管用、硬办法不敢用”的现象一度存在，而党委政府、辖区居民、社会各界对社区治理服务的要求不断提高。面对新情况、新问题、新要求，社区“两委”深刻认识到，必须创新治理、创新服务，变被动管理为主动引导，发挥优秀居民的示范引领作用，调动全体居民的积极性和参与度，弘扬正能量，提升聚合力，破解社区治理难题。2015年，社区尝试引入积分制管理，用积分的方式对居民的能力和综合表现进行全方位量化考核，激发居民的主体意识和参与热情，让居民由社区工作的旁观者向社区建设的参与者转变，达到“以积分记录美德、以积分兑换服务、用行动传递正能量”的目的。

积分制管理开展三年来，社区一直在实践道路上不断探索前进。2015年9月12日，社区举办了荆门市首家社区积分制管理启动仪式，这是积分制管理应用于社区社会治理的开始。2016年8月，社区将无职党员及社区工作人员纳入积分制管理。2017年，社区通过优化积分系统，新增手机移动终端15个，网格员可用手机直接为居民申报录入积分。2018年，社区将积分制管理逐步转换为积分文化，打造积分风采一条街，进一步做亮做响积分制工作法品牌。

二、社区治理积分制工作法的主要内容

白石坡社区探索形成的社区治理积分制工作法有五个鲜明特点：一

是激励性。积分以奖励为主，通过精神鼓励、物质激励，对居民行为予以认可嘉奖，提升社区凝聚力和居民参与度。为此，积分不设扣分项，只有奖分项。如：开会没参加的不扣分，参加的予以奖分；义务劳动没参加的不扣分，参加的予以奖分等等，因此居民接受度较高。二是永久性。积分对居民终身有效，不清零、不作废，相当于给每位居民建立了“行为银行”，做任何好事或综合表现都用积分记录，最终把各种社会福利和资源向积分高的居民倾斜，让优秀居民不吃亏。三是可控性。积分的兑换与奖励只由名次决定，既保证了奖励开支控制在规定的范围内，又放大了激励的效果。在特定的情况下，也许一分之差即可决定一个名次，从而使对应的居民享受不一样的物质或精神奖励。四是拓展性。积分管理的范围可无限拓展，只要是对社会（社区）有益的事项、正能量的行为均可纳入积分体系。例如：主动清除“牛皮癣”、主动调解纠纷、公共场所做好事等均可申报奖分。五是便捷性。通过积分制管理软件，社区利用网格员、信息员收集好人好事，录入系统，对居民积分信息进行自动汇总，自动排名，既减轻了工作量，又保证了准确性。

（一）深入宣传引导

社区积分制在社区从无到有、生根发芽、开花结果，必须得到广大居民的参与和认可。社区借助报刊、横幅、短信、橱窗、微信等形式，向全体居民广泛宣传积分制的目的、做法和预期效果，累计印制积分制管理专刊 54000 余份，悬挂宣传标语 50 余条，发送短信 45000 余条；同时，举办快乐积分活动 7 次，将积分工作编成板报、写成快板小品，通过居民大会、纳凉晚会等方式进行宣传。三年来，社区积分制管理的知晓率、参与率、认可度不断提高，积分理念逐步深入人心。

（二）搭建管理平台

积分管理要实现操作性强、运行可靠、效果明显等目标，必须进行管理方式的优化创新和统筹设计。一是开发一套系统。社区联合群益数码公司开发积分制管理系统，实现了信息收集、积分认定、排名奖励等程序化。二是制订一套标准。按照社会治理和居民服务要求，不断完善积分项目，最终制订出社会治理、公共服务、社会公德、公益活动、家庭美德、文明公约、在职党员等 7 个大类 70 个小项的积分内容，逐一明确分值设置，形成了一套标准，基本实现道德建设、文明建设、社会建设的全覆盖。三是建立一批账户。将辖区 18000 余个居民信息全部输入系统，为每位居民建立一个积分账户，实现积分对象全覆盖。

（三）采集积分信息

积分活动要得到居民的广泛支持，必须明确参与方式，畅通参与渠道，鼓励居民提供积分信息。除将积分项目制成手册发放到户到人、鼓励居民自行申报外，还通过网格员和社区干部申报、媒体发现等多形式采集，确保信息准确、来源广泛。同时，不断完善系统操作便捷性，建立积分管理云平台，通过移动终端实现积分信息随时采集、随时查询，确保信息及时更新。2016 年和 2017 年，社区居民主动申报的街坊邻居加分项有 215 项，通过 15 个网格微信群申报的加分项有 9486 项，居民踊跃参与积分活动，形成了很好的示范带动作用。

（四）公示积分内容

积分管理要得到居民的认可、长期支持和主动参与，必须确保积分分值的公正性、透明度。社区建立了积分公示管理制度，每月 10 日将上月积分排名情况，通过公示栏、微信公众号、微信群同时进行公布，接受居民监督，调动居民参与积极性，扩大积分影响力。自积分制管理工作开展以来，社区已公示积分排行榜 30 余期，累计发布积分事项 18000 余条，涉及居民 6000 余人，形成了户户关注、家家参与的良好氛围。

（五）强化结果运用

积分制要发挥优秀居民、热心人士的示范带动作用，必须对居民“正能量”行为进行确认、肯定、强化、褒奖，高度重视积分结果运用，确保居民“做了好事不白做，吃了小亏不白吃”。自积分制管理启动以来，社区共举办积分总结表彰会 6 场，参与居民 7000 余人次，共表彰优秀居民 800 余人次，发放奖励物资价值 8 万余元，组织积分排名靠前的居民到宜昌车溪、襄阳唐城、漳河风景区旅游 90 人次，从精神和物质层面对优秀居民进行表彰鼓励，凝聚和壮大了积分制应用的中坚力量和忠实“粉丝”。

（六）总结应用推广

积分制的核心在于量化管理，将管理要求细化赋值后应用于不同的管理对象，可以实现举一反三、事半功倍的良好效果。社区在居民积分制管理的基础上，通过反复摸索、修改、细化，于2017年形成了一套涵盖居民积分、党员积分、社区工作人员积分三个方面的成熟的管理系统，获得了较好的管理效果。目前，社区正考虑对辖区单位实施积分制管理，调动企事业单位参与社区社会治理的积极性，做实做好共驻共建工作，努力推进社区和辖区单位共建双赢、和谐发展。

三、社区治理积分制工作法取得的成效

（一）居民素质明显提升

通过“社会公德”“家庭美德”“文明党员”等积分大项的引导，居民遵规守法、遵德守礼意识明显增强。现在，居民打麻将、“炸金花”的少了，参加体育锻炼、志愿服务的多了；随地吐痰、乱扔垃圾的少了，参与义务保洁的多了；扯皮打架的少了，主动寻求调解的多了，居民抵制陋习陋俗、崇尚和谐健康的理念大为增强。

（二）文明风尚日渐浓厚

积分制管理实施以来，居民示范带动、社区引导推动作用日益显现。“我参与、我奉献”的志愿意识深入人心，文明创建“领头人”计划实施顺利，“领头人”的影响力、号召力进一步发挥，陆续成立公益社团组织5个，志愿服务队增加至3200余人，社区“1＋3＋6”志愿服务体系逐步完善，每年开展公益劳动、道德讲堂、扶弱济困等活动60余次，社区内勤俭节约、崇尚科学、尊老爱幼、礼让宽容的文明社会风尚日渐浓厚。

（三）居民自治更加给力

积分制管理充分尊重居民主体地位，强化了居民归属感、向心力，居民参与社区自治的热情更高，参与社区治理的事务更明确，维护社区公共利益的责任心更强，为社区发展建言献策更加踊跃。自实施积分制管理以来，收到居民关于社区建设与管理的建议20余条，采纳落实停车位划定等有效建议12条；社区居民主动参与设施维护、文明劝导、义务巡逻等公益服务活动3000人次；成立自管会2个、业主委员会6个，调

解居民纠纷38次，组织居民改水改电改气2000户等。目前，社区治理工作的推进、各项活动的开展更多依靠居民自治力量，“居民的事居民办、居民的事居民说了算”在社区得到高度体现。

社区治理积分制工作法实施三年来，取得了一定效果。2016年7月，荆门市民政局在《关于建立社区积分制管理新模式探索与思考》中指出，“在社区开展积分制管理服务新模式探索与实践，引导发动社区居民通过积分方式参与社区建设和治理，已取得初步经验和成效，并将逐步在全市范围内推开”；2017年2月，荆门市委、市政府出台《关于全面推行积分制管理创新基层社会治理的实施意见》，提出要“在全市社区（村）全面推行积分制管理，进一步创新基层社会治理”。几年来，社区先后接待了内蒙古鄂尔多斯伊金霍洛旗、山东省莱芜市官场村、江西省南昌市南浦街道办事处、云南省昭通市永善镇政府、洛阳市长春路办事处、湖北省妇联等共54批1000余人次参观交流，对积分制工作法的推广和完善产生了积极的影响。

武汉市武昌区南湖街华锦社区：“三微三治”工作法

南湖街华锦社区成立于2005年，位于武昌区南湖花园城南部，由4个住宅小区组成，是一个集廉租房、经济适用房、商品房为一体的综合性的社区，现有住户4706户，总人口12429人。社区获得湖北省文明社区、湖北省卫生社区、湖北省三八红旗集体，武汉市文明社区等十多项荣誉。

一、“三微三治”工作法的形成背景

如何因地制宜，满足群众多元化、小众化、个性化需求，在有效提升社区环境质量、人民生活品质同时，能够推动治理资源和治理重心进一步向社区下沉，提升社区自治和共治的能力和水平，更加有效、高效解决居民群众身边的问题，体现城市管理水平的精细化、精准化，是城市精细化管理亟须破解的难题。华锦社区坚持以党建为引领，打造“微规划，微改造，微治理”模式。2017年2月正式以“参与式工作坊”引

导居民规划师参与社区规划，组织了十余次参与式工作坊活动，实现小区精细化管理，小区面貌得到整体提升，增强了居民群众幸福感、获得感、归属感。

二、“三微三治”工作法的主要内容

（一）精心组织“微规划”，解决居民群众身边微小事、烦心事

“微规划”——我的社区我做主，让旁观的你变成行动的我。社区大部分小区都有着15年以上历史，停车位紧张，人车不分流，活动空间少，基础设施老化……这些都是老旧社区普遍面临的问题。怎么规划？怎么改造？华锦社区探索出一条新的路径——由社区党组织引领，邀请武汉大学城市设计学院博士团队，以参与式规划的理念为指导，让居民自己规划自己的社区。居民通过“微规划”表达了对小区设施改造的建议，并参与到规划的设计中，打破了以往“政府做事，百姓观望”的局面，别具特色的社区规划，让居民群众体会到参与感。社区规划师与武汉大学城市设计学院规划团队一起通过实地踏勘、集中座谈、一对一访谈等，围绕社区文化、社区治理、景观环境、公共空间、道路交通、配套设施共六个方面对社区的现状进行分析评估，形成现状问题梳理报告，找出社区目前最急需改造的问题，并针对这些问题拟定了8个重点项目包。通过线上投票，线下广场项目展示的形式，进行宣传，并发动居民评议评审，实现了“社区建成什么样，由居民说了算”。

“微筹智”——发挥民智参与精细化管理。针对老旧社区停车位与公共绿地矛盾和基础设施老化、活动空间不足等普遍问题，在南湖街道党工委引领下社区邀请武汉大学城市设计学院博士团队，以参与式规划的理念为指导，让华锦社区居民自己规划自己的社区，以社区为基本单元，围绕居民反映强烈的问题，引导和发动居民参与小区规划，通过运用改革思维，创新小区规划理念和方法，以“我的社区我做主”“社区发现”等活动，发现小区环境方面的问题，充分调动居民群众参与解决问题；依托网格化管理，社区网格员与社区规划师联片进入网格片区巡查，组建由社区、业委会、物业公司、社区规划师多方构成的社区参与式工作坊，梳理社区环境管理中的难点痛点，并进行问题划分，形成兼顾群众

性与专业性、具备建设可行性的规划方案；通过“居民议事会”协商平台，实现社区精细化人性化管理、共享化、可持续化的新机制。别具特色的参与式工作坊活动，让居民群众体会到参与感。社区组织了30多次场次实地踏勘、遴选出20名社区规划师、开展了20场“联合设计”活动、调动了3000余名居民参与，“聚微成智”形成专业化＋本土化的规划方案，最终形成关于8个重点空间的规划设计方案，7个居民共同讨论的项目包。

（二）下绣花功夫实施“微改造”，提升居民获得感

“链接资源”——我的社区我出力。针对小区存在问题，在南湖街道党工委指导下争取到区政府和建委、民政等部门支持。区政府将小区纳入幸福社区创建计划中，拨付创建资金。因规划方案在群众中取得了广泛共识，小区道路刷黑、小区闲置土地的再利用、小区毁损绿化带修复、增加停车位等小区改造项目在实施中未遇到任何阻力。

改造前，车辆见缝插针，停在马路牙子上，停在泥巴地上。改造后，车辆在透水砖上有序停放。针对停车位不足、人车混行的问题，社区微改造对主要道路进行了系统性设计改造，根据社区特色进行人行、车行入口空间设计；增加人行步道，保障行人安全；利用闲置空间合理规划停车位，恢复车行道通畅。路两边的泥巴路、房屋前后的杂草地都被铺上了绿色透水砖，以不同颜色的砖块划分停车位，便于车辆整齐停放。小区将以往闲置空间全部利用起来，增加了不少绿化和活动空间，极大地改善了老旧小区的居住环境，提升了居民居住舒适度。

同时以三方联动会议讨论通过合理利用空间的方案，依法依规依照程序，对小区破损绿化带铺设植草砖，2018年华锦物业公司出资27万元增加了近130个停车位，有效缓解了停车难的问题。

“微监督”——让社区改造更精致。华锦社区在微改造施工过程中，社区规划师每天到施工现场，了解施工进度，查看施工细节并及时与施工方进行沟通，让微改造真正实现了居民群众参与，真正实现了共建共治共享。社区规划师分工负责，分管不同的项目包，保证项目进度和质量。

（三）从小事入手推进“微治理”，营造德治氛围，提升居民归属感

“微治理”——我的社区我来管。社区以党建为引领，以治理入户为重点，以服务为核心，让居民通过“武昌 微邻里”了解政策知识，通过网格群聊讨论小区事务，通过“我要说事”及时上报说事项目。增强网格发现解决问题的能力，组织业主委员会、物业服务企业、驻区单位、社会组织、在职党员干部、律师、医生及志愿者等社会力量进入网格，与社区网格员组成网格服务团队，以区、街道、社区三级网格化服务平台，为群众提供全面、精准精细服务。实现社区六联共建：区域组织联建、社区治安联防、志愿服务联动、宜居环境联创、扶危济困联帮、文化活动联谊。

探索常态化工作机制。社区建立健全社区日常巡查、排查机制，依托网格化管理，每位网格员深入各自片区，进行巡查。巡查内容主要包括：卫生死角、生活建筑垃圾处置、公共设施损坏、绿化整改、物业管理不到位等问题。通过每日至少两次巡查和每月集中专项督查的方式，进行全方位清理，让社区问题天天有人管。社区把检查考核做到了常态化，通过“三方联动”，每月最后一个工作日对辖区内所有区域进行全方位无死角的检查。对于检查中发现的问题，及时召开物业服务公司、业委会和全体网格员会议进行通报，明确责任，限期整改，将整治落到实处。使社区环境治理实现网格化、常态化、精细化，为构建文明、和谐社区打下坚实的基础。

“微团队”——挖掘党员居民内生动力。以“我是党员 我来干”的服务品牌，吸引了235名流动老党员到社区报到，并参加社区治理活动，使流动老党员牢记党员身份，主动站出来，发挥党员带头作用，用实实在在的行动为群众排忧解难。

三、“三微三治”工作法取得的成效

（一）形成“三微三治”工作法组织架构和运作过程

1. 收集社区居民多元化需求，进行识别与排序。社区通过线下渠道（小区物业公司、业委会、居委会及召开居民议事会）和线上渠道（居民通过微邻里或微信群、QQ群直接反馈）收集居民需求信息，按照其重

要程度及可行性进行分类排序，由高到低挑选出社区最急迫需要解决且具有一定可行性的微改造方案，保证实施过程的顺利开展。

2. 做好资源识别与链接，助力微改造顺利实施。社区根据微改造的实际需求来链接资源，包括通过挖掘内部资源（选聘居民社区规划师及社区志愿者共同参与），同时积极引进社区外部资源（包括高校专业团队等的参与），使社区资源利用率最大化，借力助推社区微改造的顺利实施。

3. 成立专门工作小组协调外部关系，破解各类难题。社区微改造过程不可能一蹴而就，涉及社区的各方利益，需要建立一个专门协调外部关系的机构。为此，社区联合物业公司、业委会成立了一个专门的微改造工作小组，全面负责相关协调工作，破解从规划到治理的各类难题。

（二）建立“三微三治”工作法推广的条件和机制

传统的社区微改造更多地强调外部的干预和介入，华锦社区是以小区居民实际生活需求为主，适当引进外部团队，依据社区工作优势视角理论，本土性与专业性相结合，形成了一整套具有华锦特色的“三微三治”工作机制。

虽然每个社区的居民需求具有差异性，各项需求的重要程度排序也不相同，社区所掌握的资源也是多元化，但是其核心都是：自下而上，突出社区参与，突出民生相关，突出所在社区的主体性。

四、“三微三治”工作法产生的影响

社区通过实施“三微三治”工作法，在社区“三微”改造、全面探索社区共治能力与增强社区品质上，全面提升共建共治体制和机制。一方面依据百姓需求，有效吸引居民参与；另一方面通过提升居民自治能力，完善居民参与精细化管理体系，提高社区治理水平。

2018 年 2 月，民政部主办的《社区》杂志，以《让居民自己规划自己的社区》为题，全面介绍了华锦社区微改造工作情况。2018 年 9 月“第三届中国社区治理论坛”，华锦社区作为全国唯一社区代表在会上作“三微三治”相关创新经验交流，获得与会专家的好评，清华大学、中国人民大学等高校的知名专家学者特别赞扬了“三微三治”工作特色。

社区先后接待南京市鼓楼区、四川省邛崃市、深圳龙岗区等各地参访团200余人次实地观摩，英国伦敦大学巴特雷规划学院、武汉市政府重点办均到华锦社区进行调研。武汉市规划局组织的城市设计试点工作现场会在华锦社区召开。人民网、经视直播、《湖北日报》、《长江日报》、《武汉晚报》等多家媒体，对社区的工作进行过多次报道。

社区将深入推进党建引领社会治理创新，继续运用“三微三治”工作法，通过“微规划”“微改造”“微治理”的模式，形成自治、法治、德治“三治”融合，营造出共建共治共享的新局面，发挥社区治理的最大能量，激发社区发展活力，调动居民的积极性，不断增强社区党组织在党员、群众中的向心力和凝聚力，谱写出社区绚丽的新篇章。

××社区（村）治理（村民自治）积分制管理办法（参考版）

为贯彻落实党委、政府关于加强基层治理的有关要求，健全自治、法治、德治相结合的城乡基层治理体系，构建共建共治共享的基层社会治理格局，激发广大居（村）民参与社区（村）公共事务和公益事业的积极性、主动性，结合本社区（村）实际，并经居（村）民代表会议讨论通过，制定＊＊社区（村）治理（村民自治）积分制管理办法。

一、原则要求

（一）坚持自愿，鼓励参与。充分尊重居（村）民个人意愿，自愿参加，量力而行，不得强制参与、变相摊派。同时，强化正向激励，鼓励居（村）民积极参与到积分制管理中来。

（二）简便易行，公平合理。紧密结合实际，不断推动积分制管理各个环节更加简便易行，更加贴合群众需求。根据积分项目的难度、工作强度、技术含量等确定积分分值，禁止任何形式的弄虚作假，确保公平合理。

（三）公开兑现，重在精神激励。专人负责，坚持积分过程全记录、积分兑换全公开，接受居（村）民监督。坚持精神鼓励为主、物质奖励为辅，激发居（村）民参与社区（村）公共事务和公益事业的内生动力，大力营造人人参与积分制管理的浓厚氛围。

二、参与对象和实施主体

（一）参与对象。参与对象为本社区（村）户籍家庭及家庭18周岁以上成员，农村以单独立户家庭为单位积分，城市以居民个体为单位积分。社区（村）“两委”干部、固定取酬居（村）民小组长或网格员家庭带头参加，但不参与积分兑换活动。

（二）实施主体。居（村）民委员会是社区（村）积分制管理的实施主体。成立由居（村）民委员会主任×××和×××、×××、×××、×××等×人组成的积分制管理工作小组，负责制定本社区（村）积分制管理实施办法并组织实施。社区（村）“两委”负责统筹协调，策划各类公益活动或项目。社区社会组织、志愿者组织等策划的各类实行积分的公益活动需报社区（村）备案同意。居（村）民小组长、网格员负责宣传积分制管理办法，协助做好积分申报、记录、初审等具体工作。

三、积分内容和参考分值

社区（村）积分可分为公益（志愿服务）积分、行为规范（自我管理）积分、爱心捐赠积分等类别。

（一）公益（志愿服务）积分

1. 体力劳动：是指具有行动能力的人都能从事的公益劳动，如打扫公共卫生、参加义务植树等，积分区间为1—5分/人·小时。

2. 脑力（技能）劳动：是指具有一定专业技能或专业知识的人能从事的公益劳动，如理论宣讲、法律咨询、义诊、为中小学生辅导功课等，积分分值视情况确定。

3. 关爱服务：作为关爱服务联系人，对临近住所的空巢老人、残疾人、农村留守老人、留守儿童等特殊困难群体定期走访，给予力所能及的关心帮助，有突发情况及时报告居（村）民委员会，每个月固定积分，积分区间为50—100分/月。

4. 应急突击：参与防范和处置社区（村）遇到的临时性、突发性事件，如参与疫情防控、防汛抗旱、排渍排涝等，积分区间为 10—20 分/人·小时。

（二）行为规范（自我管理）积分

主要依据村规民约（居民公约），按照规范日常行为、维护公共秩序、推行绿色生产生活方式、建设平安乡村（社区）、保障群众权益、化解矛盾纠纷、引导民风民俗等类别设置若干积分事项，赋予一定积分，对违反有关规定的扣减相应积分。（为便于实际操作，可设置若干项负面约束情形为积分扣减事项，如不得违规办酒席、不得高空抛物等。）

（三）爱心捐赠积分

爱心捐赠积分包括捐物积分和捐款积分两类。捐物积分根据捐赠物品价值确定积分分值，捐款积分根据捐款金额确定积分分值。原则上每捐赠 10 元款物积 1 分，依次累加。

四、积分认定和运用

积分认定和运用具体操作流程为：居民自行申报或他人代为申报—网格员或居（村）民小组长采集初审—积分制管理工作领导小组审核—公示栏公示—记录积分（可采取信息系统、App 软件、电子表格、纸质等方式记录）—公布积分—兑换积分—公布积分兑换情况等。

积分申报要实事求是、符合规范、注重时效。采集初审要认真负责、严谨细致、提高效率，切实掌握积分事项发生时间、地点、事由和相关证据。审核确定后的积分和积分兑换情况要在一定范围内公示，接受群众监督。行为规范（自我管理）积分，根据居（村）民小组（代表）评议、社区（村）日常检查考评掌握情况据实记分或扣分。

社区（村）结合实际，制定积分兑换清单。积分运用要立足需求、量力而行、功酬相当，综合运用精神奖励、政策激励、兑换服务奖励以及物质奖励等办法，充分调动积分对象参与积分制管理的积极性。积分实行累计使用，兑换之后不清零，做好兑换记录。积分一般一个月兑换一次（兑换频次根据实际情况确定，可结合其他活动进行），1 个积分折算为 0.1—1 元人民币（根据兑换物资筹集情况确定每个积分的分值）。社区（村）要充分挖掘、整合辖区内资源，通过争取驻社区（村）单位帮扶、吸引社会捐赠、集体经济投入、利用省慈善总会“村社互助”平台募集等办法，建立多元化经费筹集渠道，为积分兑换提供资源保障。

附件：1. ××社区（村）积分设置表

2. ××社区（村）积分兑换清单（略）

××社区（村）积分设置表

（根据实际情况自行设定积分事项）

<table>
<tr><th colspan="2">积分类别</th><th>积分事项</th><th>参考分值</th></tr>
<tr><td rowspan="11">公益（志愿服务）积分</td><td rowspan="5">体力劳动</td><td>1. 打扫公共场所卫生、清运垃圾</td><td rowspan="5">1—5 分/人·小时</td></tr>
<tr><td>2. 清理沟渠、楼道杂物、“牛皮癣”等</td></tr>
<tr><td>3. 参加义务植树</td></tr>
<tr><td>4. 义务治安巡逻</td></tr>
<tr><td>…………</td></tr>
<tr><td rowspan="6">脑力（技能）劳动</td><td>1. 担任楼栋长（党小组长）、业主委员会成员、社区社会组织成员、村落（湾）理事会成员等并认真履职</td><td>1 年积 10—50 分（一般组织主要负责人积分分值为其他成员的 2 倍以上）</td></tr>
<tr><td>2. 提出城乡社区治理的合理化建议并被村（社区）采纳</td><td>每条建议积 5 分</td></tr>
<tr><td>3. 链接社会资源（物资、项目、场地等）</td><td>视情确定积分分值</td></tr>
<tr><td>4. 调解家庭、邻里矛盾纠纷</td><td>成功调解 1 起积 5 分</td></tr>
<tr><td>5. 对乱扔垃圾、随地吐痰等行为进行文明劝导</td><td>劝导一次积 2 分</td></tr>
<tr><td>6. 参加村（社区）组织开展的走访慰问、关爱特殊群体、庆祝纪念、文体、宣传、志愿服务等活动</td><td>1—5 分/人·小时</td></tr>
</table>

续表

积分类别		积分事项	参考分值
公益（志愿服务）积分	脑力（技能）劳动	7. 政策理论宣讲	5—10 分/人·小时
		8. 开展健康、环保、法律、科技、文化等各类知识讲座	
		9. 承担舞蹈、声乐、棋类、书法、绘画等兴趣活动辅导	
		10. 为中小学生辅导功课	
		11. 心理、法律等咨询服务	
		12. 义诊、义务家政等服务	
		…………	
	关爱服务	对临近住所的空巢老年人、农村留守老年人、残疾人、留守儿童等特殊困难群体定期走访，提供力所能及关心帮助，有突发情况及时报告居（村）民委员会	50—100 分/人·月
	应急突击	1. 疫情防控	10—20 分/人·小时
		2. 防汛抗旱	
		3. 排渍排涝	
		4. 铲冰除雪	
		5. 抢险救援	
		6. 见义勇为	
		…………	
行为规范（自我管理）积分	规范日常行为	正确行使权利、认真履行义务、积极参与公共事务和公益事业等	主要依据村规民约（居民公约），设置若干积分事项，赋予一定积分，违反有关规定的，扣减相应积分
	维护公共秩序	爱护公共设施、文明饲养宠物、规范宠物管理等	
	推行绿色生产生活方式	节约能源资源、保护生态环境、综合利用秸秆等废弃物等	
	建设平安乡村（社区）	遵纪守法，群防群治，勇于同违法犯罪行为、歪风邪气作斗争等	

续表

积分类别		积分事项	参考分值
行为规范（自我管理）积分	保障群众权益	坚持男女平等基本国策，依法保障妇女儿童、老年人等群体正当合法权益等	
	化解矛盾纠纷	坚持自愿平等，遇事多商量、有事好商量，互谅互让，通过人民调解等方式友好解决矛盾纠纷等	
	引导民风民俗	弘扬向上向善、孝老爱亲、勤俭持家、扶危济困等优良传统，推进移风易俗，抵制封建迷信、陈规陋习等	
	……	…………	
爱心捐赠积分	捐物积分	每捐赠价值 10 元物资积 1 分	
	捐款积分	每捐赠 10 元人民币积 1 分	

第十章　社区工作者队伍建设

第一节　社区工作者队伍

一、社区工作者

（一）社区工作者的含义

社区工作者是1999年以来社区组织体制改革工作中出现的名称，泛指在社区全日制工作的人员（目前未纳入国家职业序列）。2020年6月，中共湖北省委办公厅、省人民政府办公厅印发的《关于加强城市社区工作者队伍建设的意见》（鄂办发〔2020〕10号）将社区工作者的范围界定为：在市辖区和不设区的市所辖街道的社区直接从事社区服务和管理的就业年龄段全日制专职工作人员，包括符合前述条件的社区党组织成员（行政编制、事业编制社区党组织书记除外）、居民委员会成员以及区（市）统一招聘、街道统一管理、社区统一使用的社区工作人员。

社区工作者与社会工作者不能画等号，他们的内涵与职责并不相同。社区工作者是指从事社区党建、社区治理、社区服务等主要工作的专职人员。社会工作是指遵循专业价值观念，运用专业方法帮助他人的服务活动，社会工作者是以社会工作为主要工作内容或任务的职业或非职业人员，需要受过专业的训练，获得相应的学历学位或资格证书，职业从事社会工作的还需要在专门的社会工作机构中取得相应的岗位认证。社区工作者与社会工作者在工作范围上存在交叉。社区工作包含社区的社会工作，社会工作除了社区外，还包括学校、医院等领域的工作。

从专业性来讲，社区工作者同样要求具有专业化素养，但要求所有社区工作者都能获得相应的与社会工作相关的学位学历证书或社会工作师资格证书，还需要一个发展过程。同时，作为社区工作者，除了具备必要的专业素养和能力素质外，在政治素质方面也有很高的要求。

（二）社区工作者的员额与数量

中共湖北省委办公厅、省人民政府办公厅印发的《关于加强城市社区工作者队伍建设的意见》规定，社区工作者按照精简高效、科学合理原则，综合考虑社区规模、人口密度、服务半径、辖区单位数量及特定人群服务对象等因素，合理确定数量，实行总量控制、员额管理。社区“两委”成员一般按照5—9人配备，社区专职工作人员的数量由各地根据实际情况合理确定。

二、社区工作者队伍建设的现状

2000年城市社区居民委员会体制改革调整后，社区工作者队伍建设迈上了一个新的台阶，通过公开招考、笔试、面试、居民选举等程序，一大批原企事业单位、机关工作人员以及社会精英来到社区，这部分人年富力强，文化程度高，又有丰富的工作经验和社会阅历，极大推动了社区各项工作的发展。这是社区居民委员会历史上一个里程碑式的标志性事件，很大程度上改变了过去社区工作人员队伍以文化程度不高的中老年妇女为主体的状况。经过20年的发展，城市社区工作者队伍建设取得了以下成绩：

一是基本建立起一支文化水平高、素质优良、年龄和性别结构基本合理的社区工作者队伍。目前，社区工作者大多具有大专以上学历，每年还有一批大学毕业生通过公开招聘的方式成为社区工作者。大部分社区工作者都能较为熟练地使用电脑操作系统和各类软件、应用程序，能够快速适应社区治理信息化的需要。目前，社区工作者年龄结构基本合理，实现了老中青结合。但是在绝大部分社区，社区工作者还是以中青年女性居多，性别结构有待优化。

二是社区工作者工作热情高，扎根基层、勇于奉献，吃苦耐劳。社区治理工作上连天、下接地，既关系社会稳定，又关系群众冷暖，政治责任重，工作压力大，社区工作者较好完成了党和政府交给的各项任务，基本做到了上为政府分忧、下为百姓解难。尤其是在2020年初的新冠肺炎疫情防控战中，广大社区工作者不惧感染、勇于奉献，是社区疫情防控战的主力军，作出了巨大的牺牲和特殊的贡献。

三是社区工作者工作能力逐步提高，工作经验日益丰富，服务效果不断显现。经过20余年的发展，全国各地积累了许多具有创新性的社区治理特色经验，尤其是各类社区工作法、社区治理案例，接地气，有特色，不但能够解决本社区问题和矛盾，还具有一定的推广性、可复制性和普遍价值，这充分说明当前社区工作者的专业水平正在不断提升，应对解决社区难题的能力也在逐步增强，居民群众对社区工作者所开展服务的满意程度也在提高。

当前，社区工作者队伍建设还面临一些挑战，主要表现在：一是社区工作者任务重、压力大，工作效率有待提高。二是社区工作者的专业理念有待加强，专业化水平有待提高，能力需要进一步提升。

三、社区工作者队伍建设的方向

建设一支适应新时代社区治理要求、真正经受得住基层工作考验的社区工作者队伍，必须大力推进社区工作者的工作职业化、能力专业化和管理规范化。

一要推动社区工作者的工作职业化。职业化是专业化的前提，更是规范化的基础。由于各种现实困难，一部分社区工作者存在临时性、短期性思维，把社区工作看成是跳板，难以将社区工作作为终身职业来对待，更谈不上对此进行职业规划。必须进行全方位的制度设计，完善制度供给，推动社区工作职业化发展，使社区工作成为一个重要的行业分类，使社区工作者成为一个重要的职业门类。制定准入门槛，制定行业和职业规范，完善职业晋升和薪酬体系，同时加强职业监督、职业培训，拓宽职业上升通道，使真正有志于社区工作的年轻人将社区工作作为终身职业。

二要推动社区工作者的能力专业化。社区工作涵盖方方面面，有些领域属于党建工作、行政工作，但更多的属于社会工作，必须用社会工作的思维来观察问题、分析问题、解决问题。社会工作的一个基本理念是助人自助，授人以渔，而不是包办代替，另一个基本理念是协商沟通而非命令强迫，这与传统的行政工作思维、党建工作思维不同。社会工作特别要求利他性、敬业性和对服务对象的尊重，这与一般的技术性工作也是不同的。同时，社会工作需要专业规范、专业知识，尤其要遵循必要的专业工作流程，不能用其他工作规范、工作流程来简单替代。推动社区工作者的能力专业化，就是要采取专业培训、社会实践、案例引导等多种形式，培养社区工作者的社会工作理念，创新社会工作思维，提升社会工作专业能力。

三要推动社区工作者的管理规范化。提高社区工作者的管理规范化，有利于增强社区工作者的职业化水平。各地在实行社区工作者规范化管理方面探索出一些好的做法。例如，由县（市、区）党委组织部门对社区党组织书记选育管用各个环节进行质量把关、规范管理、全程备案，每年对社区党组织书记政治素质和履职能力进行评估，及时动态调整，优化提升社区党组织书记队伍素质。对其他社区工作者，要加强日常考勤管理，严肃工作纪律，落实带班值班、请销假、工作业绩纪实等制度。将社区工作者的岗位职责细化、优化；结合网格化管理制度，对社区工作者的管理、服务等工作实行包干包保制度。同时，加强对社区工作者的廉政管理要求，建立小微权力清单、重大事项报告和离任审计等制度。

第二节　社区工作者能力素质提升

一、社区工作者应具备的能力素质

（一）社区工作者的品格要求

社区工作以居民群众为主要服务对象，涵盖社区内外各类群体，相当一部分工作对象属于老、弱、病、残、孕等特定群体，具有一定的特殊性，这就要求社区工作者在个人基本品格上具备以下要求：

一是要有爱心和包容心。社区工作是社会工作的一个方面，是以助人自助为基本原则，以利他主义为基本要求的。社区工作者要有同情心、同理心、包容心，设身处地为服务对象着想，尤其是面对老弱病残孕等特定群体的特定需求，面对社区内的贫困、失业、疾病、家庭矛盾、邻里纠纷等难题，需要怀着一颗大爱之心，尽己所能。

二是要有耐心和恒心。社区工作者在一线直接面对居民群众，应凭借社会工作的方法，通过耐心细致的说服沟通来实现工作目标。无论是解决社区矛盾纠纷、还是整合各方资源推动社区发展，社区工作者都一定要有恒心和毅力，要有久久为功的精神。很多城市的社区都是经历几十年的发展才逐步建好的。例如武汉市江汉区的发展社区脱胎于 20 世纪 80 年代中后期的搬迁还建型社区，经过一代代社区工作者三十多年的努力，才建设成为如今具有示范作用的先进社区。

三是要有敏锐性和敬畏心。社区工作者与居民群众打交道，对社情民意要保持敏感，观察问题要敏锐。“针尖大的窟窿能透过斗大的风”，许多小问题、小矛盾累积以后就会出现大问题。因此，一线的社区工作者一定要有敏锐的观察力，对各类风险隐患要做到洞察于先机，防患于未然。同时，社区工作者要有敬畏心。社区工作者与群众联系紧密，不可避免地会了解到许多居民的身份信息、家庭收入、甚至个人隐私，因此一定要注意保护好居民的个人信息。例如，由于新冠疫情防控需要，社区工作者掌握了很多居民的个人身份信息，包括姓名、年龄、身份证号、联系方式、出行轨迹甚至银行信息等，社区工作者一定要保持对法律和他人权益的敬畏之心，不能随意透露、扩散、传播居民个人信息。

（二）社区工作者的能力要求

能力是行为主体在社会实践中所表现出来的处理问题、解决困难的技能和本领。能力建立在知识和实践的基础上，是对二者的综合运用，但能力的获得不能单纯依靠学历教育，更多要靠在社会实践中不断摸索才能体悟和获得。社区工作涉及面广、综合性强，社区工作者尤其是社区“两委”主职干部需要具备多种工作能力和工作方法，要成为多面手、全能选手才能应对社区治理的复杂局面。

一是要具备组织协调能力。组织协调能力是社区工作者所应具备的最重要的能力。社区工作的综合性决定了社区工作者必须具备整合多方资源、组织多元主体、协调各方关系，共同完成社区治理工作的过硬本领。不管是组织居民开展活动，还是协调辖区单位参与社区建设治理，或者处理邻里矛盾纠纷，都需要社区工作者具备较强的组织协调能力。

组织协调能力要求具有观察问题、处理问题的宽广眼光和敏锐的洞察力，善于找到问题的关键点和着力点所在，同时还要能够将各方人士、各个单位、各类资源聚拢整合，为社区所用。组织协调能力集中反映了社区工作者尤其是社区“两委”主职干部的工作水平、工作能力、工作技巧。

二是要具备说服沟通能力。社区工作是做人的工作，但社区工作又不同于行政工作，无法以命令式、强制式的方式开展。因此，社区工作者必须通过耐心细致的说服和沟通来与工作对象进行交流，取得对方的理解，获得对方的信任，拉近各方的距离，以达到解决问题的目的。因此，说服沟通能力是社区工作者必备的工作技能。说服沟通有很多技巧，既有正面沟通，单刀直入，也有旁敲侧击，迂回委婉；既可以理服人，也可以德感人，以情动人；既可以面对面沟通，也可以通过中间人交流。在沟通过程中要找到对象的利益关切点，尊重对象的利益诉求，设身处地从对象的视角出发，真心诚意地帮助对象解决困难和问题。

三是要具备执行落实能力。社区治理的一个重要任务是贯彻执行党和政府的各项政策规定，社区“两委”有协助政府行政，开展公共管理和公共服务的责任。执行能力是社区工作者的必备技能。在当前的城市拆迁拆违、市容监察、环保治理、劳动就业、公共管理等多个环节，都需要社区工作者进行协助。在协助的过程中要依法依规，遵循工作流程、工作规范。但是法律法规、政策规定都是普适性的，落实到每一个社区，每一个居民头上，可能会产生一些例外情况。对于执行中的特殊情况，社区工作者要及时向上级领导和有关部门反映，以维护群众利益，而不能机械被动、一刀切地执行。

四是要具备创新能力。每个社区都有自己的特殊情况，社区工作者要把对社区工作的一般要求与本社区实际结合起来进行创新，积极探索具有本社区特色的社区工作法，以提高社区工作效率，提升社区治理效果。创新首先是要善于学习，增强专业性。要探索创新路径，先要认真学习社区工作领域的法律法规和政策文件精神，不能把违法违规当作创新，也不能把打擦边球当作创新。其次要善于借鉴，开阔视野。要善于借鉴兄弟社区、先进社区的好做法、好经验，再结合本社区实际或推陈出新或为我所用。最后还要善于琢磨研究。要沉下心来，认真琢磨研究本社区的社情民意、资源禀赋、社会资本、人员结构等要素，再结合国家规定和其他社区经验，探索符合本社区特点的创新工作之路。

五是要具备写作表达能力。社区工作在一线、在基层，对写作能力、表达能力有着很高的要求。无论是汇报工作、召开会议、开展宣讲，还是组织活动、与居民和单位沟通，都需要社区工作者善于写作，善于表达。通俗地讲，就是既要“笔头”流畅，又要“口头”伶俐，既能写，又会说。随着社区信息化的推进，现在的“写”还包括熟练使用 App、QQ 群、微信群、公众号、互联网等现代科技手段与居民、社会各界进行信息沟通的能力；现在的“说”还包括运用诸如 PPT 等课件、“抖音”、“快手”等视频沟通交流与推介表达的能力。

（三）社区工作者的素质要求

社区工作是一项综合性很强的工作。优秀的社区工作者尤其是对社区“两委”主职干部来说，必须具备过硬的政治素质、优秀的文化素质和良好的心理素质。

一是要具备过硬的政治素质。社区治理首要任务就是坚持党的领导，确保党的路线方针政策在社区贯彻落实。这就要求广大社区工作者必须自觉学习习近平新时代中国特色社会主义思想，不断增强政治水平、提高政治素质，在实际工作中宣传好、贯彻好、执行好党的路线方针政策。当前，要通过社区党建工作和个人政治学习，增强“四个意识”，坚定“四个自信”，做到“两个维护”，用过硬的政治素质推进社区治理工作，上为党和政府分忧，下为百姓解难。

二是要具备优秀的文化素质。社区工作看似属于基层工作，但社区工作者需要有广阔的视野、宽阔的胸怀和优秀的文化素质。随着时代的发展，居民群众的需求越来越多元化、分异化，新技术、新方法也在不断涌现，同时党和政府对基层治理的要求也越来越高。作为一项综合性事务，社区工作涉及政治、行政、法律、民生、社会、治理等方方面面，对人的文化素质、综合素质要求很高。社区工作者必须不断加强学习，接受培训，提高文化素质，提升实操能力，才能高效优质地完成各项工作任务。

三是要具备良好的心理素质。社区人员构成复杂，社会矛盾复杂，治理难度高，需要社区工作者具备良好的心理素质。只有具备强大过硬的心理素质，才能自如应对各方面的矛盾和问题，尤其在面对责难，受到委屈时，才能正确对待，自我化解，自我疏导，自我减压。

二、社区工作者能力素质提升途径

（一）建立职业体系

要提升社区工作者的素质和能力，推进社区工作专业化，首先要推动社区工作者的职业化进程，这就要求加强顶层设计，通过制度供给，建立社区工作者的工作岗位体系和岗位序列，明确规定岗位、职级、报酬待遇以及晋级要求和程序等。

中共湖北省委办公厅、湖北省人民政府办公厅印发的《关于加强城市社区工作者队伍建设的意见》规定："建立社区工作者岗位与等级相结合的职业发展体系。根据工作岗位、社区工作年限、受教育程度、相关专业资格水平等综合因素，设置正职、副职、委员、社区专职工作人员四类岗位共18级的等级序列，形成职业发展体系。"明确社区专职工作人员为1—12级，委员为3—14级，副职为5—16级，正职为7—18级。等级序列要与社区工作者薪酬待遇挂钩，从而形成社区专职工作人员—社区"两委"委员—社区"两委"副职—社区主职的职业发展体系。目前各区（县市）都制定了实施细则，按照当地上年度城镇单位就业人员的平均工资确定了社区工作者平均薪酬水平，按照有关规定为社区工作者缴纳了基本养老、基本医疗、失业、生育、工伤等社会保险及住房公积金，对获得社区工作者职业资格的社区工作者给予了一定职业津贴。有的地方还定期组织社区工作者进行体检。

（二）严格选聘条件

提高社区工作者的素质，从源头上把关尤其重要。这要求加大社会化选聘社区工作者的力度，进一步严格选聘条件，选优配强社区工作岗位。

目前，各地的社区工作者普遍采取选任、招聘等方式配备。社区党组织专职成员按照党章和党内有关规定选举或任命产生，社区居民委员会成员依法选举产生。中共湖北省委办公厅、湖北省人民政府办公厅印发的《关于加强城市社区工作者队伍建设的意见》规定，社区专职工作人员由区市民政部门会同组织、人社等部门按照公开、平等、竞争、择优原则，面向社会统一招聘。新招聘的社区专职工作人员年龄一般应在40周岁以下，具有大专以上学历。

各地都在招考公告中对社区专职工作人员的报名条件进行了严格规定。一般来说，都要求政治觉悟高、年富力强，热爱社区事业、热心服务群众、具有大专以上文化程度，具有较强的管理和组织能力以及专业素养。同时，通过资格复审、考察等方式认真核实人选的身份、简历等基本情况，对其政治素质、道德品行、遵纪守法、履职能力、群众基础、社会形象等进行资格审查。

通过社会化渠道，拓宽社区工作者来源是提高社区工作者素质的重要一环。当前，尤其要注意从"红色物业"大学生、高校毕业生、本社区党员、社区志愿者、复员退伍军人、物业服务企业人员、社区社会组织负责人、业主委员会成员等人员中选聘社区专职工作人员。

（三）加强培训教育

职业培训和再教育是提升社区工作者专业能力和职业素养的不二法门。多年来，各级党委组织部门、政府民政部门都高度重视社区工作者尤其是社区党组织书记和居民委员会主任的职业培训工作，相关政策文件对社区工作者的培训次数、培训时长、培训内容进行了明确规定，并将培训结果与任职考核、待遇报酬等挂钩。

社区工作者的职业培训有多个层次，可分类进行。在省市层级，可以开展示范性培训，主要是面向基层，选派一批有一定文化水平的社区工作者，进行任职前、任职中的示范性培训，或就贯彻落实中央、省委省政府政策文件精神等进行有针对性的培训。示范培训的目的是让接受培训的社区工作者发挥示范效应，或者起到培训其他社区工作者的作用。

市州一级可以开展重点培训，既可以针对重点人群，如社区"两委"主职干部，也可针对重点工作，如居民自治、社区服务、培育发展社区社会组织等。县（市、区）一级可开展全员培训。

除了在职培训外，社区工作者还可以参加社会工作者职业资格考试，获得初级、中级甚至高级社会工作师资格证书。有条件的社区工作者也可以通过在职攻读本科、硕士、博士学位的方式完成学历教育，获得相关专业的文凭。

第三节　社区工作者履职管理与考核

一、社区工作者基本职责

社区工作者承担下列基本工作职责。

（1）学习贯彻习近平新时代中国特色社会主义思想，增强“四个意识”，坚定“四个自信”，做到“两个维护”，宣传和贯彻执行党的路线方针政策和国家法律法规，教育引导居民自觉遵纪守法、履行法定义务。

（2）执行党组织的决定、决议和社区居民（代表）会议的决定、意见，抓好社区党的建设，依法组织居民开展自治活动，办理本社区居民的公共事务和公益事业，维护居民的合法权益。

（3）依法协助基层政府及有关部门做好社区公共服务、公共管理、公共安全等工作。

（4）推动共驻共建，动员居民群众、社会组织、志愿者和驻社区企事业单位等社会力量参与社区治理、矛盾风险排查化解和突发公共事件处置，促进社区共建共治共享。

（5）组织开展新时代爱国卫生运动和精神文明创建活动，增进民族团结、邻里和睦。

（6）落实“岗在网格（小区）、重在服务、责在连心”机制，联系服务居民群众，积极回应解决居民群众的意见诉求。

（7）依法依规组织开展监督评议，组织社区居民对街道和区（市）职能部门派出机构、相关公共服务单位及其工作人员的工作，驻社区单位参与社区治理、物业服务企业服务质量等情况进行民主评议。

（8）完成街道按规定委托的事项和社区交办的其他任务。

街道、社区党组织制定社区工作者的岗位职责、工作标准和工作规范，社区党组织会同居民委员会根据实际需要对社区工作者进行合理分工、统筹使用。社区党组织书记领导社区全面工作，负责社区党建工作；社区居委会主任负责居委会全面工作，协助党组织书记做好党建工作；社区党组织副书记协助书记做好党建工作、完成分工任务；社区居委会副主任协助居委会主任做好居民自治、社区服务、社区治理等工作，完成分工任务；其他党组织委员、居委会委员和社区专职工作人员按照岗位和分工职责做好有关工作。

二、社区工作者履职管理

（一）实行社区全响应服务制度

在遵守相关劳动法律法规、确保满足居民服务需求的基础上，合理确定工作时长，建立轮休、弹性工时制度，并通过预约等形式不间断、全响应服务社区居民。双休日、法定节假日，社区要安排不少于 2 名人员值班。社区公共服务站提倡“全岗通”工作模式，逐步实现社区基本公共服务“一窗受理、一站服务”、社区工作者“一专多能、全岗通用”。建立健全首问负责制、一次性告知制、限时办结制、AB 角工作制、代办服务制等各类服务制度，规范事项办理，提升服务水平。社区应设立服务热线，在党员群众服务中心室外醒目位置设立意见建议信箱，畅通居民群众反映意见、建议的渠道，方便居民群众办事。

（二）落实“岗在网格（小区）、重在服务、责在连心”工作机制和网格楼栋包保责任

每个网格明确一名社区工作者从事网格服务管理工作，其他社区工作者编入网格、进到楼栋，重点做好特困人员、独居老人、困境儿童等特殊群体的走访慰问和关爱服务，及时处置突发事件、化解矛盾纠纷。社区工作者应保证三分之二的法定工作时间从事网格服务管理工作。社区工作者每年至少要到联系网格逐户上门走访一次、将社区网格化服务管理融入社区治理，整合并发挥从事网格服务管理的社区工作者在社区治理中的综合作用、全科作用。

从事网格服务管理的社区工作者主要履行如下职责：采集网格内各类服务管理基础信息，及时收集、实时上报社情民意；协助排查网格内

社会治安、公共卫生、生产安全、交通安全、消防安全、重点人群等方面的风险隐患，跟踪问题整改；对网格内各类社会矛盾纠纷进行调处或配合做好矛盾纠纷分级分类化解，引导群众理性合法表达诉求，协助开展群防群治活动；对网格内有需求的群众，特别是困境人员、特殊群体，提供代办服务。

从事网格服务管理的社区工作者应服从工作安排，遵守工作制度和群众工作纪律，保守工作秘密。在网格内履职时，应持证上岗，主动、热情服务群众；合理安排入户调查时间，实行错时服务、延时服务、预约服务等工作制度。严禁利用职务之便谋取私利，严禁违反规定泄露工作中所掌握的各项基础信息以及服务管理对象的个人隐私。

（三）建立完善社区矛盾预防化解机制

积极引导居民群众理性合法表达利益诉求；依托、支持专业社会组织，加强对社区困境人员和特殊群体的人文关怀、精神慰藉和心理健康服务；引导、支持专业人员在社区纠纷调解和信访化解中发挥积极作用。社区遇有突发事件、矛盾纠纷等情况，社区工作者应第一时间到场处置，做到琐事不出网格、小事不出社区。

（四）实行社区工作者履职纪实制度，社区党组织每季度一评鉴

区（市）统一印制《社区工作者工作纪实簿》，由社区工作者认真、如实填写，记载平时工作计划、工作进度和工作完成情况。履职纪实情况作为社区工作者年度考核评价重要依据。严格落实日常考勤、请销假管理、重大事项报告等制度。各单位不得随意借调社区工作者，确需借调的，须经街道研究同意并报区（市）民政部门备案，且借调时间不得超过一个月。

三、社区工作者考核

按照“客观公正、突出实绩、简便易行”原则，以社区工作者的实际岗位职责和所承担的工作任务、居民满意率为主要依据，采取平时考核与年度考核相结合、群众评议和组织考评相结合、定性考核与定量考核相结合的方式，全面考核社区工作者德、能、勤、绩、廉，重点考核政治素质和工作实绩。实行事业岗位管理的社区党组织书记另有规定需

另外考核的，按其规定进行考核。

平时考核由社区党组织负责，重点考核社区工作者完成日常工作任务、阶段工作目标情况以及工作考勤、入户走访和服务居民等方面情况，主要采取查阅被考核对象工作纪实簿、专项工作检查、考勤、服务对象评价等方式进行，一般每季度开展一次。平时考核结果占年度考核分值的60%。

（一）年度考核

年度考核一般按以下程序进行。

(1) 个人自我总结。社区工作者本人按照岗位职责和有关要求，填写《社区工作者年度考核登记表》，撰写年度个人述职报告。

(2) 民主评议。在个人述职基础上，考评委员会组织社区党员代表、居民代表和社区工作者进行民主评议。

(3) 领导评鉴。社区正职由街道党工委负责人评鉴。其他人员由社区党组织书记综合平时考核、民主评议和一贯表现等情况写出评语，提出考核等次建议和改进提高的要求。

(4) 提出考核等次建议。社区正职的考核等次由街道统一评鉴，提出考核等次意见。考评委员会综合考核结果，提出社区正职以外其他人员的考核等次建议，按分配名额推荐优秀等次人选。

(5) 公示、确认和备案。街道党工委研究确定考核等次，对拟定为优秀等次的人选进行公示，接受居民群众监督。公示时间不得少于5天。考核等次确定后，应由考核对象在《社区工作者年度考核登记表》上签字确认并存档。街道应将考核结果汇总报区（市）民政局备案。考核的结果分为优秀、合格、基本合格和不合格四个等次。优秀等次应具备思想政治素质高、爱岗敬业、工作实绩突出、群众公认、清正廉洁等条件。优秀等次一般控制在20%以内，本社区年度考核被评为优秀的，社区工作者优秀等次比例可上浮至25%。

社区工作者对年度考核结果有异议的，可以向街道申请复核和申诉，由街道核查并给予答复。社区工作者连续3年年度考核结果均为合格以上等次的，可以在本岗位等级范围内晋升1个等级。其间，每有1个年度考核结果为优秀等次的，对应岗位等级晋升所需年限缩短1年；每有1个年度考核结果为不合格等次的，对应岗位等级晋升所需年限延长1年。

新聘用的社区工作者在社区工作时间超过半年的，参加年度考核；未超过半年的，在年度考核时只写评语，不确定等次。病假天数累计超过考核年度半年的社区工作者，不进行年度考核；累计天数超过考核年度三个月，但不超过半年的社区工作者，不能确定为优秀等次。社区工作者接受立案调查尚未结案的，暂不参加本年度考核。结案后，由街道根据处理结果，确定是否参加考核。受党纪或政务处分的，当年年度考核结果不得确定为优秀等次。社区工作者无正当理由不参加年度考核，经教育后仍拒绝参加的，直接确定其考核结果为不合格等次。对在考核过程中有徇私舞弊、打击报复、弄虚作假等违法违纪行为的，根据有关规定予以严肃处理。

（二）考核结果运用

社区工作者年度考核评定为合格以上等次的，全额发放年度绩效报酬。社区工作者年度考核被确定为基本合格等次的，对其诫勉谈话，限期改进，扣减不低于10%的年度绩效报酬。社区工作者年度考核评定为不合格等次的，扣减不低于30%的年度绩效报酬。

社区工作者连续两年年度考核不合格的，应退出社区工作者队伍，并依法依规按程序解除劳动合同。其中社区“两委”成员连续两年年度考核不合格的，应责令其辞职，社区居委会成员不辞职的应依法启动罢免程序；社区专职工作人员连续两年年度考核不合格的，应予以辞退。

附录　国家层面涉及居民自治的有关法律、行政法规和部门规章

一、法律

中华人民共和国宪法（2018 年修正）

第一百一十一条　城市和农村按居民居住地区设立的居民委员会或者村民委员会是基层群众性自治组织。居民委员会、村民委员会的主任、副主任和委员由居民选举。居民委员会、村民委员会同基层政权的相互关系由法律规定。

居民委员会、村民委员会设人民调解、治安保卫、公共卫生等委员会，办理本居住地区的公共事务和公益事业，调解民间纠纷，协助维护社会治安，并且向人民政府反映群众的意见、要求和提出建议。

中华人民共和国城市居民委员会组织法（2018 年修正）

第一条　为了加强城市居民委员会的建设，由城市居民群众依法办理群众自己的事情，促进城市基层社会主义民主和城市社会主义物质文明、精神文明建设的发展，根据宪法，制定本法。

第二条　居民委员会是居民自我管理、自我教育、自我服务的基层群众性自治组织。

不设区的市、市辖区的人民政府或者它的派出机关对居民委员会的工作给予指导、支持和帮助。居民委员会协助不设区的市、市辖区的人民政府或者它的派出机关开展工作。

第三条 居民委员会的任务：

（一）宣传宪法、法律、法规和国家的政策，维护居民的合法权益，教育居民履行依法应尽的义务，爱护公共财产，开展多种形式的社会主义精神文明建设活动；

（二）办理本居住地区居民的公共事务和公益事业；

（三）调解民间纠纷；

（四）协助维护社会治安；

（五）协助人民政府或者它的派出机关做好与居民利益有关的公共卫生、计划生育、优抚救济、青少年教育等项工作；

（六）向人民政府或者它的派出机关反映居民的意见、要求和提出建议。

第四条 居民委员会应当开展便民利民的社区服务活动，可以兴办有关的服务事业。

居民委员会管理本居民委员会的财产，任何部门和单位不得侵犯居民委员会的财产所有权。

第五条 多民族居住地区的居民委员会，应当教育居民互相帮助，互相尊重，加强民族团结。

第六条 居民委员会根据居民居住状况，按照便于居民自治的原则，一般在一百户至七百户的范围内设立。

居民委员会的设立、撤销、规模调整，由不设区的市、市辖区的人民政府决定。

第七条 居民委员会由主任、副主任和委员共五至九人组成。多民族居住地区，居民委员会中应当有人数较少的民族的成员。

第八条 居民委员会主任、副主任和委员，由本居住地区全体有选举权的居民或者由每户派代表选举产生；根据居民意见，也可以由每个居民小组选举代表二至三人选举产生。居民委员会每届任期五年，其成员可以连选连任。

年满十八周岁的本居住地区居民，不分民族、种族、性别、职业、家庭出身、宗教信仰、教育程度、财产状况、居住期限，都有选举权和被选举权；但是，依照法律被剥夺政治权利的人除外。

第九条　居民会议由十八周岁以上的居民组成。

居民会议可以由全体十八周岁以上的居民或者每户派代表参加，也可以由每个居民小组选举代表二至三人参加。

居民会议必须有全体十八周岁以上的居民、户的代表或者居民小组选举的代表的过半数出席，才能举行。会议的决定，由出席人的过半数通过。

第十条　居民委员会向居民会议负责并报告工作。

居民会议由居民委员会召集和主持。有五分之一以上的十八周岁以上的居民、五分之一以上的户或者三分之一以上的居民小组提议，应当召集居民会议。涉及全体居民利益的重要问题，居民委员会必须提请居民会议讨论决定。

居民会议有权撤换和补选居民委员会成员。

第十一条　居民委员会决定问题，采取少数服从多数的原则。

居民委员会进行工作，应当采取民主的方法，不得强迫命令。

第十二条　居民委员会成员应当遵守宪法、法律、法规和国家的政策，办事公道，热心为居民服务。

第十三条　居民委员会根据需要设人民调解、治安保卫、公共卫生等委员会。居民委员会成员可以兼任下属的委员会的成员。居民较少的居民委员会可以不设下属的委员会，由居民委员会的成员分工负责有关工作。

第十四条　居民委员会可以分设若干居民小组，小组长由居民小组推选。

第十五条　居民公约由居民会议讨论制定，报不设区的市、市辖区的人民政府或者它的派出机关备案，由居民委员会监督执行。居民应当遵守居民会议的决议和居民公约。

居民公约的内容不得与宪法、法律、法规和国家的政策相抵触。

第十六条　居民委员会办理本居住地区公益事业所需的费用，经居民会议讨论决定，可以根据自愿原则向居民筹集，也可以向本居住地区的受益单位筹集，但是必须经受益单位同意；收支账目应当及时公布，接受居民监督。

第十七条 居民委员会的工作经费和来源，居民委员会成员的生活补贴费的范围、标准和来源，由不设区的市、市辖区的人民政府或者上级人民政府规定并拨付；经居民会议同意，可以从居民委员会的经济收入中给予适当补助。

居民委员会的办公用房，由当地人民政府统筹解决。

第十八条 依照法律被剥夺政治权利的人编入居民小组，居民委员会应当对他们进行监督和教育。

第十九条 机关、团体、部队、企业事业组织，不参加所在地的居民委员会，但是应当支持所在地的居民委员会的工作。所在地的居民委员会讨论同这些单位有关的问题，需要他们参加会议时，他们应当派代表参加，并且遵守居民委员会的有关决定和居民公约。

前款所列单位的职工及家属、军人及随军家属，参加居住地区的居民委员会；其家属聚居区可以单独成立家属委员会，承担居民委员会的工作，在不设区的市、市辖区的人民政府或者它的派出机关和本单位的指导下进行工作。家属委员会的工作经费和家属委员会成员的生活补贴费、办公用房，由所属单位解决。

第二十条 市、市辖区的人民政府有关部门，需要居民委员会或者它的下属委员会协助进行的工作，应当经市、市辖区的人民政府或者它的派出机关同意并统一安排。市、市辖区的人民政府的有关部门，可以对居民委员会有关的下属委员会进行业务指导。

第二十一条 本法适用于乡、民族乡、镇的人民政府所在地设立的居民委员会。

第二十二条 省、自治区、直辖市的人民代表大会常务委员会可以根据本法制定实施办法。

第二十三条 本法自 1990 年 1 月 1 日起施行。1954 年 12 月 31 日全国人民代表大会常务委员会通过的《城市居民委员会组织条例》同时废止。

中华人民共和国国旗法

第七条　国庆节、国际劳动节、元旦和春节，各级国家机关和各人民团体应当升挂国旗；企业事业组织，村民委员会、居民委员会，城镇居民院（楼）以及广场、公园等公共活动场所，有条件的可以升挂国旗。

中华人民共和国人民陪审员法

第四条　人民陪审员所在单位、户籍所在地或者经常居住地的基层群众性自治组织应当依法保障人民陪审员参加审判活动。

第十一条　因审判活动需要，可以通过个人申请和所在单位、户籍所在地或者经常居住地的基层群众性自治组织、人民团体推荐的方式产生人民陪审员候选人，经司法行政机关会同基层人民法院、公安机关进行资格审查，确定人民陪审员人选，由基层人民法院院长提请同级人民代表大会常务委员会任命。

人民陪审员有前款第三项、第四项所列行为的，可以采取通知其所在单位、户籍所在地或者经常居住地的基层群众性自治组织、人民团体，在辖区范围内公开通报等措施进行惩戒；构成犯罪的，依法追究刑事责任。

中华人民共和国监察法

第十五条　监察机关对下列公职人员和有关人员进行监察：（五）基层群众性自治组织中从事管理的人员；

中华人民共和国社区矫正法

第六条　居民委员会、村民委员会和其他社会组织依法协助社区矫正机构开展工作所需的经费应当按照规定列入社区矫正机构本级政府预算。

第十二条　居民委员会、村民委员会依法协助社区矫正机构做好社区矫正工作。

居民委员会、村民委员会等组织应当提供必要的协助。根据需要，矫正小组可以由司法所、居民委员会、村民委员会的人员，社区矫正对象的监护人、家庭成员，所在单位或者就读学校的人员以及社会工作者、志愿者等组成。

第三十八条 居民委员会、村民委员会可以引导志愿者和社区群众，利用社区资源，采取多种形式，对有特殊困难的社区矫正对象进行必要的教育帮扶。

中华人民共和国反恐怖主义法（2018年修正）

第十七条 有关部门应当建立联动配合机制，依靠、动员村民委员会、居民委员会、企业事业单位、社会组织，共同开展反恐怖主义工作。

村民委员会、居民委员会应当协助人民政府以及有关部门，加强反恐怖主义宣传教育。

第二十九条 对被教唆、胁迫、引诱参与恐怖活动、极端主义活动，或者参与恐怖活动、极端主义活动情节轻微，尚不构成犯罪的人员，公安机关应当组织有关部门、村民委员会、居民委员会、所在单位、就读学校、家庭和监护人对其进行帮教。

第七十四条 县级、乡级人民政府根据需要，指导有关单位、村民委员会、居民委员会建立反恐怖主义工作力量、志愿者队伍，协助、配合有关部门开展反恐怖主义工作。

中华人民共和国禁毒法

第十七条 居民委员会、村民委员会应当协助人民政府以及公安机关等部门，加强禁毒宣传教育，落实禁毒防范措施。

村民委员会、居民委员会发现非法种植毒品原植物的，应当及时予以制止、铲除，并向当地公安机关报告。

中华人民共和国人民调解法

第八条　村民委员会、居民委员会设立人民调解委员会。

第九条　村民委员会、居民委员会的人民调解委员会委员由村民会议或者村民代表会议、居民会议推选产生；企业事业单位设立的人民调解委员会委员由职工大会、职工代表大会或者工会组织推选产生。

第十二条　村民委员会、居民委员会和企业事业单位应当为人民调解委员会开展工作提供办公条件和必要的工作经费。

中华人民共和国安全生产法（2014 年修正）

第七十二条　居民委员会、村民委员会发现其所在区域内的生产经营单位存在事故隐患或者安全生产违法行为时，应当向当地人民政府或者有关部门报告。

中华人民共和国价格法

第三十七条　消费者组织、职工价格监督组织、居民委员会、村民委员会等组织以及消费者，有权对价格行为进行社会监督。

中华人民共和国义务教育法（2018 年修正）

第十三条　县级人民政府教育行政部门和乡镇人民政府组织和督促适龄儿童、少年入学，帮助解决适龄儿童、少年接受义务教育的困难，采取措施防止适龄儿童、少年辍学。

居民委员会和村民委员会协助政府做好工作，督促适龄儿童、少年入学。

中华人民共和国国防教育法（2018 年修正）

第五条　一切国家机关和武装力量、各政党和各社会团体、各企业事业组织以及基层群众性自治组织，都应当根据各自的实际情况组织本地区、本部门、本单位开展国防教育。

第二十一条 城市居民委员会、农村村民委员会应当将国防教育纳入社区、农村社会主义精神文明建设的内容，结合征兵工作、拥军优属以及重大节日、纪念日活动，对居民、村民进行国防教育。

城市居民委员会、农村村民委员会可以聘请退役军人协助开展国防教育。

中华人民共和国国防动员法

第六十一条 国家机关、社会团体、企业事业单位和基层群众性自治组织，应当组织所属人员学习和掌握必要的国防知识与技能。

中华人民共和国教育法（2015年修正）

第二十四条 各级人民政府、基层群众性自治组织和企业事业组织应当采取各种措施，开展扫除文盲的教育工作。

中华人民共和国公共文化服务保障法

第三十七条 居民委员会、村民委员会应当根据居民的需求开展群众性文化体育活动，并协助当地人民政府有关部门开展公共文化服务相关工作。

中华人民共和国体育法（2016年修正）

第十二条 地方各级人民政府应当为公民参加社会体育活动创造必要的条件，支持、扶助群众性体育活动的开展。

城市应当发挥居民委员会等社区基层组织的作用，组织居民开展体育活动。

农村应当发挥村民委员会、基层文化体育组织的作用，开展适合农村特点的体育活动。

中华人民共和国民法典

第二十四条 【无民事行为能力人或限制民事行为能力人的认定与

恢复】……本条规定的有关组织包括：居民委员会、村民委员会、学校、医疗机构、妇女联合会、残疾人联合会、依法设立的老年人组织、民政部门等。

第二十七条　【未成年人的监护人】……（三）其他愿意担任监护人的个人或者组织，但是须经未成年人住所地的居民委员会、村民委员会或者民政部门同意。

第二十八条　【无、限制民事行为能力的成年人的监护人】……（四）其他愿意担任监护人的个人或者组织，但是须经被监护人住所地的居民委员会、村民委员会或者民政部门同意。

第三十一条　【监护争议解决程序】对监护人的确定有争议的，由被监护人住所地的居民委员会、村民委员会或者民政部门指定监护人，有关当事人对指定不服的，可以向人民法院申请指定监护人；有关当事人也可以直接向人民法院申请指定监护人。

居民委员会、村民委员会、民政部门或者人民法院应当尊重被监护人的真实意愿，按照最有利于被监护人的原则在依法具有监护资格的人中指定监护人。

依据本条第一款规定指定监护人前，被监护人的人身权利、财产权利以及其他合法权益处于无人保护状态的，由被监护人住所地的居民委员会、村民委员会、法律规定的有关组织或者民政部门担任临时监护人。

监护人被指定后，不得擅自变更；擅自变更的，不免除被指定的监护人的责任。

第三十二条　【公职监护人】没有依法具有监护资格的人的，监护人由民政部门担任，也可以由具备履行监护职责条件的被监护人住所地的居民委员会、村民委员会担任。

第三十四条　【监护人的职责与权力及临时生活照料措施】……因发生突发事件等紧急情况，监护人暂时无法履行监护职责，被监护人的生活处于无人照料状态的，被监护人住所地的居民委员会、村民委员会或者民政部门应当为被监护人安排必要的临时生活照料措施。

第三十六条　【撤销监护人资格】……本条规定的有关个人、组织包括：其他依法具有监护资格的人，居民委员会、村民委员会、学校、医疗机构、妇女联合会、残疾人联合会、未成年人保护组织、依法设立的老年人组织、民政部门等。

第九十六条 【特别法人的范围】本节规定的机关法人、农村集体经济组织法人、城镇农村的合作经济组织法人、基层群众性自治组织法人，为特别法人。

第一百零一条 【基层群众自治性组织法人】居民委员会、村民委员会具有基层群众性自治组织法人资格，可以从事为履行职能所需要的民事活动。

第二百七十七条 【业主自治管理组织的设立及指导和协助】业主可以设立业主大会，选举业主委员会。业主大会、业主委员会成立的具体条件和程序，依照法律、法规的规定。

地方人民政府有关部门、居民委员会应当对设立业主大会和选举业主委员会给予指导和协助。

第一千一百五十条 【继承开始的通知】继承开始后，知道被继承人死亡的继承人应当及时通知其他继承人和遗嘱执行人。继承人中无人知道被继承人死亡或者知道被继承人死亡而不能通知的，由被继承人生前所在单位或者住所地的居民委员会、村民委员会负责通知。

中华人民共和国基本医疗卫生与健康促进法

第六十七条 医疗卫生、教育、体育、宣传等机构、基层群众性自治组织和社会组织应当开展健康知识的宣传和普及。

中华人民共和国人口与计划生育法（2015 年修正）

第十二条 村民委员会、居民委员会应当依法做好计划生育工作。

中华人民共和国食品安全法（2018 年修正）

第十条 各级人民政府应当加强食品安全的宣传教育，普及食品安全知识，鼓励社会组织、基层群众性自治组织、食品生产经营者开展食品安全法律、法规以及食品安全标准和知识的普及工作，倡导健康的饮食方式，增强消费者食品安全意识和自我保护能力。

中华人民共和国妇女权益保障法（2018 年修正）

第四条　国家机关、社会团体、企业事业单位、城乡基层群众性自治组织，应当依照本法和有关法律的规定，保障妇女的权益。

第四十六条　公安、民政、司法行政等部门以及城乡基层群众性自治组织、社会团体，应当在各自的职责范围内预防和制止家庭暴力，依法为受害妇女提供救助。

居民委员会、村民委员会成员中，妇女应当有适当的名额。

中华人民共和国反家庭暴力法

第四条　县级以上人民政府有关部门、司法机关、人民团体、社会组织、居民委员会、村民委员会、企业事业单位，应当依照本法和有关法律规定，做好反家庭暴力工作。

第八条　乡镇人民政府、街道办事处应当组织开展家庭暴力预防工作，居民委员会、村民委员会、社会工作服务机构应当予以配合协助。

第十三条　家庭暴力受害人及其法定代理人、近亲属可以向加害人或者受害人所在单位、居民委员会、村民委员会、妇女联合会等单位投诉、反映或者求助。

第十四条　学校、幼儿园、医疗机构、居民委员会、村民委员会、社会工作服务机构、救助管理机构、福利机构及其工作人员在工作中发现无民事行为能力人、限制民事行为能力人遭受或者疑似遭受家庭暴力的，应当及时向公安机关报案。

中华人民共和国老年人权益保障法（2018 年修改）

第六条　居民委员会、村民委员会和依法设立的老年人组织应当反映老年人的要求，维护老年人合法权益，为老年人服务。

第七条　基层群众性自治组织和依法设立的老年人组织应当反映老

年人的要求，维护老年人合法权益，为老年人服务。

第二十条 基层群众性自治组织、老年人组织或者赡养人所在单位监督协议的履行。

第二十四条 赡养人、扶养人不履行赡养、扶养义务的，基层群众性自治组织、老年人组织或者赡养人、扶养人所在单位应当督促其履行。

第三十六条 老年人可以与集体经济组织、基层群众性自治组织、养老机构等组织或者个人签订遗赠扶养协议或者其他扶助协议。

第三十八条 地方各级人民政府和有关部门、基层群众性自治组织，应当将养老服务设施纳入城乡社区配套设施建设规划，建立适应老年人需要的生活服务、文化体育活动、日间照料、疾病护理与康复等服务设施和网点，就近为老年人提供服务。

第四十五条 老年人与家庭成员因赡养、扶养或者住房、财产发生纠纷，可以要求家庭成员所在组织或者居民委员会、村民委员会调解，也可以直接向人民法院提起诉讼。

中华人民共和国未成年人保护法（2020 年修订）

第十一条 任何组织或者个人发现不利于未成年人身心健康或者侵犯未成年人合法权益的情形，都有权劝阻、制止或者向公安、民政、教育等有关部门提出检举、控告。

国家机关、居民委员会、村民委员会、密切接触未成年人的单位及其工作人员，在工作中发现未成年人身心健康受到侵害、疑似受到侵害或者面临其他危险情形的，应当立即向公安、民政、教育等有关部门报告。

有关部门接到涉及未成年人的检举、控告或者报告，应当依法及时受理、处置，并以适当方式将处理结果告知相关单位和人员。

第四十三条 居民委员会、村民委员会应当设置专人专岗负责未成年人保护工作，协助政府有关部门宣传未成年人保护方面的法律法规，指导、帮助和监督未成年人的父母或者其他监护人依法履行监护职责，建立留守未成年人、困境未成年人的信息档案并给予关爱帮扶。

居民委员会、村民委员会应当协助政府有关部门监督未成年人委托照护情况，发现被委托人缺乏照护能力、怠于履行照护职责等情况，应当及时向政府有关部门报告，并告知未成年人的父母或者其他监护人，帮助、督促被委托人履行照护职责。

第八十一条 乡镇人民政府和街道办事处应当设立未成年人保护工作站或者指定专门人员，及时办理未成年人相关事务；支持、指导居民委员会、村民委员会设立专人专岗，做好未成年人保护工作。

第一百一十八条 未成年人的父母或者其他监护人不依法履行监护职责或者侵犯未成年人合法权益的，由其居住地的居民委员会、村民委员会予以劝诫、制止；情节严重的，居民委员会、村民委员会应当及时向公安机关报告。

中华人民共和国预防未成年人犯罪法（2012 年修正）

第三条 政府有关部门、司法机关、人民团体、有关社会团体、学校、家庭、城市居民委员会、农村村民委员会等各方面共同参与，各负其责，做好预防未成年人犯罪工作，为未成年人身心健康发展创造良好的社会环境。

第六条 保护未成年人，是国家机关、武装力量、政党、社会团体、企业事业组织、城乡基层群众性自治组织、未成年人的监护人和其他成年公民的共同责任。

第十三条 城市居民委员会、农村村民委员会应当积极开展有针对性的预防未成年人犯罪的法制宣传活动。

城市居民委员会、农村村民委员会应当协助公安机关做好维护中小学校周围治安的工作。

第二十八条 公安派出所、城市居民委员会、农村村民委员会应当掌握本辖区内暂住人口中未成年人的就学、就业情况。

第四十一条 被父母或者其他监护人遗弃、虐待的未成年人，有权向公安机关、民政部门、共产主义青年团、妇女联合会、未成年人保护组织或者学校、城市居民委员会、农村村民委员会请求保护。

第四十七条 未成年人的父母或者其他监护人和学校、城市居民委员会、农村村民委员会，对因不满十六周岁而不予刑事处罚、免予刑事处罚的未成年人，或者被判处非监禁刑罚、被判处刑罚宣告缓刑、被假释的未成年人，应当采取有效的帮教措施，协助司法机关做好对未成年人的教育、挽救工作。

城市居民委员会、农村村民委员会可以聘请思想品德优秀，作风正派，热心未成年人教育工作的离退休人员或者其他人员协助做好对前款规定的未成年人的教育、挽救工作。

中华人民共和国残疾人保障法（2018 年修正）

第七条 国家机关、社会团体、企业事业单位和城乡基层群众性自治组织，应当做好所属范围内的残疾人工作。

第四十七条 残疾人所在城乡基层群众性自治组织、残疾人家庭，应当鼓励、帮助残疾人参加社会保险。

中华人民共和国精神卫生法（2018 年修正）

第十条 村民委员会、居民委员会依照本法的规定开展精神卫生工作，并对所在地人民政府开展的精神卫生工作予以协助。

第二十条 村民委员会、居民委员会应当协助所在地人民政府及其有关部门开展社区心理健康指导、精神卫生知识宣传教育活动，创建有益于居民身心健康的社区环境。

乡镇卫生院或者社区卫生服务机构应当为村民委员会、居民委员会开展社区心理健康指导、精神卫生知识宣传教育活动提供技术指导。

精神障碍患者有本法第三十条第二款第二项情形，其监护人不办理住院手续的，由患者所在单位、村民委员会或者居民委员会办理住院手续，并由医疗机构在患者病历中予以记录。

村民委员会、居民委员会、患者所在单位等应当依患者或者其监护人的请求，对监护人看护患者提供必要的帮助。

第五十六条 村民委员会、居民委员会应当为生活困难的精神障碍患者家庭提供帮助，并向所在地乡镇人民政府或者街道办事处以及县级人民政府有关部门反映患者及其家庭的情况和要求，帮助其解决实际困难，为患者融入社会创造条件。

中华人民共和国传染病防治法（2013 年修正）

第九条　居民委员会、村民委员会应当组织居民、村民参与社区、农村的传染病预防与控制活动。

中华人民共和国献血法

第六条　国家机关、军队、社会团体、企业事业组织、居民委员会、村民委员会，应当动员和组织本单位或者本居住区的适龄公民参加献血。

中华人民共和国突发事件应对法

第二十一条　县级人民政府及其有关部门、乡级人民政府、街道办事处、居民委员会、村民委员会应当及时调解处理可能引发社会安全事件的矛盾纠纷。

居民委员会、村民委员会、企业事业单位应当根据所在地人民政府的要求，结合各自的实际情况，开展有关突发事件应急知识的宣传普及活动和必要的应急演练。

县级人民政府应当在居民委员会、村民委员会和有关单位建立专职或者兼职信息报告员制度。

第五十五条　突发事件发生地的居民委员会、村民委员会和其他组织应当按照当地人民政府的决定、命令，进行宣传动员，组织群众开展自救和互救，协助维护社会秩序。

第五十七条　突发事件发生地的公民应当服从人民政府、居民委员会、村民委员会或者所属单位的指挥和安排，配合人民政府采取的应急处置措施，积极参加应急救援工作，协助维护社会秩序。

中华人民共和国固体废物污染环境防治法（2020 年修订）

第十一条　国家机关、社会团体、企业事业单位、基层群众性自治组织和新闻媒体应当加强固体废物污染环境防治宣传教育和科学普及，增强公众固体废物污染环境防治意识。

中华人民共和国野生动物保护法（2018年修正）

第八条 各级人民政府应当加强野生动物保护的宣传教育和科学知识普及工作，鼓励和支持基层群众性自治组织、社会组织、企业事业单位、志愿者开展野生动物保护法律法规和保护知识的宣传活动。

中华人民共和国土壤污染防治法

第十条 各级人民政府及其有关部门、基层群众性自治组织和新闻媒体应当加强土壤污染防治宣传教育和科学普及，增强公众土壤污染防治意识，引导公众依法参与土壤污染防治工作。

中华人民共和国环境保护法（2014年修订）

第九条 各级人民政府应当加强环境保护宣传和普及工作，鼓励基层群众性自治组织、社会组织、环境保护志愿者开展环境保护法律法规和环境保护知识的宣传，营造保护环境的良好风气。

二、行政法规

宗教事务条例（2017年修订）

第六条 乡级人民政府应当做好本行政区域的宗教事务管理工作。村民委员会、居民委员会应当依法协助人民政府管理宗教事务。

人民调解委员会组织条例

第二条 人民调解委员会是村民委员会和居民委员会下设的调解民间纠纷的群众性组织，在基层人民政府和基层人民法院指导下进行工作。

第三条 人民调解委员会委员除由村民委员会成员或者居民委员会成员兼任的以外由群众选举产生，每三年改选一次，可以连选连任。

第五条　人民调解委员会应当向村民委员会或者居民委员会反映民间纠纷和调解工作的情况。

第十四条　人民调解委员会的工作经费和调解委员的补贴经费，由村民委员会或者居民委员会解决。

全国污染源普查条例（2019年修订）

第十五条　乡（镇）人民政府、街道办事处和村（居）民委员会应当广泛动员和组织社会力量积极参与并认真做好污染源普查工作。

全国经济普查条例（2018年修订）

第十六条　地方各级人民政府设立经济普查领导小组及其办公室，按照国务院经济普查领导小组及其办公室的统一规定和要求，具体组织实施当地的经济普查工作。

街道办事处和居（村）民委员会应当广泛动员和组织社会力量积极参与并认真做好经济普查工作。

全国人口普查条例

第三条　村民委员会、居民委员会应当协助所在地人民政府动员和组织社会力量，做好本区域的人口普查工作。

第十六条　人口普查登记前应当划分普查区，普查区以村民委员会、居民委员会所辖区域为基础划分，每个普查区划分为若干普查小区。

第十九条　普查指导员和普查员可以从国家机关、社会团体、企业事业单位借调，也可以从村民委员会、居民委员会或者社会招聘。

土地调查条例（2018年修订）

第十条　县级以上人民政府国土资源主管部门会同同级有关部门进行土地调查。

乡（镇）人民政府、街道办事处和村（居）民委员会应当广泛动员和组织社会力量积极参与土地调查工作。

大中型水利水电工程建设征地补偿和移民安置条例（2017 年修订）

第三十条 农村移民在本县通过新开发土地或者调剂土地集中安置的，县级人民政府应当将土地补偿费、安置补助费和集体财产补偿费直接全额兑付给该村集体经济组织或者村民委员会。

农村移民分散安置到本县内其他村集体经济组织或者村民委员会的，应当由移民安置村集体经济组织或者村民委员会与县级人民政府签订协议，按照协议安排移民的生产和生活。

第三十五条 农村移民住房，应当由移民自主建造。有关地方人民政府或者村民委员会应当统一规划宅基地，但不得强行规定建房标准。

第五十三条 移民安置区乡（镇）人民政府、村（居）民委员会应当采取有效措施帮助移民适应当地的生产、生活，及时调处矛盾纠纷。

农民专业合作社登记管理条例（2014 年修订）

第十五条 农民专业合作社的成员为农民的，成员身份证明为农业人口户口簿；无农业人口户口簿的，成员身份证明为居民身份证和土地承包经营权证或者村民委员会（居民委员会）出具的身份证明。

中华人民共和国抗旱条例

第四十二条 干旱灾害发生地区的乡镇人民政府、街道办事处、村民委员会、居民委员会应当组织力量，向村民、居民宣传节水抗旱知识，协助做好抗旱措施的落实工作。

禁止传销条例

第十二条 农村村民委员会、城市居民委员会等基层组织，应当在当地人民政府指导下，协助有关部门查处传销行为。

蓄滞洪区运用补偿暂行办法

第十四条 以村或者居民委员会为单位进行财产登记时，应当有村

（居）民委员会干部、村（居）民代表参加。

第十七条　以村或者居民委员会为单位核查损失时，应当有村（居）民委员会干部、村（居）民代表参加，并对损失情况张榜公布。

村庄和集镇规划建设管理条例

第十八条　农村村民在村庄、集镇规划区内建住宅的，应当先向村集体经济组织或者村民委员会提出建房申请，经村民会议讨论通过后，按照下列审批程序办理：

（一）需要使用耕地的，经乡级人民政府审核、县级人民政府建设行政主管部门审查同意并出具选址意见书后，方可依照《土地管理法》向县级人民政府土地管理部门申请用地，经县级人民政府批准后，由县级人民政府土地管理部门划拨土地；

（二）使用原有宅基地、村内空闲地和其他土地的，由乡级人民政府根据村庄、集镇规划和土地利用规划批准。

城镇非农业户口居民在村庄、集镇规划区内需要使用集体所有的土地建住宅的，应当经其所在单位或者居民委员会同意后，依照前款第（一）项规定的审批程序办理。

电力设施保护条例

第十九条　任何单位出售电力设施器材，必须持有本单位证明，任何个人出售电力设施器材。必须持有所在单位或所在居民委员会。村民委员会出具的证明，到规定的商业企业出售。

废旧有色金属回收管理暂行办法

出售和收购废旧有色金属，必须严格遵守下列规定：（三）企业清除垃圾时抛弃的废旧有色金属和矿区放炮飞散的废铜线等，应当先由企业组织职工、职工家属或者专业队进行拣拾，并且通过物质奖励办法进行回收（应低于国家收购价）；清除在厂外的垃圾，厂矿企业如果不能组织力量拣拾时，可以由垃圾场附近的人民公社或者居民委员会组织居民集体拣拾，拣拾的物资，凭人民公社或者居民委员会的介绍信，到废品收购站出售。不准小商小贩收购。

社会救助暂行办法（2019年修订）

第四条 乡镇人民政府、街道办事处负责有关社会救助的申请受理、调查审核，具体工作由社会救助经办机构或者经办人员承担。

村民委员会、居民委员会协助做好有关社会救助工作。

第十一条 申请最低生活保障，按照下列程序办理：

（一）由共同生活的家庭成员向户籍所在地的乡镇人民政府、街道办事处提出书面申请；家庭成员申请有困难的，可以委托村民委员会、居民委员会代为提出申请。

第十六条 申请特困人员供养，由本人向户籍所在地的乡镇人民政府、街道办事处提出书面申请；本人申请有困难的，可以委托村民委员会、居民委员会代为提出申请。

第十八条 特困供养人员不再符合供养条件的，村民委员会、居民委员会或者供养服务机构应当告知乡镇人民政府、街道办事处，由乡镇人民政府、街道办事处审核并报县级人民政府民政部门核准后，终止供养并予以公示。

中国公民收养子女登记办法（2019年修正）

第四条 夫妻共同收养子女的，应当共同到收养登记机关办理登记手续；一方因故不能亲自前往的，应当书面委托另一方办理登记手续，委托书应当经过村民委员会或者居民委员会证明或者经过公证。

第五条 （二）由收养人所在单位或者村民委员会、居民委员会出具的本人婚姻状况和抚养教育被收养人的能力等情况的证明，以及收养人出具的子女情况声明。

血吸虫病防治条例（2019年修订）

第五条 血吸虫病防治地区村民委员会、居民委员会应当协助地方各级人民政府及其有关部门开展血吸虫病防治的宣传教育，组织村民、居民参与血吸虫病防治工作。

警示标志由乡（镇）人民政府负责保护，所在地村民委员会、居民委员会应当予以协助。

艾滋病防治条例（2019年修订）

第六条　居民委员会和村民委员会应当协助地方各级人民政府和政府有关部门开展有关艾滋病防治的法律、法规、政策和知识的宣传教育，发展有关艾滋病防治的公益事业，做好艾滋病防治工作。

第二十六条　县级以上地方人民政府和政府有关部门应当依照本条例规定，根据本行政区域艾滋病的流行情况，制定措施，鼓励和支持居民委员会、村民委员会以及其他有关组织和个人推广预防艾滋病的行为干预措施，帮助有易感染艾滋病病毒危险行为的人群改变行为。

残疾预防和残疾人康复条例（2018年修正）

第六条　国家机关、社会组织、企业事业单位和城乡基层群众性自治组织应当做好所属范围内的残疾预防和残疾人康复工作。

第二十条　城乡基层群众性自治组织应当鼓励和支持残疾人及其家庭成员参加社区康复活动，融入社区生活。

志愿服务条例

第二十八条　国家鼓励企业事业单位、基层群众性自治组织和其他组织为开展志愿服务提供场所和其他便利条件。

第四十一条　基层群众性自治组织、公益活动举办单位和公共服务机构开展公益活动，需要志愿者提供志愿服务的，可以与志愿服务组织合作，由志愿服务组织招募志愿者，也可以自行招募志愿者。

第四十二条　城乡社区、单位内部经基层群众性自治组织或者本单位同意成立的团体，可以在本社区、本单位内部开展志愿服务活动。

汶川地震灾后恢复重建条例

第四十三条 乡村的地震灾后恢复重建，应当尊重农民意愿，发挥村民自治组织的作用，以群众自建为主，政府补助、社会帮扶、对口支援，因地制宜，节约和集约利用土地，保护耕地。

自然灾害救助条例（2019年修订）

第五条 村民委员会、居民委员会以及红十字会、慈善会和公募基金会等社会组织，依法协助人民政府开展自然灾害救助工作。

村民委员会、居民委员会、企业事业单位应当根据所在地人民政府的要求，结合各自的实际情况，开展防灾减灾应急知识的宣传普及活动。

第十二条 县级以上地方人民政府应当加强自然灾害救助人员的队伍建设和业务培训，村民委员会、居民委员会和企业事业单位应当设立专职或者兼职的自然灾害信息员。

第二十条 居民住房恢复重建补助对象由受灾人员本人申请或者由村民小组、居民小组提名。经村民委员会、居民委员会民主评议，符合救助条件的，在自然村、社区范围内公示；无异议或者经村民委员会、居民委员会民主评议异议不成立的，由村民委员会、居民委员会将评议意见和有关材料提交乡镇人民政府、街道办事处审核，报县级人民政府应急管理等部门审批。

第二十六条 受灾地区村民委员会、居民委员会应当公布救助对象及其接受救助款物数额和使用情况。

重大动物疫情应急条例（2017年修订）

第三十七条 重大动物疫情应急处理中，乡镇人民政府、村民委员会、居民委员会应当组织力量，向村民、居民宣传动物疫病防治的相关知识，协助做好疫情信息的收集、报告和各项应急处理措施的落实工作。

气象灾害防御条例（2017 年修订）

第十七条 地方各级人民政府应当根据本地气象灾害特点，组织开展气象灾害应急演练，提高应急救援能力。居民委员会、村民委员会、企业事业单位应当协助本地人民政府做好气象灾害防御知识的宣传和气象灾害应急演练工作。

突发公共卫生事件应急条例（2011 年修订）

第四十条 传染病暴发、流行时，街道、乡镇以及居民委员会、村民委员会应当组织力量，团结协作，群防群治，协助卫生行政主管部门和其他有关部门、医疗卫生机构做好疫情信息的收集和报告、人员的分散隔离、公共卫生措施的落实工作，向居民、村民宣传传染病防治的相关知识。

地质灾害防治条例

第十五条 地质灾害易发区的县、乡、村应当加强地质灾害的群测群防工作。在地质灾害重点防范期内，乡镇人民政府、基层群众自治组织应当加强地质灾害险情的巡回检查，发现险情及时处理和报告。

第二十八条 发现地质灾害险情或者灾情的单位和个人，应当立即向当地人民政府或者国土资源主管部门报告。其他部门或者基层群众自治组织接到报告的，应当立即转报当地人民政府。

第二十九条 接到地质灾害险情报告的当地人民政府、基层群众自治组织应当根据实际情况，及时动员受到地质灾害威胁的居民以及其他人员转移到安全地带；情况紧急时，可以强行组织避灾疏散。

物业管理条例（2018 年修正）

第十四条 住宅小区的业主大会会议，应当同时告知相关的居民委员会。

第二十条 业主大会、业主委员会应当配合公安机关，与居民委员会相互协作，共同做好维护物业管理区域内的社会治安等相关工作。

在物业管理区域内，业主大会、业主委员会应当积极配合相关居民委员会依法履行自治管理职责，支持居民委员会开展工作，并接受其指导和监督。

住宅小区的业主大会、业主委员会作出的决定，应当告知相关的居民委员会，并认真听取居民委员会的建议。

疫苗流通和预防接种管理条例（2016年修订）

第九条 居民委员会、村民委员会应当配合有关部门开展与预防接种有关的宣传、教育工作，并协助组织居民、村民受种第一类疫苗。

居住证暂行条例

第八条 公安机关负责居住证的申领受理、制作、发放、签注等证件管理工作。

居民委员会、村民委员会、用人单位、就读学校以及房屋出租人应当协助做好居住证的申领受理、发放等工作。

流动人口计划生育工作条例

第八条 成年育龄妇女应当自到达现居住地之日起30日内提交婚育证明。成年育龄妇女可以向现居住地的乡（镇）人民政府或者街道办事处提交婚育证明，也可以通过村民委员会、居民委员会向现居住地的乡（镇）人民政府或者街道办事处提交婚育证明。

村民委员会、居民委员会应当协助乡（镇）人民政府、街道办事处开展本条第二款规定的工作，做好流动人口婚育情况登记。

第十四条 流动人口现居住地的村民委员会、居民委员会应当协助所在地的乡（镇）人民政府或者街道办事处了解本村或者本居住地区流动人口计划生育情况，及时向乡（镇）人民政府或者街道办事处通报相关信息。

房屋租赁中介机构、房屋的出租（借）人和物业服务企业等有关组织和个人在村民委员会、居民委员会了解流动人口计划生育情况时，应当如实提供相关信息。

第十八条　地方各级人民政府和政府有关部门以及协助查验婚育证明的村民委员会、居民委员会及其工作人员，应当对涉及公民隐私的流动人口信息予以保密。

禁止使用童工规定

第三条　不满16周岁的未成年人的父母或者其他监护人允许其被用人单位非法招用的，所在地的乡（镇）人民政府、城市街道办事处以及村民委员会、居民委员会应当给予批评教育。

社会抚养费征收管理办法

第十二条　当事人所在单位或者村民委员会、城市居民委员会，应当依法配合做好社会抚养费的征收工作。

城市居民最低生活保障条例

第四条　居民委员会根据管理审批机关的委托，可以承担城市居民最低生活保障的日常管理、服务工作。

第十条　享受城市居民最低生活保障待遇的城市居民家庭人均收入情况发生变化的，应当及时通过居民委员会告知管理审批机关，办理停发、减发或者增发城市居民最低生活保障待遇的手续。

在就业年龄内有劳动能力但尚未就业的城市居民，在享受城市居民最低生活保障待遇期间，应当参加其所在的居民委员会组织的公益性社区服务劳动。

森林防火条例（2008年修订）

第十六条　县级人民政府应当组织乡（镇）人民政府根据森林火灾应急预案制定森林火灾应急处置办法；村民委员会应当按照森林火灾应急预案和森林火灾应急处置办法的规定，协助做好森林火灾应急处置工作。

第二十一条 地方各级人民政府和国有林业企业、事业单位应当根据实际需要，成立森林火灾专业扑救队伍；县级以上地方人民政府应当指导森林经营单位和林区的居民委员会、村民委员会、企业、事业单位建立森林火灾群众扑救队伍。

长江三峡水利枢纽安全保卫条例

第二十七条 负有三峡枢纽安全保卫职责的地方人民政府应当组织开展经常性的安全宣传教育，提高社会公众安全防范意识和能力。

三峡枢纽周边地区的村民委员会、居民委员会、企业事业单位应当根据所在地人民政府的要求，结合各自的实际情况，开展三峡枢纽安全保卫和应急救援知识的宣传普及活动。

中华人民共和国文物保护法实施条例（2017年第二次修订）

第十二条 文物保护单位有使用单位的，使用单位应当设立群众性文物保护组织；没有使用单位的，文物保护单位所在地的村民委员会或者居民委员会可以设立群众性文物保护组织。

全民健身条例（2016年修订）

第十七条 基层文化体育组织、居民委员会和村民委员会应当组织居民开展全民健身活动，协助政府做好相关工作。

扫除文盲工作条例（1993年修正）

第三条 地方各级人民政府应当加强对扫除文盲工作的领导，制订本地区的规划和措施，组织有关方面分工协作，具体实施，并按规划的要求完成扫除文盲任务。地方各级教育行政部门应当加强对扫除文盲工作的具体管理。

城乡基层单位的扫除文盲工作，在当地人民政府的领导下，由单位行政领导负责。

村民委员会、居民委员会应当积极协助组织扫除文盲工作。

幼儿园管理条例

第五条　地方各级人民政府可以依据本条例举办幼儿园，并鼓励和支持企业事业单位、社会团体、居民委员会、村民委员会和公民举办幼儿园或捐资助园。

畜禽规模养殖污染防治条例

第二十三条　县级以上人民政府环境保护主管部门应当依据职责对畜禽养殖污染防治情况进行监督检查，并加强对畜禽养殖环境污染的监测。

乡镇人民政府、基层群众自治组织发现畜禽养殖环境污染行为的，应当及时制止和报告。

三、部门规章

政治建设公安机关办理行政案件程序规定（2018年修正）

第三十六条　送达法律文书，应当遵守下列规定：送达法律文书应当首先采取直接送达方式，交给受送达人本人；受送达人不在的，可以交付其成年家属、所在单位的负责人员或者其居住地居（村）民委员会代收。

第七十九条　询问被侵害人或者其他证人，可以在现场进行，也可以到其单位、学校、住所、其居住地居（村）民委员会或者其提出的地点进行。

公安机关办理刑事案件程序规定（2012年修订）

第九十四条　没收保证金的决定，公安机关应当在三日以内向被取保候审人宣读，并责令其在没收保证金决定书上签名、捺指印；被取保候审人在逃或者具有其他情形不能到场的，应当向其成年家属、法定代理人、辩护人或者单位、居住地的居民委员会、村民委员会宣布，由其成年家属、法定代理人、辩护人或者单位、居住地的居民委员会或者村民委员会的负责人在没收保证金决定书上签名。

被取保候审人或者其成年家属、法定代理人、辩护人、单位、居民委员会、村民委员会负责人拒绝签名的，公安机关应当在没收保证金决定书上注明。

第三百二十四条 公安机关审查时，应当听取双方当事人的意见，并记录在案；必要时，可以听取双方当事人亲属、当地居民委员会或者村民委员会人员以及其他了解案件情况的相关人员的意见。

公安机关办理未成年人违法犯罪案件的规定

第三十条 对被管制、缓刑、假释、保外就医、劳动教养所外执行的违法犯罪未成年人员，执行的公安机关应当及时组成由派出所，被执行人所在学校、单位、街道居民委员会、村民委员会、监护人等参加的教育帮助小组，对其依法监督、帮教、考察，文明管理，并将其表现告诉原判决或者决定机关。对表现好的，应当及时提出减刑或者减少教养期限的意见。

交通运输行政执法程序规定

执法部门应当按照下列规定送达执法文书：（二）受送达人或者他的同住成年家属拒绝接收的，可以邀请受送达人住所地的居民委员会、村民委员会的工作人员或者受送达人所在单位的工作人员作见证人，说明情况，在《送达回证》上记明拒收事由和日期，由执法人员、见证人签名或者盖章，将执法文书留在受送达人的住所；也可以把执法文书留在受送达人的住所，并采取拍照、录像等方式记录送达过程，即视为送达。

办理法律援助案件程序规定

第九条 法律援助申请人经济状况证明表应当由法律援助地方性法规、规章规定的有权出具经济困难证明的机关、单位加盖公章。无相关规定的，由申请人住所地或者经常居住地的村民委员会、居民委员会或者所在单位加盖公章。

第十条　申请人持有下列证件、证明材料的，无需提交法律援助申请人经济状况证明表：

（六）残疾证及申请人住所地或者经常居住地的村民委员会、居民委员会出具的无固定生活来源的证明材料。

人民调解工作若干规定

第三条　人民调解委员会的任务是：

（三）向村民委员会、居民委员会、所在单位和基层人民政府反映民间纠纷和调解工作的情况。

第十条　人民调解委员会可以采用下列形式设立：

（一）农村村民委员会、城市（社区）居民委员会设立的人民调解委员会；

第十二条　村民委员会、居民委员会和企业事业单位的人民调解委员会根据需要，可以自然村、小区（楼院）、车间等为单位，设立调解小组，聘任调解员。

第十三条　乡镇、街道人民调解委员会委员由下列人员担任：

（一）本乡镇、街道辖区内设立的村民委员会、居民委员会、企业事业单位的人民调解委员会主任；

第十五条　人民调解员除由村民委员会成员、居民委员会成员或者企业事业单位有关负责人兼任的以外，一般由本村民区、居民区或者企业事业单位的群众选举产生，也可以由村民委员会、居民委员会或者企业事业单位聘任。

第二十一条　村民委员会、居民委员会或者企业事业单位的人民调解委员会调解不了的疑难、复杂民间纠纷和跨地区、跨单位的民间纠纷，由乡镇、街道人民调解委员会受理调解，或者由相关的人民调解委员会共同调解。

第四十二条　各级司法行政机关应当积极争取同级人民政府的支持，

保障人民调解工作的指导和表彰经费；协调和督促村民委员会、居民委员会和企业事业单位，落实人民调解委员会的工作经费和人民调解员的补贴经费。

人口计划管理暂行办法

第五条 人口计划按照计划期限分为长期计划、五年计划、年度计划；按照行政辖区划分为全国、省（自治区、直辖市、计划单列市）、地（市）、县（市、区）、乡（镇、街道）、村民委员会（居民委员会）等六级计划。

流动人口计划生育管理和服务工作若干规定

第三条 建立流动人口计划生育综合管理服务机制和目标管理责任制。各级人口和计划生育部门应当在当地人民政府的统一领导和社会治安综合治理领导小组的协调指导下，会同公安、民政、劳动和社会保障、建设、卫生、工商等有关部门，充分发挥村（社区）居民自治组织的作用，对流动人口计划生育工作实行综合决策、综合管理，共同做好管理和服务工作。

第八条 流动人口现居住地乡（镇）人民政府或者街道计划生育工作机构的职责：（三）将流动人口计划生育工作纳入城市社区或村（居）民委员会计划生育宣传教育、日常管理服务和统计评估考核。

餐饮服务食品安全监督管理办法

第五条 鼓励社会团体、基层群众性自治组织开展餐饮服务食品安全知识和相关法律、法规的普及工作，增强餐饮服务提供者食品安全意识，提高消费者自我保护能力；鼓励开展技术服务工作，促进餐饮服务提供者提高食品安全管理水平。

政府购买服务管理办法

第六条 依法成立的企业、社会组织（不含由财政拨款保障的群团组织），公益二类和从事生产经营活动的事业单位，农村集体经济组织，基层群众性自治组织，以及具备条件的个人可以作为政府购买服务的承接主体。

国家蓄滞洪区运用财政补偿资金管理规定（2006年修订）

第十三条　以村或者居民委员会为单位进行财产登记时，应有村（居）民委员会干部、村（居）民代表参加。

计划生育统计工作管理办法

第十条　县以上各级计划生育部门应当设立专门的统计部门，并指定统计负责人。乡、镇、街道（以下简称乡）计划生育办公室设置统计人员，乡计划生育办公室应当委托村、居民委员会（以下简称村）指派专人负责计划生育统计工作。

城市社区档案管理办法

第一条　为规范城市社区档案（以下简称社区档案）管理，根据《中华人民共和国档案法》《中华人民共和国城市居民委员会组织法》和国家有关规定，制定本办法。

第二条　本办法所称社区档案，是指城市社区党组织、居民委员会、社区服务机构、社区社会组织（以下简称社区各类组织）和居民在社区建设中形成的具有保存价值的各种文字、图表、声像、电子数据等不同形式和载体的历史记录。

第四条　社区党组织和居民委员会应当重视档案工作，加强组织领导，将档案工作纳入社区建设内容，促进档案工作与社区其他各项工作同步协调发展。

第六条　社区党组织或者居民委员会应当指定人员管理本社区各类档案，有条件的地方可以设立综合档案室。

各级各类档案馆收集档案范围的规定（2011年）

第三条 新中国成立前本行政区内各个历史时期政权机构、社会组织、著名人物的档案列入综合档案馆收集范围。

本行政区内重大活动、重要事件形成的档案、涉及民生的专业档案列入综合档案馆收集范围。

经协商同意，综合档案馆可以收集或代存本行政区内社会组织、集体和民营企事业单位、基层群众自治组织、家庭和个人形成的对国家和社会有利用价值的档案，也可以通过接受捐赠、购买等形式获取。

特殊教育学校暂行规程

第六十条 特殊教育学校应同街道（社区）、村民委员会及附近的普通学校、机关、团体、部队、企事业单位建立联系，争取社会各界支持学校工作，优化育人环境。

县级扫除青壮年文盲单位检查评估办法（试行）

第三条 扫除青壮年文盲单位评估标准：4、所辖的农村行政村、城镇的居民委员会及同级的企业、事业单位均应达到上述标准（有特殊困难的地方除外）

光荣院管理办法（2020年修订）

第八条 申请享受光荣院集中供养、优惠服务，应当由本人向户籍地村（社区）退役军人服务站提出申请，或者由其居民委员会（村民委员会）向乡镇（街道）退役军人服务站代为提出申请。

行政区划管理条例实施办法

第二条 人民政府（派出机关）驻地的迁移，是指县级以上地方人民政府（派出机关）驻地跨下一级行政区划（派出机关管辖范围）的变更和乡、民族乡、镇人民政府、街道办事处驻地跨村（居）民委员会管辖范围的变更。

基层法律服务所管理办法（2017 年修订）

第三条　基层法律服务所按照司法部规定的业务范围和执业要求，面向基层的政府机关、基层群众性自治组织、企业事业单位、社会组织和承包经营户、个体工商户、合伙组织以及公民提供法律服务，维护当事人合法权益，维护法律正确实施，促进社会稳定、经济发展和法治建设。

基层法律服务工作者管理办法（2017 年修订）

第三十条　基层法律服务工作者在执业中发现本地区政府机关、基层群众性自治组织、企业事业单位、社会组织在执行法律、法规和规章方面存在问题的，可以向其提出法律服务建议。

第一百八十二条　对因邻里纠纷引起的治安案件进行调解时，可以邀请当事人居住地的居（村）民委员会的人员或者双方当事人熟悉的人员参加帮助调解。

乡镇法律服务业务工作细则

第六条　乡镇法律服务所应当立足基层，主要面向本辖区内的政府机关、群众自治组织、企业事业单位、社会团体和承包经营户、个体工商户、个人合伙组织以及公民提供法律服务，服务方式力求便民利民，及时有效。

人民调解委员会及调解员奖励办法

第四条　奖励条件符合下列条件的人民调解委员会，给予集体奖励：

4. 积极向村（居）民委员会报告民间纠纷和调解工作情况，为减少纠纷发生和加强基层政权建设作出突出成绩。

消防监督检查规定（2012 年修订）

第三条 公安派出所可以对居民住宅区的物业服务企业、居民委员会、村民委员会履行消防安全职责的情况和上级公安机关确定的单位实施日常消防监督检查。

第三十二条 公安派出所对居民委员会、村民委员会进行日常消防监督检查，应当检查下列内容。

社会消防安全教育培训规定

第二条 机关、团体、企业、事业等单位（以下统称单位）、社区居民委员会、村民委员会依照本规定开展消防安全教育培训工作。

第五条 公安机关应当履行下列职责，并由公安机关消防机构具体实施：

（四）定期对社区居民委员会、村民委员会的负责人和专（兼）职消防队、志愿消防队的负责人开展消防安全培训。

第七条 民政部门应当履行下列职责：

（二）指导社区居民委员会、村民委员会和各类福利机构开展消防安全教育培训工作；

第十九条 社区居民委员会、村民委员会应当开展下列消防安全教育工作：

社区居民委员会、村民委员会应当确定至少一名专（兼）职消防安全员，具体负责消防安全宣传教育工作。

租赁房屋治安管理规定

第四条 城镇街道居民委员会、村民委员会及其治安保卫委员会，应当协助公安机关做好租赁房屋的安全防范、法制宣传教育和治安管理工作。

出国人员婚姻登记管理办法

第七条 出国人员同居住在国内的中国公民、以及出国人员之间办理结婚登记须提供下列证件和证明：

（二）所在单位或村（居）民委员会出具的婚姻状况证明。

持在国外期间的婚姻状况证明且出国前已达法定婚龄的，还须提供出国前所在单位或村（居）民委员会出具的出国前的婚姻状况证明。

第八条 已办理出国护照、签证并已注销户口尚未出国的人员，应持护照和所在单位或村（居）民委员会出具的婚姻状况证明，到注销户口前的户籍所在地或对方户籍所在地的婚姻登记管理机关办理结婚登记。

第十一条 一方为出国人员，一方在国内，双方自愿离婚，并对子女抚养、财产处理达成协议的，双方须共同到国内一方户籍所在地或出国人员出国前的户籍所在地的婚姻登记管理机关申请离婚登记，并须提供下列证件和证明：

（二）所在单位或村（居）民委员会出具的介绍信。

（附录内容根据湖南省民政厅基层政权建设和社区治理处提供资料编写）